Reihe LenoZ, Band 13

Regula Renschler, geboren 1935 in Zürich. Studium an der Universität Zürich. Zehn Jahre Tätigkeit als Auslandredaktorin. Ein Jahr als Entwicklungshelferin in Afrika. Seit 1974 Mitglied des Teams der „Erklärung von Bern" mit Schwerpunkten schweizerische Entwicklungspolitik, Rassismus und Ethnozentrismus in Kinder- und Jugendbüchern, Tourismus — Dritte Welt.
Veröffentlichung u.a.:
„Wer sagt denn, dass ich weine", Geschichten über Kinder in Afrika, Asien und Lateinamerika (1977).

Roy Preiswerk, geboren 1934 in Basel. Seit 1969 Professor am Institut universitaire d'études du développement und am Institut universitaire de Hautes Etudes internationales in Genf. Präsident des Genfer Internationalen Friedensforschungsinstituts.
In den sechziger Jahren Mitarbeiter des Eidg. Departementes für Auswärtige Angelegenheiten, im Rahmen der technischen Zusammenarbeit. Vier Jahre Projektarbeit in Afrika und der Karibik.
Hauptgebiete: interkulturelle Beziehungen, Entwicklungsstrategien.

Regula Renschler/Roy Preiswerk
(Hrsg.)

Das Gift der frühen Jahre
Rassismus in der Jugendliteratur

Band 13 der Reihe LenoZ
Lenos Verlag, Z-Verlag, Basel

In Zusammenarbeit mit der Christoph Eckenstein-Stiftung
für das Studium der Beziehungen zur Dritten Welt.

Original: Roy Preiswerk (Hrsg.), *The Slant of the Pen, Racism in
Children's Books,* Herausgegeben vom Weltkirchenrat (Office of
Education, Programme to Combat Racism) als Zusammenstellung der
Untersuchungen, die an der Tagung über Rassismus in Kinderbüchern
im Oktober 1978 in Arnoldsheim, Bundesrepublik Deutschland,
präsentiert wurden.
Copyright 1980 by World Council of Churches, Genf

Copyright der deutschen Ausgabe
1981 by Lenos Verlag/Z-Verlag, Basel
Alle Rechte vorbehalten
Satz und Gestaltung: Lenos Verlag, Basel
Umschlag: Konrad Bruckmann
Umschlagbild aus: Robinson Crusoe, illustriert von
Adalbert Pilch, Verlag Kremayr und Scheriau, Wien 1965
Printed in Switzerland
ISBN 3 85787 089 3

Im Andenken an Walter Rodney

Die Übersetzung ins Deutsche besorgten
Rose Beilharz und Regula Renschler

Inhalt

Einführung

Von Roy Preiswerk

Sind die Kennzeichen des Rassismus überall die gleichen, wo Gruppen aufeinanderprallen, die aufgrund ihrer Rasse angeblich verschieden sind? Dieses Buch handelt zwar nur von Beziehungen zwischen Schwarzen und Weissen, und dennoch lässt es erkennen, dass der Rassismus je nach Ort und Zeit in unterschiedlichen Formen auftritt. Dies wird bei der Lektüre von Kinder- und Schulbüchern deutlich sichtbar: Sie sind von Land zu Land stark verschieden, und innerhalb des gleichen Landes ändern sie sich von Epoche zu Epoche.

Formen des Rassismus

Das Erziehungswesen einer Gesellschaft spiegelt die herrschenden Werte dieser Gesellschaft wider und ist darauf angelegt, sie aufrechtzuerhalten. Erziehung findet nie in einem Vakuum statt. Gehen wir von zwei einfachen Fällen aus: Eine Gesellschaft, in der Rassismus ein weitverbreitetes, offenes und gewalttätiges Phänomen ist, und eine Gesellschaft, in der er gemässigter und versteckter

9

ist. Die Relation zwischen Gesellschaft und Erziehungswesen ist dann normalerweise die folgende:

Verhalten von Rassengruppen:

Fall 1:	*Fall 2:*
offen	gemässigt
gewalttätig	

Verhalten von Erziehern:

Fall 1:	*Fall 2:*
grobe	subtile
Argumentation	Argumentation
offener	versteckter
Rassismus	Rassismus

Die im Fall 1 erwähnte Gewalt umfasst nicht nur direkte Gewalt (Lynchen, Folter, körperliche Misshandlung), sondern auch strukturelle Gewalt (1). Um strukturelle Gewalt handelt es sich zum Beispiel, wenn ein Kind aus einer bestimmten Rassengruppe eine Hirnschädigung erleidet, die auf Mangelernährung zurückzuführen ist, obwohl in seiner Umgebung genug Nahrungsmittel vorhanden sind, oder wenn man ihm die Schulbildung verweigert, obwohl es begabt ist und Schulen existieren. Für die Opfer des Rassismus ist die Grenze zwischen diesen beiden Formen der Gewalt vielleicht nicht immer deutlich, ebensowenig

wie die Grenze zwischen offenem und „gemässig-
tem” Rassismus (Fälle 1 und 2), denn das Ergebnis
ist am Ende ziemlich das gleiche. Die Fallstudien
machen dies klar.

Beispiele grober Argumentation durch Erzieher
sind leicht zu finden. Sich auf die Bibel zu beziehen, um zu behaupten, die Weissen seien den
Schwarzen überlegen, oder pseudo-wissenschaft-
liche Theorien wie die vom „Überleben der Tüchtigsten” heranzuziehen, um Völkermord zu rechtfertigen, ist nichts Neues. Andere Erzieher gehen
subtiler vor, indem sie offiziell die Gleichberechtigung der Rassen anerkennen, aber trotzdem in Paternalismus und kultureller Arroganz verharren.
„Sie mögen gleichberechtigt sein, aber sie sind
doch nicht so wie wir”, ist Ausdruck einer neuen
Form von Rassismus. Kulturelle Unterschiede
wie Familienstruktur, technische Neuerungen
oder gesetzliche Institutionen werden so hingestellt, als seien sie das Ergebnis angeborener Strukturen.

Erziehungsmethoden können ebenso offen rassistisch sein wie Strassenkämpfe offen gewalttätig.
Es gibt eine Unmenge von Schulbüchern, in denen
eindeutige Rassenhierarchien aufgestellt werden.
Doch müssen es nicht unbedingt Bücher sein, die
eine rassistische Grundhaltung bei Kindern stärken. Ein Bild, auf dem weisse Eroberer oder besser noch „Pioniere” und „Friedensbringer” in einer siegreichen Schlacht gegen wilde, skalpjagende
Rothäute dargestellt werden, kann denselben

Zweck erfüllen. Und was passiert bei Überarbeitung der Bücher? Die Worte, die verwendet werden, sind nicht mehr „höhere Rasse — niedrigere Rasse", sondern „zivilisiert — wild", „Nation — Stamm". Der Gedanke der Überlegenheit bleibt darin implizit enthalten.

Die beiden Formen des Rassismus, die wir ausgewählt haben, wurden nicht als „Stadien" dargestellt, sondern als „Fälle". Es ist nicht gesagt, dass Fall 2 historisch auf Fall 1 folgen muss. Das war zwar bekanntlich ein paar Mal so, doch die entgegengesetzte Entwicklung sollte nicht ausgeschlossen werden. Es ist denkbar, dass Rassismus in gewaltsamen Formen ausbricht, wo er vorher nicht allgemein erkennbar war, dass er lange im Verborgenen schwelt, bis er plötzlich brutal an die Öffentlichkeit dringt. Sprächen wir von „Stadien" statt von „Fällen", so gingen wir ziemlich sicher jenen in die Falle, die an eine ständige Entwicklung zum Besseren glauben, an eine Art linearen Fortschritt. Diese Idee wird zwar von Philosophen und Propheten mancher Kulturen vertreten, findet jedoch durchaus nicht auf der ganzen Welt Zustimmung.

Manchmal macht die Geschichte eine Kehrtwendung und fegt das, was die Menschen im Guten oder Bösen zustande gebracht haben, hinweg. Ausserdem wäre es für die Opfer des Rassismus gefährlich zu glauben, eine bessere Welt erwarte sie, nur weil sich ein paar kleine Änderungen abzeichnen. Die Geschichte verläuft zyklisch, mit

Höhen und Tiefen, und manchmal verläuft sie im Kreise und kehrt an den Ausgangspunkt zurück.

Einige Autoren dieses Buches zeigen, wie gerade ein wichtiges geschichtliches Ereignis die Sprache der Erzieher in bezug auf die Rassenunterschiede zu verändern vermochte. In Ländern wie Grossbritannien und den USA, führte die Notwendigkeit, vom offen gewalttätigen Rassismus abzukommen, manche Erzieher rasch dazu, sich in subtile Formulierungen zu flüchten und damit das zuzudecken, was sie plötzlich als rassistische Anstössigkeit erkennen. In diesen beiden Ländern hat tatsächlich eine, wenn auch zyklische, Entwicklung von Fall 1 zu Fall 2 stattgefunden. Die zahlreichen Beispiele, die die Autoren aus Texten des 19. Jahrhunderts zitieren, zeigen das sehr gut.

Die soziale Wirklichkeit prägt die Erziehung, aber umgekehrt werden Bildungsinhalte manchmal bewusst neu formuliert, um die Entwicklung einer anderen Gesellschaftsform zu fördern. Dies wird besonders deutlich, wenn in einem Land, in dem eine Revolution stattgefunden hat, die Geschichte neu geschrieben wird. In ähnlicher überzeugender Weise zeigen die Texte aus dem 19. Jahrhundert, die in den Kapiteln über die USA und Grossbritannien zitiert werden, wie alle Arten von Literatur, speziell Kinder- und Jugendbücher, eingesetzt werden, um eine Gesellschaft zu stützen und zu fördern, die ohne Rassismus kaum ein so angenehmes Leben hätte führen können.

Direkte und indirekte Opfer des Rassismus

Ein Rassenkonflikt wird üblicherweise betrachtet als Zusammenprall einer Gruppe von Herrschenden, die sich für „von Natur aus" überlegen hält, und einer Gruppe von Beherrschten, den Opfern. In einer solchen allzu simplen Perspektive besteht die Untersuchung des Rassismus darin, den Schaden zu messen, der den Opfern zugefügt wird, sowie die verschiedenen Formen der Schädigung wie Diskriminierung, Rassentrennung, Verfolgung und Vernichtung darzustellen.

Diese Sicht wurde zum ersten Mal 1945 grundsätzlich in Frage gestellt, als die Welt erfuhr, welche entsetzlichen Ereignisse sich in den Konzentrationslagern der Nazis abgespielt hatten. Mit jeder neuen Information über die Verfolgung der europäischen Juden, die an die Öffentlichkeit gelangte, kam die Frage nach dem wirklichen Ursprung des Problems. War die „Judenfrage" ein Problem der Juden, ein Problem Adolf Hitlers und seiner Gehilfen, oder war sie ein Problem des ganzen deutschen Volkes? Eine Gruppe von Forschern, darunter viele deutsche Juden, die vor Ausbruch des Krieges in die USA geflohen waren, begann sich mit der Psychologie des Rassismus und des Antisemitismus zu beschäftigen. Sie kamen, um es kurz zu sagen, zum Ergebnis, dass Rassisten und Antisemiten, obwohl „normal" (d.h. in grosser Anzahl vorhanden), leicht bis schwer krank sind, je nach dem Ausmass ihrer Exzesse. (2)

Währenddessen bezeichneten der Mann auf der Strasse und die Sozialwissenschaftler weiterhin den Rassenkonflikt in den USA als das „Problem der Schwarzen" und jenen in den lateinamerikanischen Ländern als „Indianerproblem". Seit den sechziger Jahren hat es jedoch verschiedentlich ein jähes Erwachen gegeben. So wie die Black-Power-Bewegung klarstellte, dass der Rassenkonflikt in den USA in erster Linie ein Problem ist, das die Weissen geschaffen haben, so kam es auch zu einer Kraftprobe zwischen den lateinamerikanischen Soziologen und ihren nordamerikanischen Kollegen: die Südamerikaner drehten die Analyse in bezug auf die Ureinwohner Amerikas in ähnlicher Weise um. In der neuen Auseinandersetzung über den Ursprung der Unterentwicklung kam klar heraus, dass die Bewohner der Dritten Welt nicht einfach seit Jahrhunderten in ihrer Entwicklung zurückgeblieben sind, sondern dass sie buchstäblich unterentwickelt wurden in der Bedeutung, die dieses Wort bei Walter Rodney in seinem Buch *How Europe Underdeveloped Africa* hat. (3) All diesen Fällen gemeinsam ist: Die unten sind, sind nur deshalb unten, weil andere oben sind.

Den rassistischen Unterdrücker studieren bedeutet nicht, dass das Problem gelöst werden kann, wenn wir zeigen, wie gestört die geistige Gesundheit der Machtelite ist. Gemeint ist, dass das System der Mächtigen den Rassismus als ein Herrschaftsinstrument benützt, als Teil einer Ideologie, deren Zweck es ist, die Interessen derer zu stützen, die an der Macht sind. Neuere Untersuchungen von Psychologen und Psychiatern, die die berühmten Nachkriegserkenntnisse über den Antisemitismus teilweise widerlegen, gehen sogar so weit, eine soziologische Dimension einzuführen. In einer Arbeit mit dem bezeichnenden Titel *The „Sickness" of White Racism* schreiben Thomas und Sillen: „Wenn wir den Rassisten als Geschöpf ansehen, das von blinden und unwiderstehlichen psychodynamischen Kräften getrieben wird, beschönigen wir sein Verbrechen. Die Massaker von Auschwitz und Mylai sind deshalb noch schlimmer, weil sie von Menschen begangen wurden, die nicht geisteskrank waren. In unserer Gesellschaft sind rassistisches Denken und Handeln so institutionalisiert, dass sie von Leuten, die nicht pathologisch sind, als etwas Selbstverständliches geübt werden können." (4)

Während es also wichtig ist, dass sich der Akzent in der Untersuchung der Rassenbeziehungen von den direkten Opfern des Rassismus auf die Rassisten verschoben hat, ist es ebenso wichtig, dass die Rassisten nicht isoliert als fehlgeleitete Individuen oder als notwendigerweise geistig Kranke betrachtet werden. Die grosse Mehrheit von ihnen sind das Produkt von Gesellschaftssystemen, in denen Rassismus die allgemein akzeptierte Norm ist.

Vor dem Hintergrund dieser Einsichten, die sich erst langsam durchsetzen, argumentierte Walter Rodney während des Arnoldshainer Workshops mit sanfter Überzeugungskraft, die Weissen seien die indirekten Opfer ihres eigenen Rassismus und benötigten die Hilfe der direkten Opfer, um Antwort auf einige ziemlich existentielle Fragen zu finden. Leute, die sich nie für Rassisten gehalten haben, mögen vielleicht plötzlich zu zweifeln beginnen und nach Antworten suchen, indem sie sich selbst und ihre soziale Umgebung unter die Lupe nehmen. So fragt sich zum Beispiel Jörg Becker: Warum interessiere ich, ein weisser Europäer, mich für Rassismus und dafür, was in Kinderbüchern über andere Rassen steht? (5)

Warum ist es für einen Europäer, einen Weissen, wichtig, sich mit Rassismus gegen farbige Menschen auseinanderzusetzen?

Der erste Grund liegt in der deutschen Geschichte: Mir erscheint es mehr als zweifelhaft, ob ein Volk, das Auschwitz und Maidanek zu verantworten hat, es sich leisten kann, die „10 kleinen Negerlein" weiterhin seriell in den Tod marschieren zu lassen. Ich glaube zwar nicht, dass wir uns mit dem Antisemitismus deswegen beschäftigen müssen, weil wir eine Schuld am jüdischen Volk gut zu machen hätten. Die Leiden des jüdischen Volkes können nicht kollektiv gut gemacht werden. Wir müssen uns aber deswegen mit dem Antisemitismus auseinandersetzen, weil er hier und jetzt unser demokratisches Selbstverständnis in Frage stellt.
Für einen zweiten Grund greife ich auf eine ältere sozialpsychologische Studie von Richard

D. Trent zurück. In seiner Untersuchung über Vorurteilsstrukturen bei Kindern konnte Trent zeigen, dass Kinder, die sich selbst akzeptieren können, auch positive Einstellungen zu Kindern anderer Rassen zeigten. Daraus folgt für mich als Weisser, dass das positive Selbstwertgefühl, das ein Schwarzer in den Medien sucht und hoffentlich findet, auch positive Rückwirkungen auf mich hat. In diesem Zusammenhang hat auch Frantz Fanon auf einen komplexen Mechanismus aufmerksam gemacht: Zwar hat der Kolonialismus in nachhaltiger Weise bei seinen Opfern eine Psychopathologie der Unterdrückung bewirkt, doch auch der Unterdrücker wurde zum rigiden Bestandteil des insgesamt inhuman-kranken Systems. Der Unterdrücker musste sich seine überlegene Herrschaftsposition durch eine kranke Psyche erkaufen. Weit entfernt davon, hier etwa das Opfer des Rassismus für das Leiden des Rassisten verantwortlich machen zu wollen, ist es nicht mein Interesse als Weisser, Teil des psychopathologischen Gesamtsystems zu werden.

Der dritte Grund mag vor allem den schwarzen Leser verwundern. Zwar wehre ich mich gegen Rassismus im Kinderbuch auf der einen Seite, weil er schwarze Menschen degradiert und entmenschlicht. Ich wehre mich aber auch deswegen, weil dieser Rassismus im Kinderbuch auch unsere eigenen weissen Kinder degradiert und gängelt. Kinderbücher — besonders die in Deutschland — sind nur allzuoft ein Disziplinierungsmittel von Pädagogen gewesen. Gehorsam, ängstlich, freundlich und fröhlich sollen ja nicht nur die Schwarzen sein. Im Kinderbuch dient der Schwarze als Projektion vielmehr dafür, wie unsere Kinder gegängelt und geformt werden sollen. Und da ich mir vorstelle und wünsche, dass sich unsere Kinder an anderen, demokratischen Vorstellungen orientieren, kann ich derartige Bücher nicht akzeptieren. Viertens schliesslich dürfen wir uns aber auch nicht zu viel mit dieser Gesamtproblematik beschäftigen, zumindest nicht dann, wenn es als Flucht in die Exotik der Dritten Welt — wenn auch als „kritische" — funktioniert. Und hier liegt ganz sicherlich eine von mehreren Erklärungen dafür, warum in der Bundesrepublik manchmal eine Aufklärung über die Diskriminierung von Menschen der Dritten Welt mit mehr Engagement betrieben wird, als eine Aufklärung über Antisemitismus oder die Diskriminierung von in der Bundesrepublik lebenden Ausländern. Die Beschäftigung mit weissem Rassismus gegenüber Schwarzen im Kinderbuch muss uns also immer auf unsere eigenen Konflikte zurückführen. Alles andere ist Bevormundung, unter welchem politischem Vorzeichen auch immer.

Jörg Becker

Aggressiver und defensiver Rassismus

Eine andere Frage zur Beziehung des Rassisten zu seinen direkten Opfern betrifft die Art und Weise, wie diese auf die erlittene Behandlung reagieren, wenn es ihnen einmal völlig klar geworden ist, dass die Abgrenzung der Rassen ein vorherrschender Faktor im Verhalten des Unterdrückers ist. Es kann der Zeitpunkt kommen, wo die direkten Opfer zurückzuschlagen, „mit gleicher Münze zurückzuzahlen" beginnen.

Die Unterscheidung zwischen aggressivem und defensivem Rassismus ist schwierig, denn sie kann zu kontraproduktiven Zwecken gebraucht und missbraucht werden, wenn Rassisten sie aufgreifen und ihre Bedeutung verdrehen. Dies war zum Beispiel der Fall, als weisse Rassisten vom „umgekehrten Rassismus" der Schwarzen zu sprechen begannen. Sie versuchten, das ganze Rassismusproblem vom Tisch zu wischen mit dem Satz: „Wenn wir Rassisten sind, so sind die andern nicht besser. Wenn aber alle Rassisten sind, warum regt ihr euch dann auf über uns?"

Um die wirkliche Bedeutung des defensiven im Gegensatz zum aggressiven Rassismus herauszustellen und den fundamentalen Unterschied zwischen beiden Phänomenen aufzuzeigen, wollen wir ein Land wie die USA oder Grossbritannien nehmen, wo eine herrschende Gruppe von Weissen aggressiven Rassismus gegenüber einer unterdrückten Gruppe von Schwarzen praktiziert, wobei sich die Schwarzen kräftig wehren und manchmal zurückschlagen. Vier Situationen sind hier denkbar:

1. Als direkte Opfer des aggressiven Rassismus sind die Schwarzen physischer und struktureller Gewalt und Diskriminierung in allen möglichen

Bereichen des sozialen Zusammenlebens, speziell im Sektor Wohnen und Arbeit, ausgesetzt. Sie werden in kleinlicher Weise schikaniert und oft auch „nur" mit Worten fertiggemacht. Dass sie ihr Identitätsgefühl verlieren, ist höchst wahrscheinlich.

2. Als indirekte Opfer ihres eigenen Rassismus mögen Weisse mehr oder weniger bewusst erleben, was es für eine Wirkung hat, wenn man Gewalt anwendet, die anderen hasst, wenn man sich überlegen fühlen muss, Gefühle unterdrückt, verzerrte Vorstellungen hat, ja manchmal sich sogar die Absonderung von Schwarzen aufzwingen muss.

3. Weisse können auch direkte Opfer des defensiven Rassismus der Schwarzen werden. In diesem Fall handelt es sich nicht um strukturelle Gewalt, doch physische Gewalt mag vereinzelt, zeitlich und örtlich begrenzt, vorkommen. Der Ausschluss aus schwarzen Gruppen ist wahrscheinlich, und eine gewisse Diskriminierung, wenn auch nicht in grossem Massstab, in den besonders empfindlichen Bereichen Arbeit und Wohnen, möglich. Es kann vorkommen, dass Weisse offen als rassisch unterlegen angegriffen werden. (6) All das zusammen kann den weissen Rassismus entweder verstärken oder aber im Gegenteil Einzelnen die Augen öffnen. Wenn die Bewegung stark genug ist, mag sie die Machthaber zwingen, die strukturelle Gewalt zu verringern.

4. Wenn Schwarze defensiven Rassismus prakti-
zieren, können sie dessen indirekte Opfer werden.
Insbesondere mögen sie einige der psychologi-
schen Auswirkungen spüren, die weisse Rassisten
erfahren haben. Doch während diese Aussage
übereinstimmt mit dem Gedanken, dass ein Rassist auch ein Opfer seines Rassismus ist, trifft das
in der sozialen Wirklichkeit vielleicht nicht zu.

Es scheint nämlich, dass die positiven Wirkungen
des defensiven Rassismus viel stärker als die negativen sind. Militanten Gruppen von Schwarzen
hat der Stolz auf ihre Fähigkeit, zu handeln und
ihre rassistischen Unterdrücker einzuschüchtern,
meist viel gebracht. Sie haben ihr Selbstwertgefühl
zurückgewonnen und die Leistungen ihrer Rasse
neu entdeckt. Mit Gewalt konfrontiert, haben sie
oft Gewaltlosigkeit praktiziert und sind dadurch
psychologisch stärker geworden.

Es scheint also, dass es einen qualitativen Unterschied zwischen aggressivem und defensivem Rassismus gibt. Oft ist es sogar problematisch, das
Wort „Rassismus" im Zusammenhang mit gewissen Formen defensiven Verhaltens zu verwenden.
Solch defensives Verhalten kann durchaus positive
Wirkungen haben, nicht nur durch die Rückge-
winnung der Identität der direkten Opfer des Rassismus, sondern auch dadurch, dass eine Veränderung des rassistischen Unterdrückungssystems er-
zwungen wird.

Rassismus, Nichtrassismus und Antirassismus

Die systematische Untersuchung von Kinderbüchern und anderen Texten, die gezeigt hat, dass Rassismus fast immer in der einen oder andern Form vorhanden ist, ist nur der erste Schritt im Kampf gegen den Rassismus im Erziehungswesen. Der nächste Schritt könnte in der Forderung bestehen, alle Verzerrungen aus den Texten zu entfernen. Kein Hinweis auf die Überlegenheit einer Rasse würde geduldet. Der Autor eines neuen Buches hätte sorgfältig darauf zu achten, dass nicht nur der offene Rassismus, sondern auch versteckte Vorurteile und Klischees vermieden würden. Eine Liste der Kriterien für die Erkennung der Vorurteile wie die im Anhang wiedergegebene mag hier eine nützliche Hilfe sein. Autoren, die die zahlreichen Facetten des Rassismus kennen, würden sich bemühen, die Vielfalt der Rassen und Kulturen darzustellen, statt nach traditionellem Muster Hierarchien oder eine „Ehrenliste" der verschiedenen Völker aufzustellen. (7) Das Ergebnis solchen Bemühens wird oft als „multirassisches" oder „multiethnisches" Buch bezeichnet. Allgemeiner könnte man diese Bücher nichtrassistisch nennen. Solch ein Urteil ist natürlich problematisch, wenn man bedenkt, wieviele unbewusste Rassenvorurteile sogenannte nichtrassistische Autoren haben können und zwischen wievielen versteckten Fallen sie sich durcharbeiten müssen.

Heute will man mehr. Der Versuch, den Rassismus zu eliminieren, genügt nicht. Sogenannte nichtrassistische Bücher umgehen gewöhnlich das Problem so, als ob es gar nicht existierte. Selbst wenn sie ihr Ziel erreichen, innerhalb einer Hausgemeinschaft oder Schulklasse den Rassismus nicht zu schüren, so packen sie damit noch lange nicht das Problem an, das in der Umwelt des Kindes nun einmal vorhanden ist. Andere Kommunikationsmittel − und speziell das Fernsehen − sind immer noch voll von rassistischen Aussagen, und das Kind ist nicht darauf vorbereitet, sich damit auseinanderzusetzen. Deshalb muss unbedingt das ganze Problem offen zur Sprache kommen. Kinder sollten lernen, die verschiedenen Formen der Unterdrückung zu erkennen und zu verstehen, warum so viele unterjochte Völker für ihre Rechte kämpfen. Sie könnten Ungerechtigkeit, Ungleichheit und Ausbeutung erkennen lernen. Um dies zu erreichen, müssen die unehrlichen Methoden einer rassistischen Gesellschaft offen dargelegt und die Möglichkeiten, sie zu bekämpfen, aufgezeigt werden.

In einer Welt, in der immer noch soviel Rassismus wuchert, sind antirassistische Kinderbücher eine Notwendigkeit. Doch sollte ein Wort der Vorsicht zugefügt werden: Die bewusste Bemühung um Antirassismus eliminiert nicht automatisch die Unzulänglichkeiten des nichtrassistischen Ansatzes. Da der Rassismus so verbreitet ist, kann der Antirassist in die gleichen Fallen gehen.

Nun kommt der Punkt, an dem wir uns fragen müssen, wer nichtrassistische und antirassistische Bücher schreiben soll. Viele finden, dass nur die direkt betroffenen Opfer des Rassismus dazu in der Lage sind. Es mag schwierig sein für einen weissen Schriftsteller, diese Frage anzupacken, aber andererseits wäre es feige, sie einfach zu umgehen. Dies ist ein Thema für eine allgemeine Diskussion, in der die Meinung aller Betroffenen gehört werden sollte.

Sollten weisse Schriftsteller ihre Feder niederlegen? Diese Forderung ist sicher gerechtfertigt auf der Grundlage der Erkenntnisse, die in diesem Buch vorgelegt werden. Was Weisse in den letzten 200 Jahren über Schwarze geschrieben haben, ist grösstenteils fürchterlich. Ausnahmen bestätigen die Regel. Auch wo der Rassismus nicht bewusst propagiert wird, um Ausbeutung und Unterdrükkung zu rechtfertigen, bleibt dennoch oft ein Mangel an Einfühlungsvermögen und Intuition bei Autoren, die es wahrscheinlich „gut meinen". In dieser Perspektive sind geistige Embargos nützlich, ja sogar nötig, obwohl im allgemeinen die Opfer des Rassismus Diskriminierung ablehnen. Das ist eine Situation, in welcher der Begriff „defensiver Rassismus" wichtig wird.

Rassismus gehört sicher zu den Gebieten, auf denen Weisse weiterarbeiten müssen. Wenn sie an dem rassistischen Unterdrückungssystem aktiv mitbeteiligt sind, sollten sie sich einen Einblick verschaffen, wie es funktioniert. Wenn sie zu den indirekten Opfern ihres eigenen Rassismus gehören, würde es sich für sie lohnen, herauszufinden, was sie tun und was dies für Wirkungen auf sie hat.

Allgemeiner gesehen bleibt ein ernstes Dilemma. Muss jemand einer bestimmten Rasse oder Kultur angehören, um über sie schreiben zu dürfen? Sind nur Deutsche berechtigt, über Deutschland zu schreiben? Es gibt keinen Beweis in der ganzen Forschung über menschliches Wissen, dass ein „Insider" von vornherein besser qualifiziert wäre, über die Gruppe zu sprechen, der er angehört. Es gibt zu viele Arbeiten von Schwarzen über afrikanische Geschichte zum Beispiel, die aufzeigen, dass Afrikaner zu sein nicht die einzige Voraussetzung für einen guten Geschichtsschreiber über Afrika ist. Auf der anderen Seite ist eine überwältigende Mehrheit weisser Schriftsteller, die sich mit vorwiegend weissen Gesellschaften befassen, vollständig unfähig, ausser auf einer sehr abstrakten philosophischen Ebene, die tiefen Konflikte und Widersprüche ihrer Umwelt zu erkennen. Die Industriegesellschaften brauchen dringend eine kulturelle Revision, neu festzusetzende Grundwerte, eine Neudefinition der menschlichen Lebensziele. All dies ist undenkbar ohne einen substantiellen Beitrag von „Aussenseitern", von Leuten, deren Denken in anderen Kulturen ruht.

Wenn man einer Lösung näher kommen will, muss man sicher verschiedene Ansätze einander gegenüberstellen. Die Geschichte und Kultur jeder Gruppe sollen von verschiedenen Standpunkten aus beschrieben werden. Auch die Ansicht des Unterdrückers, in der man unter anderem Ausflüchte, Irrtümer und Verdrehungen erkennen kann, sollte zur Kenntnis genommen werden, weil sie den gut dokumentierten Fall der Unterdrückten noch klarer macht. Doch ist diese Ansicht schon zu oft gehört worden, und deshalb bleibt der Gedanke eines intellektuellen Embargos gegenüber den Weissen, welches den Schwarzen mehr Spielraum gibt um antirassistische Jugendbücher zu schreiben, gültig.

Zu den Beiträgen

Es ist nicht das Ziel der nachfolgenden Autoren, die Ursprünge des Rassismus zu erklären. Statt zu fragen, warum der Rassismus immer noch weiterwuchert, wollen sie den Nachweis erbringen, dass er in Schul- und Bildungsmaterialien überall auf der Welt nach wie vor präsent ist. Aus diesem Grund ist Teil I des Buches relativ knapp ausgefallen. Er enthält drei Texte, die als Gedächtnisstütze gemeint sind.

Der erste (von Luis Nieves-Falcón) betont die Tatsache, dass *Ideologie* und wirtschaftliches Machtstreben hinter den rassistischen Verfälschungen in den Schul- und Kinderbüchern stehen. Der zweite (von Roy Preiswerk) weist auf die oft versteckten, aber doch nicht immer subtilen

Zusammenhänge zwischen *Kulturüberheblichkeit* und Rassismus hin. Das Aufzeigen kultureller Unterschiede führt nicht notwendigerweise zu Rassismus — im Gegenteil —, doch alles hängt von der Art und Weise ab, in der dies geschieht. Die Beschreibung von Essgewohnheiten, Familienstrukturen, politischen Institutionen oder Religionen kann zu einer positiven Besinnung über die kulturelle Verschiedenartigkeit in unserer heutigen Welt anregen. Sie kann aber auch zu Rassismus führen, wenn Ursprung und Bedeutung der Verschiedenartigkeit nicht erklärt werden. Dies ist auch ein Grund, warum antirassistische Bücher notwendig sind. Einige der schlimmsten Formen rassistischer Verzerrung rühren von der inadäquaten Behandlung der Frage der kulturellen Verschiedenheit her. Im dritten einführenden Text (von Jörg Becker) wird schliesslich der Akzent auf das *kognitive Verhalten* und die Denkstrukturen der Autoren gelegt. Einige typische Verhaltensweisen werden kurz beschrieben. (8)

Zwar wird die *historische Dimension* nicht in einem besonderen Kapitel behandelt, doch erscheint sie bei den Fallstudien durch viele Hinweise auf Jugendliteratur, die in der Vergangenheit verwendet wurde. Auch hier müssen für ein tieferes Verständnis des Rassismus noch andere Werke berücksichtigt werden. (9)

Dasselbe gilt in bezug auf die *psychologische Dimension* der rassistischen Literatur. Auch diese ist untersucht worden, und zwar sowohl was die Autoren angeht (10), wie auch die jungen Leser (durch Untersuchungen in der genetischen Psychologie, die sich mit der Entwicklung der kindlichen Intelligenz beschäftigt). (11)

Das vorliegende Buch ist vor allem durch seine *Fallstudien* über einzelne Länder interessant. Beryle Banfield, die die Situation in den USA untersucht, zeigt, wie die Werke der Dichter, Philosophen und Wissenschaftler den im Land vorherrschenden Rassismus nicht nur widerspiegeln, sondern wie sie ihn sogar zu verstärken und zu legitimieren versuchen. Sie stellt den direkten Bezug zwischen sozialer Veränderung und dem Inhalt der für Kinder geschriebenen Bücher heraus. Die Texte ändern sich jeweils, wenn die Gesellschaft von der Eroberung des Westens zur Sklavenhaltung, von der Abschaffung der Sklaverei zum antirassistischen Protest und zu Gegenaktionen der Rassisten übergeht.

Einige der erschreckendsten Beispiele von Rassenvorurteilen fördert der Beitrag von Lorna Lippmann zutage. Es wird hier gezeigt, dass Australien auf dem Gebiet rassistischer Jugendliteratur durchaus konkurrenzfähig ist.

In seinem Beitrag über Afrika im allgemeinen und seine Heimat Nigeria im besonderen weist Bankole Omotoso nicht nur auf das Problem des Rassismus hin, sondern auf die bedeutenden Schwierigkeiten, welchen die Jugendbuchproduktion in dieser Region heute begegnet.

Dorothy Kuya, die sich mit Grossbritannien befasst, bringt, ähnlich wie Beryle Banfield, viel historisches Material und diskutiert die politischen, wirtschaftlichen und kulturellen Grundlagen des Rassismus. Sie betont das Fortbestehen gewisser Klischees und Techniken in der rassistischen Literatur, die den historischen Wandel überdauert haben. Dies ist kein Widerspruch zur Position von Beryle Banfield. Beide Arbeiten sollen den Leser anregen, sich zum einen mit dem Verhältnis zwischen bestimmten historischen Ereignissen und zeitspezifischen Formen des Rassismus zu befassen, zum andern die zeitunabhängige Erscheinungsweise des Rassismus, die ungeachtet spezifischer Umstände überlebt, herauszuschälen.

Gleich vier Beiträge befassen sich im besonderen mit Literaturquellen aus dem deutschen Sprachgebiet. Jörg Beckers Interesse an deutschen Schulbüchern rührt zum grossen Teil von seiner Beschäftigung mit dem Antisemitismus her. Schuldgefühle haben offenbar zu einem Philosemitismus in Deutschland geführt, einer Haltung also, die den Juden besonderes Wohlwollen entgegenbringt. Der Philosemitismus hat recht zwiespältige Folgen, und so ist diese Fallstudie besonders aufschlussreich in bezug auf subtile Formen rassischer und ethnischer Verzerrungen.

Regula Renschler beugt sich ernsthaft über eine dieser oft einfach als lustig und komisch, deshalb auch als „unschuldig" betrachteten Figuren in gezeichneten und gedichteten Kinderbüchern. Gerade weil er keinen hohen Platz in der Weltliteratur einnimmt, hat Globi — wie sein belgisch-französisches Ebenbild Tintin — mit seinen Massenauflagen ein bedeutend weiteres Einzugsgebiet als alle anderen hier untersuchten Quellen und Materialien.

Hartmut Lutz befasst sich mit einer anderen Dimension in der deutschen Literatur, die besonders verwirrend ist: mit der Faszination durch die Indianer. In diesem Fall scheint es keinen direkten Grund für Rassismus zu geben. Weder die herrschende Ideologie noch die wirtschaftliche Ausbeutung stehen in irgendeinem Zusammenhang mit dem grossen Interesse, das die deutschen Schriftsteller seit dem 19. Jahrhundert den Ureinwohnern Amerikas entgegenbringen. Doch Lutz fördert andere mögliche Gründe für diese Art Rassismus zutage: das psychologische Bedürfnis, den „edlen Wilden" romantisch zu verherrlichen, und die stabilisierende Funktion der Indianergeschichten im autoritären deutschen Erziehungswesen.

Das letzte Kapitel zeigt die Bedeutung der Religionsbücher für den Rassismus, mit speziellem Akzent auf der Bundesrepublik Deutschland. Die untersuchten Texte sind im allgemeinen frei von direktem Rassismus, aber sie sind nicht weniger problematisch als andere Quellen. Rolf Lüpke zeigt, wie die Kinder in seinem Land gelehrt werden, andere Völker und Rassen als arm anzusehen, als hungergeplagt und hilfsbedürftig, ohne eigene

Geschichte und Kultur. Sie werden im allgemeinen durch das definiert, was sie nicht haben, und nicht durch das, was sie sind. Den Schülern wird beigebracht, sich als zivilisierte moderne Christen zu betrachten, die Entwicklungshilfe in die Wege leiten und Wohltäter der Armen sein sollen. Obwohl viele der Prinzipien, für die diese Texte eintreten, bemerkenswert positiv sind, bleiben die ihnen zugrunde liegenden Werte und Denkweisen Ausdruck von kultureller Arroganz und Paternalismus.

Wenn irgend jemand zweifeln sollte, ob Rassismus in Kinderbüchern immer noch vorkommt, so bringen die folgenden Kapitel genügend Beweise dafür, dass wir nur „am Morgen des Schöpfungstages" stehen. (12)

Zum Titel der deutschen Ausgabe dieses Buches sei nur gesagt, dass die Herausgeber mit Unterstützung aus Freundeskreisen in einem Augenblick literarischer Begnadung sich ermassen, bei einem Heinrich-Böll-Titel ein Wort auszutauschen. So wurde aus dem *Brot der frühen Jahre* das *Gift der frühen Jahre*. (13) Allerdings sind die beiden Situationen völlig entgegengesetzt. Für den Hungernden ist das Brot (symbolisch für Liebe) Objekt eines quälenden Verlangens. Es kann gegeben oder verweigert werden. Rassismus ist nicht ein natürliches menschliches Bedürfnis. Es ist eine menschliche Erfindung, die in vielen Kulturen, aber bei weitem nicht in allen, dem Kind auf vielen offenen und versteckten Wegen übermittelt wird, auch wenn dieses dafür in keiner Weise ein eigenständiges Verlangen hat.

Anmerkungen:

1) Siehe Johan Galtung, „Violence, Peace and Peace Research", in: *Journal of Peace Research*, 1969, pp. 167–191. Siehe auch Galtungs Unterscheidung zwischen institutionellem und personalem Rassismus, die im Beitrag von Jörg Becker, *Die verpassten Chancen der Erneuerung. Rassismus im deutschen Kinderbuch* (pp. 193– 212 in diesem Buch) kurz erörtert wird.

2) Theodor W. Adorno et al., *Studien zum autoritären Charakter*, Suhrkamp, Frankfurt, 1973. Amerikanische Originalausgabe 1950.

3) Der Titel der deutschen Ausgabe bringt leider diesen Grundgedanken des Autoren nicht zum Ausdruck. Walter Rodney, *Afrika. Die Geschichte einer Unterentwicklung*, Wagenbach, Berlin, 1974.

4) *Racism and Psychiatry*, Brunner Mazel, New York, 1972, p. 113.

5) Der folgende Text ist der Schluss des Beitrags von Jörg Becker in diesem Buch. Becker bezieht sich auf die Bücher von Richard D. Trent, *The Correlates of Self-Acceptance Among Negro Children*, Columbia University, New York, 1953, und von Frantz Fanon, *Die Verdammten dieser Erde*, Suhrkamp, Frankfurt, 1981.

6) Im *Manifest des primitiven Menschen*, Trikont, München, 1979, stellt Fodé Diawara, ein aus Mali stammender Agronom und Soziologe, die Behauptung auf, die Kaukasier (oder Weissen) seien „die am wenigstens entwickelte Menschengruppe". „… der Weisse steht auf der untersten, embryonalen Stufe der Menschheitsentwicklung. Deshalb leidet er an anatomischer und physiologischer Unvollkommenheit: Er hat eine empfindliche Haut, übermässige Behaarung, schlechte Augen, eine grobe Muskulatur, eine belegte Zunge, kein Gefühl in den Fingern, keinen harmonischen Körperbau, ist häufig zu klein oder zu gross gewachsen, leidet an Krankheiten der Kopfhaut und des Haarwuchses, hat eine pathologische Talg- und Schweissdrüsensekretion, und sein Körper schwillt auf und fällt zusammen bloss wegen eines Stückes Zucker im Morgenkaffee. Die ausserordentliche Zunahme der durchschnittlichen Körpergrösse in den westlichen Gesellschaften der Gegenwart und die extreme Vielfalt der Typen in bezug auf Körperbau und Augenfarbe sind Zeichen einer jungen Menschenrasse, die sich noch nicht stabilisiert hat. Die Beobachtungen Mendels an Mulatten und Eurasiern scheinen ein unwiderlegbarer Beweis dafür zu sein, dass die Rassenmerkmale der schwarzen und gelben Völker dominant und jene der Weissen rezessiv sind." (Direktübersetzung aus dem französischen Original)

Man mag die Richtigkeit dieser verschiedenen Aussagen bezweifeln. Wie „rezessiv" kann beispielsweise die weisse Rasse sein, wenn sie auf der anderen Seite als noch „jung", „nicht stabilisiert", „auf der untersten Stufe stehend", ja „embryonal" bezeichnet wird? Doch selbst wenn all diese Aussagen widerlegt werden könnten, verdienen sie doch Aufmerksamkeit, denn diese Art von Informationen haben Weisse jahrhundertelang über andere verbreitet.

7) Eine „Rangliste der Völker" nannte es Claude Lévi-Strauss in *Rasse und Geschichte,* Suhrkamp, Frankfurt, 1972. Originaltext 1950, UNESCO.

8) Die erkenntnistheoretischen Grundlagen der Positionen beider Autoren finden sich in G. Gurvitch, *Social Framework of Knowledge,* Harper & Row, New York, 1972, und in Peter Berger und Thomas Luckmann, *Die gesellschaftliche Konstruktion der Wirklichkeit: Eine Theorie der Wissenssoziologie,* Fischer, Frankfurt, 1980.

9) Siehe Anmerkung 7 und die Bücher von Franklin Frazier, *Race and Culture Contacts in the Modern World,* Beacon Press, Boston, 1957, und Thomas F. Gossett, *Race: The History of an Idea in America,* Schocken Bbooks, New York, 1968.

10) Siehe Anmerkung 4.

11) Die Forschungsergebnisse von Jean Piaget sind hier ausschlaggebend. Siehe u.a. *Der Aufbau der Wirklichkeit beim Kinde,* Klett Cotta, Stuttgart, 1975, und *Das Weltbild des Kindes,* Klett Cotta, Stuttgart, 1978.

12) *Morning Yet on Creation Day* ist der Titel eines Buches von Chinua Achebe, London, Heinemann, 1975.

13) Heinrich Böll, *Das Brot der frühen Jahre,* München, dtv, 1979.

1. Teil
Grundlagen des Rassismus:
Ideologische Rechtfertigung
und kulturelle Überheblichkeit

Kinderbücher als Mittel zur Aufrechterhaltung der Beziehung zwischen Herrschenden und Beherrschten

Von Luis Nieves-Falcón

Trotz den nationalen Befreiungsbewegungen, die in den letzten drei Jahrzehnten über die Welt gefegt sind, gibt es immer noch viele Formen des Kolonialismus — vom politischen und rassischen bis zum kulturellen — und sie wirken sich auf grosse Teile der Weltbevölkerung aus. Die Kolonisierung hat direkte Wirkungen auf bestimmte Menschengruppen innerhalb eines Landes, vor allem auf die armen Bevölkerungsschichten und auf gewisse ethnische Gruppen, wie auch auf Randgesellschaften, die das Objekt wirtschaftlicher oder politischer Beherrschung sind. In beiden Fällen geht es vor allem um wirtschaftlichen Profit, aber sozialpsychologische Prozesse, welche die wirtschaftliche Ausbeutung stützen und verewigen, sind in der Regel nötig, um eine existierende Ordnung aufrechtzuerhalten, die für die herrschende Macht, sei diese einheimisch oder fremdländisch, vorteilhaft ist.

Kolonialherrschaft — ob sie nun im Innern einer imperialistischen Gesellschaft ausgeübt wird, ob zwischen einem herrschenden Zentrum und einer neokolonialen Gesellschaft oder zwischen einem Machtzentrum und einer Kolonie — wirkt sich auf alle Institutionen aus. Kein Teil des sozialen Systems kann sich diesem Einfluss entziehen — wenn auch das Ausmass der Beeinflussung unterschiedlich ist. Der kontrollierende Einfluss erfolgt durch verschiedene Formen von Druck: politisch, administrativ, ideologisch, sowie durch Militär und Polizei. Hauptziel der herrschenden Macht ist es, alle Kräfte zu zerstören, die den Widerstand gegen ihre Autorität stärken könnten. Eine solche Strategie der Beherrschung wird dadurch konsolidiert, dass zunächst Produktionsmittel und Arbeitsmarkt unter Kontrolle gebracht werden und danach auch andere soziale Einrichtungen, die speziell mit der ideologischen Struktur in Zusammenhang stehen. So erreicht die herrschende Macht, dass soziale Normen und Verhaltensmuster, die zum Zwecke der Nachahmung und endgültigen Übernahme propagiert werden, nicht nur eine Konfrontation mit der bestehenden Ordnung verhindern, sondern auch den Bewusstwerdungsprozess in der unterdrückten Bevölkerung vereiteln. Das heisst, dass diese Menschen in sozialen Verhältnissen und Prozessen aufwachsen, die gegen ihre volle menschliche Entfaltung gerichtet sind.

Kulturzerfall

Die wachsende Bedeutung des ideologischen Aspekts der Herrschaftsausübung in einer kolonialen oder neokolonialen Gesellschaft darf nicht bagatellisiert werden. Sein letztes Ziel ist es, die Menschen psychologisch so umzuformen, dass sie Ausbeutung als normal verinnerlichen, und dass Unterdrückung als positive Situation anerkannt wird, in welcher die Unterdrückten ihre eigene Ausbeutung durch die Unterdrücker aufrechterhalten. Dieses Ziel wird erreicht, indem man die Kolonisierten ihrer Kultur immer mehr entfremdet, indem Kolonialismus und Kolonialisten positiv, Kolonisierte — individuell und kollektiv — und Befreiungsbewegungen dagegen negativ dargestellt werden.

Solcherweise werden kolonisierte Völker durch die Verfälschung, Verstümmelung und Auflösung ihrer eigenen kulturellen Formen und Traditionen dem Kulturzerfall ausgesetzt. Das soziale Gleichgewicht gerät durcheinander, nicht nur, weil der einzelne Mensch seiner soziokulturellen Wirklichkeit entfremdet wird, sondern auch, weil er zunehmend pathologische Reaktionen zeigt. Das geht aus zwei Untersuchungen hervor, deren eine sich mit der Hospitalisierung von psychisch Kranken, die andere mit Drogenabhängigkeit und Kolonialismus befasste. Die erste Untersuchung zeigt einen höheren Anteil an Hospitalisierungen unter Puertoricanern, die von ihrer ursprünglichen Kultur isoliert sind. (1) Aus der zweiten Studie geht hervor, dass Drogenabhängige sich um so mehr wie Angehörige eines kolonisierten Volkes benehmen, je geringer ihre kulturelle Identifikation ist. (2) Während auf der einen Seite Kultur zerstört wird, wird auf der anderen Seite der Kolonialstatus gepriesen. Es werden Behauptungen aufgestellt, Tatsachen verschwiegen, es wird verschleiert und vertuscht — und so werden kolonisierte Völker gezwungen, die Mächte, die sie ausbeuten, als gut zu verinnerlichen. Die Kolonialgesellschaft wird nicht nur akzeptabel als *modus vivendi,* sondern gilt als richtig, befriedigend, vorteilhaft im Vergleich mit anderen Gesellschaftssystemen. Die herrschende Macht wird gepriesen, ihre Leistungen und ihre gutes Funktionieren werden als beispielhaft dargestellt und man betrachtet ihre weitere Präsenz in der Kolonie als wesentlich für die individuelle und kollektive Verbesserung der Lage derer, die kolonisiert worden sind.

Unterlegenheit und Angst vor politischer Befreiung

Kulturzerstörung und positive Verbrämung der Unterwerfung gehen Hand in Hand mit der ständigen Herabsetzung der unterworfenen Völker. Solche Geringschätzung trifft sowohl das Individuum wie die Gesamtgruppe. Sie beeinflusst das Aussehen der Leute, ihre inneren Anlagen und ihre Fähigkeit, mit Problemen umzugehen — aber auch das Bild von Land, Kultur und Sprache. Die Charakteristika der betreffenden Rasse — so heisst es immer wieder — könnten den Vergleich mit dem weissen Vorbild nicht aushalten, das kolonisierte Volk habe keinen Beitrag zur universalen Kultur erbracht, und schliesslich müsse man ständig mit dem Ausbruch seiner tierischen Instinkte rechnen. Wenn dazu noch ein Mangel an Rohstoffen kommt und eine Kultur, die mit der modernen, in ständiger Veränderung begriffenen Welt nicht fertig wird, dann ist die Unterlegenheit total. Mit anderen Worten, die Unterworfenen werden zu Objekten, die mit menschlichen Wesen keinerlei Ähnlichkeit haben — es sei denn, sie distanzieren sich von den ursprünglichen Bewohnern des Landes.

Unter solchen Umständen ist es nicht erstaunlich, auf dem Höhepunkt dieser sozialen Prozesse ein negatives Bild von der Erfahrung der Befreiung vorzufinden. Politische Freiheit und ihre Fürsprecher werden als potentielle Zerstörer der materiellen Errungenschaften und der existierenden „Freiheiten" in der Kolonialgesellschaft hingestellt. Freiheit wird synonym mit Weltuntergang. So lernen die Unterworfenen, sich vor der Freiheit zu fürchten und patriotische Anstrengungen zur Befreiung zu verwerfen. Bei manchen führt das soweit, dass sie aus lauter Angst vor der Möglichkeit ihrer eigenen Freiheit die dauernde Anwesenheit der Kolonialmacht als einzige Garantie für ihr

Wohlergehen ansehen. In solchen Fällen stehen revolutionäre Bewegungen offenkundig vor der Notwendigkeit, die Unterworfenen gegen deren eigenen Willen zu befreien.

Diese sozialen Prozesse machen deutlich, welche Werte in einer Kolonialgesellschaft gelten. Diese Werte werden von der herrschenden Minderheit bestimmt und bilden die ideologische Voraussetzung für die Aufrechterhaltung der Macht über die Mehrheit, d.h. die ausgebeuteten Klassen. Durch alle Institutionen der abhängigen Gesellschaft werden diese Werte verbreitet — und hier spielen die Massenmedien eine wachsende Rolle. Bücher, speziell Kinder- und Schulbücher, sind ein Bestandteil der Medien und also ein Mittel zur bewussten Propagierung von Werten, welche die Unterwerfung verewigen. Sie sind ein Instrument zur Verfestigung der bestehenden Struktur der Beziehungen zwischen Herrschenden und Beherrschten, zwischen Kolonialherren und Kolonialvolk.

Indoktrinierung von Kindesbeinen an

Die Wechselwirkung zwischen Kinderbüchern und Kolonialismus sollte nicht unterschätzt werden. Jede herrschende Klasse muss bei den ganz Jungen beginnen, wenn sie die Führungskader heranziehen will, die für die Erhaltung ihrer Privilegien nötig sind. Sie muss ihnen darüber hinaus die ideologischen Überzeugungen einimpfen, die ihre Machtposition legitimieren sollen. Mit anderen Worten, die Kinder der Herrschenden müssen lernen, sich selber als Herrschende zu empfinden und zu verhalten. Ohne Zweifel beginnt und wächst die Verinnerlichung der Rolle des „Herrn" schon während der frühen Sozialisierung, aber das intellektuelle Drum und Dran, mit dem diese Rolle gerechtfertigt wird, eignen sich die Heranwachsenden vor allem bei der Lektüre von Büchern an, welche von der herrschenden Klasse für die herrschende Klasse geschrieben werden. Das gedruckte Wort wird so ein nötiges Vehikel für die Durchsetzung der geltenden Vorstellung, dass die herrschende Gruppe eine fast göttliche Verantwortung habe, die beherrschte Gruppe zu führen — um ihr Wohlergehen zu sichern, um sie vor ihrer eigenen niedrigen Natur zu schützen und um eine saubere Arbeitsteilung und eine angemessene Verteilung des materiellen Gewinns, den die Ausgebeuteten erarbeitet haben, zu garantieren. Diese Verantwortlichkeiten der herrschenden Klassen werden als notwendige Bürde, als Beweis für ihre edle Gesinnung dargestellt. Mit der Entwicklung der entsprechenden Rollen lernen die zukünftigen Kader die Einstellungen und Verhaltensweisen, welche in ihren Köpfen die selbstverständliche Überlegenheit ihrer Klasse und die natürliche Unterlegenheit der Beherrschten bestätigen.

Andererseits kann es nur „Herren" geben, wo es Individuen gibt, die sich unterwerfen lassen. Deshalb muss die herrschende Gruppe dafür sorgen, dass die Kinder der Unterworfenen ihrerseits zu einer Generation von Abhängigen heranwachsen. Auch hier spielt frühe Sozialisierung eine wichtige Rolle, denn die Erwachsenen übertragen ihre Einstellung auf die Kinder. Diese Einstellung wird durch Kinderbücher verstärkt, die vom Standpunkt der Herrschenden aus geschrieben sind und in welchen den Abhängigen klar gemacht wird, an welche Rollen sie sich zu halten haben. Das gedruckte Wort, das in den meisten abhängigen Gesellschaften als quasi heilig angesehen wird, wird in der Tat zu einem Mittel, um den Kindern der Unterjochten ihre natürliche Unterlegenheit und ihr Ungenügen klar zu machen.

Jugendbücher sind nicht in irgendeiner beliebigen Weise „wertorientiert": sie spiegeln die Werte der herrschenden Klassen, die sie als intellektuelle Instrumente benützen, um Unterwerfung und Ausbeutung aufrechtzuerhalten.

Anmerkungen:

1) B. Malberg, *Mental Diseases Among the Puerto Rican Population of New York*, Albany Research Foundation for Mental Hygiene, 1965.
2) Francisco Torres Rivera, *Colonialism, Deculturation, and Drug Addiction*, Dissertation, UGS, 1978.

Kulturüberheblichkeit und Rassismus

Von Roy Preiswerk

Viele, die sich mit den Verfälschungen, Stereotypen und Vorurteilen beschäftigt haben, die
Europäer gegenüber Menschen aus anderen Teilen
der Welt aufrecht erhalten, sehen überall Rassismus. Dies mag stimmen; der Autor ist indessen
überzeugt, dass eine Untersuchung über Rassismus, welche die ethnozentrischen Entstellungen
nicht miteinbezieht, möglicherweise einige der
schlimmsten Hindernisse auf dem Weg zu einem
besseren Verständnis zwischen verschiedenen
Gruppen und Völkern übersieht, die von unseren
Schulen und anderen Institutionen in offiziellen
Leitbildern weitergegeben werden. Die gröbsten
Formen von Rassismus sind seit den vierziger
Jahren in Druckerzeugnissen stark zurückgegangen, ausser in jenen Ländern, wo Rassismus ein
schweres innenpolitisches Problem darstellt oder,
noch schlimmer, gar offizielle Regierungspolitik
ist.
Gewiss, diese Änderung mag vielleicht gar nicht
daher kommen, dass Schriftsteller und Schulbuch-
autoren heute weniger rassistisch sind. Erklärte

Rassisten, die für ein grosses Publikum schreiben, und vor allem Kinder- und Jugendbuchautoren, haben wahrscheinlich auch gemerkt, dass man heute nicht mehr einfach mit einer allgemeinen Verherrlichung der Weissen und einer pauschalen Verunglimpfung der Schwarzen kommen kann. Als Beispiel mag das erste Buch von Hervés Tintin-Serie von 1929 — *Tim im Kongo* — dienen im Vergleich zu den neueren Büchern des Autors. Sein erstes „Magnum opus" ist von abscheulichem Rassismus verseucht. Heute drückt er sich auf eine subtilere Art aus durch eine negative Haltung gegenüber kulturellen Unterschieden, die in dem allgemeinen Durcheinander von Meinungen über Rasse und Kultur beim Leser eine weniger bewusste rassistische Haltung fördert.

Kulturüberheblichkeit als „Beitrag" zum Rassismus

Rassismus und Ethnozentrismus, oder Kulturüberheblichkeit, können theoretisch auf verschiedenste Weise angegangen werden. Eine davon ist über das Konzept der „individuellen Zentrierung", wie es im Werk von Jean Piaget über die Entwicklung der Intelligenz bei Kindern (genetische Psychologie) erarbeitet wurde. In den ersten Lebensjahren ist das Kind nach dem Ausdruck von Anna Freud primär narzisstisch, also nicht fähig, vom eigenen Ich Abstand zu nehmen. Räumlich gesehen kann das Kind z.B. die Relativität seiner Position nicht erkennen. Es kann nicht verstehen, dass ein von ihm aus gesehen auf der rechten Seite liegender Gegenstand für sein Gegenüber auf der linken Seite ist. Ganz ähnlich wird ein Schweizer Kind sich sowohl zuhause wie auch im Ausland als Schweizer sehen, aber es wird einen Franzosen in der Schweiz und einen Franzosen in Frankreich als Ausländer betrachten. Ungefähr im Alter von 6 oder 7 Jahren wird das Kind fähig zur „Dezentrierung", wie Piaget es nennt, oder zum Erkennen der Reziprozität, der Gegenseitigkeit. Dann wird es akzeptieren, dass es im Ausland ein Ausländer ist. (1)

In Untersuchungen über das Verhalten von Gruppen entspricht der Selbstbezogenheit des Individuums die kollektive Selbstbezogenheit. Soziozentrismus ist ein charakteristisches Merkmal jeder Gruppe, ob sie sich nun auf eine Gesellschaftsklasse bezieht (Klassen-Soziozentrismus), auf eine Nation (Nationalismus), eine Kultur (Ethnozentrismus) oder eine Rasse (Rassismus). Die politischen, wirtschaftlichen und menschlichen Funktionen dieser verschiedenen Formen von Soziozentrismus sind ganz verschieden: Klassenkampf mag für einen ausgebeuteten Teil einer Bevölkerung nötig sein, um seine legitimen Forderungen zu verteidigen; Nationalismus ist sowohl ein Instrument des Widerstandes für kleine Länder als auch eine Ideologie, um die Aggression gegen andere zu rechtfertigen; Rassismus dient vor allem dazu, die Mitglieder der ausgeschlossenen Gruppe politischer Rechte, wirtschaftlicher Vorteile oder sozialer Gerechtigkeit zu berauben.

Von den verschiedenen Formen des Soziozentrismus müssen vor allem der Rassismus und der Ethnozentrismus terminologisch geklärt werden. Um es ganz kurz zu sagen: Rasse basiert auf biologischen Merkmalen, die Ethnie auf der kulturellen Identität. Aber wer weiss wirklich, was eine Rasse ist oder wie kulturelle Unterschiede bestimmt werden? In der Geschichte der Wissenschaft haben Genetiker und Anthropologen, gefolgt von Philosophen und nicht wenigen selbsternannten „Experten", die Menschen in zwei bis sage und schreibe fünfundsechzig „Rassen" eingeteilt. (2) Die Unterschiede rühren wahrscheinlich daher, dass die Definition einer Rasse eine subjektive Angelegenheit ist, die von einer Gesellschaft zur anderen variiert.

Biologische Merkmale, wie z.B. die Hautfarbe, fallen viel mehr auf als kulturelle Unterschiede. In Konfliktsituationen sind Wertsysteme, Verhaltensweisen oder Religionen nicht so schnell erkennbar wie die unterschiedliche äussere Erscheinung. Der Rassist schreibt kulturelle Unterschiede biologischen Faktoren zu: Er glaubt z.B., dass bestimmte Verhaltensweisen — die Einstellung zur „Modernisierung", Familienstrukturen, Tanz usw. — angeboren und nicht erlernt sind. Er verallgemeinert auch, indem er die Merkmale eines Mitgliedes einer vom Äusseren her bestimmbaren

Gruppe auf alle jene überträgt, die er selbst von seinem subjektiven Standpunkt aus dieser Gruppe zuordnet (Stereotypen).

Diese rassistischen Einstellungen sind gut bekannt und wir sollten uns deshalb vor allem mit der These beschäftigen, dass sie auch das Ergebnis ethnozentrischen Widerstandes sein können gegen das Verhalten von Gruppen, die man selbst als ausserhalb der Gruppe empfindet, in der man sich „zu Hause" und unter „sich" fühlt. Ethnozentrismus wurde zum ersten Mal 1906 von William G. Sumner definiert als „eine Einstellung, bei der die eigene Gruppe im Zentrum steht und alle übrigen im Bezug auf die eigene Gruppe beurteilt und eingestuft werden ... Jede Gruppe hat ihren eigenen Stolz und ihre Eitelkeit, rühmt sich ihrer Überlegenheit, verherrlicht ihre eigenen Götter und schaut auf Aussenstehende mit Verachtung herab." (3) Dies mag einigen wie eine Definition von Rassismus erscheinen, aber es gibt einen wesentlichen Unterschied. Der Ethnozentriker sagt: unsere Religion ist die einzig wahre, unsere Sprache ist kultivierter, unsere materiellen Güter sind raffinierter, unsere Kunstgegenstände sind schöner, wir haben bessere Kleider, eine bessere Nahrung, eine bessere Literatur und ein besseres Theater. Der Rassist sagt: Dies ist nur möglich, weil wir erblich überlegen sind. Er geht also einen grossen Schritt weiter, indem er versucht, den Gefühlen kultureller Überlegenheit ein biologisches Fundament zu geben.

Ein berühmtes Beispiel dazu liefert Kenneth Clarke, bekannt für seine Fernseh-Serie über Zivilisation in den Vereinigten Staaten und Grossbritannien (nicht zu verwechseln mit dem amerikanischen Psychologen gleichen Namens), der eine afrikanische Maske und eine Apollo-Statue mit den folgenden Worten beschreibt: „... der Apollo stellt einen höheren Stand von Zivilisation dar als die Maske. Beide verkörpern Geister, Boten aus einer anderen Welt ... Für die Vorstellungskraft der Neger ist dies eine Welt der Angst und der Dunkelheit, bereit, jeder kleinsten Verletzung eines Tabus eine schreckliche Strafe folgen zu lassen. Für die Vorstellungswelt der Hellenen ist es eine Welt von Licht und Vertrauen, in der die Götter wie wir selbst sind, nur viel schöner, und diese Götter steigen zur Erde nieder, um den Menschen Vernunft und die Gesetze der Harmonie beizubringen." (4) Wenigen Autoren ist es gelungen, soviele Vorurteile in so wenigen Worten auszudrücken. Zunächst einmal gibt es eine Verknüpfung von Farbe mit Verhalten, indem der Farbe schwarz (Angst, Schrecken, Tabu) die Farbe weiss (Vertrauen, Schönheit, Vernunft, Harmonie) gegenübergestellt wird. Dann kommen einige Behauptungen: über den Stand der Zivilisation oder darüber, dass alle Schwarzen zu einer Kultur gehören, die mit der Maske verbunden ist. Schliesslich vergleicht der Autor das, was ihm in der einen Kultur am besten erscheint mit dem, was ihn in der anderen am schlimmsten dünkt. Natürlich gibt es in der afrikanischen Kunst auch Masken, die keinen Schreck einjagen, und andererseits sind ja nicht alle Symbole der griechischen Mythologie Apollos.

Kenneth Clarke ist ein extremer Fall kultureller Arroganz. Aber es wäre müssig, herauszufinden, ob er ein Rassist sei. Er ist offensichtlich das Produkt einer Kultur, welche die von ihm verbreiteten ethnozentrischen Bilder hervorbringt. Die viel wichtigere Frage ist, ob *der Leser* kulturelle Zentrierung — oder den in seiner Gruppe gängigen Ethnozentrismus — in eine rassistische Haltung verwandelt. Wenn das der Fall ist, wird er glauben, dass der Unterschied zwischen der afrikanischen Maske und dem Apollo vom unterschiedlichen Verhalten zwischen Schwarzen und Weissen herrührt (was historisch richtig sein mag), und dass diese Unterschiede biologisch „erklärt" werden können (was wissenschaftlich falsch ist). Dies ist der subtile und gefährliche Beitrag des Ethnozentrismus zum Rassismus.

Sechs Formen ethnozentrischer Verfälschung

Jede Untersuchung von ethnozentrischen oder rassistischen Texten setzt einen analytischen Rahmen voraus. Allzuoft versuchen sich einzelne in Textanalysen, ohne dass vorher ein interkultureller Dialog stattgefunden hätte, und die Ergebnisse sind dementsprechend oberflächlich und irrelevant. Augenfällige Beispiele für solche mangelhaften Resultate, die auf methodologische Schwächen zurückgehen, sind die UNESCO-Studien über die gegenseitige Anerkennung von östlichen und westlichen kulturellen Werten und die Publikationen des Internationalen Schulbuch-Institutes in Braunschweig (Bundesrepublik).

Die folgenden Kategorien haben sich als besonders nützlich erwiesen zur Untersuchung von Geschichtsbüchern. (5) Sie können aber auch auf ein weites Spektrum von anderen Materialien angewendet werden, von Mickey Mouse-Heftchen über Tarzan- und James Bond-Filme zu Reisebüro-Katalogen, Romanen, Zeitungsartikeln, Philosophie-Büchern und UNO-Resolutionen über Entwicklung. In all diesen Fällen wird man ähnliche Muster ethnozentrischer Verfälschung feststellen, obwohl natürlich der analytische Rahmen jedem Material angepasst sein muss.

1. Die Zweideutigkeit der Begriffe von Kultur, Zivilisation und Rasse

Viel gebrauchte Begriffe sind häufig nicht genau definiert oder sie bekommen ihre Bedeutung nur indirekt durch Anwendung auf Situationen, wo ihr Gebrauch als richtig vorausgesetzt wird. Alle die nun folgenden Behauptungen stehen in Geschichtsbüchern oder werden so angedeutet:

– Einige Menschen gehören „immer noch" zu den Naturvölkern, andere haben sich zu Kulturvölkern entwickelt;

– Die Zivilisation ist eine höhere Stufe der Kultur;

– Zivilisation ist die einmalige Errungenschaft eines einzigen Volkes (im allgemeinen der Griechen, von denen sie die Europäer ererbt haben);

– Es mag verschiedene Arten von Zivilisationen geben, aber gewisse minimale Bedingungen müssen erfüllt sein, damit diese Bezeichnung „verdient" wird;

– „Anzeichen" von Zivilisation kann alles sein, von den Menschenrechten zur Industrie oder von Frisuren und Schmuck bis zur Demokratie;

– Die „Reinheit des Blutes" eines Volkes von „höherer Abstammung" ist manchmal eine Bedingung für die Aufrechterhaltung der Zivilisation" usf.

Ein Glück für die Kinder, dass sich nicht alle diese verwirrenden Behauptungen in einem einzigen Schulbuch finden. Was allerdings auf alle Bücher zutrifft, ist das Fehlen einer Erklärung für die folgenden drei Tatsachen:

– Dass jede menschliche Gruppe (Familie, Klasse, Stamm, Nation usw.) sich mit bestimmten Werten, Institutionen und Verhaltensweisen identifiziert. Das nennt man Kultur. Es gibt per Definition keine Menschen ohne Kultur, da es keine Menschen gibt ohne Wertvorstellungen, Institutionen und Verhaltensweisen.

— Dass der Ausdruck „Zivilisation" in keinem einzigen Buch klar ist, das Kinder je zu lesen bekommen. Eine Nation mag als zivilisiert gelten wegen ihres Reichtums oder wegen ihrer weit entwickelten Technologie. Es wird oft als „natürlich" angesehen, dass eine solche Nation andere erobern, zerstören, ausbeuten, unterdrücken kann (manchmal „muss"!). Der Hunnenführer Attila und Adolf Hitler sind die einzigen wirklichen Bösewichte in den Geschichtsbüchern. Andere Aggressoren, die ihre Länder in ausgedehnte Abenteuer hineinführen, werden oft als Helden dargestellt.

— Dass die Rasse nicht die Kultur bestimmt, denn Kultur wird von Generation zu Generation im gesellschaftlichen Zusammenspiel und nicht erblich übertragen. Man achte übrigens in diesem Zusammenhang darauf, dass so unschuldig tönende Begriffe wie „Blut" und „Abstammung" das Wort „Rasse" langsam ersetzen.

2. Kultur-Evolutionismus

Obwohl der Ausdruck „Evolutionismus" in keinem Schulbuch vorkommt, ist die Idee, die dahintersteht, überall vorhanden. Auf diese Weise hat er mehr tiefschürfende Folgen als irgendeine direkt rassistische Aussage, denn während die letztere unschwer erkannt und angeprangert werden kann, wird der nicht genannte Evolutionismus zu einer Art nicht-bewusster Erkenntnis. Unser Denken wird also zusätzlich zu den emotionalen Faktoren auch noch von solchen kognitiven Verhaltensformen beeinflusst, mit denen wir nie ausdrücklich bekannt gemacht worden sind.

Nach den Theorien der Kultur-Evolutionisten muss die ganze Menschheit dieselben Stadien der Entwicklung durchlaufen, um eine Stufe zu erreichen, die als die höchste Form von sozialer Organisation und wirtschaftlichem Wohlergehen gilt. Für den Evolutionisten ist diese höchste Form bereits bekannt: Marx nannte sie Kommunismus und Rostow dachte, es wäre die Massen-Konsumgesellschaft mit selbst-erhaltendem Wachstum. Andere stellen sich phantasievollere Paradiese auf Erden vor, aber Evolutionisten setzen die von ihnen bevorzugte Version der Welt immer als das unumgängliche Happy End für alle voraus. Evolutionismus heisst also: „Sie" werden schliesslich alle so sein wie „wir", es ist nur eine Sache der Zeit, bis sie uns eingeholt haben. Wer immer sich für die Dritte Welt interessiert, kann sich leicht vorstellen, welche verheerenden Auswirkungen solche Theorien von der Entwicklung der Menschheit auf das Verhalten von Experten, Beratern, Freiwilligen und verschiedenen selbsternannten „Entwicklern" haben.

In den untersuchten Schulbüchern gibt es zwei hauptsächliche Versionen von Kultur-Evolutionismus. Die eine ist eher direkt und besteht aus einer Folge von Stadien: diese Gruppe ist primitiv, jene ist feudal; dahinein gehört der Kapitalismus (das Endstadium für die Neo-Liberalen und das zweitletzte für die Neo-Marxisten). Die andere ist subtiler und Teil eines Ethnozentrismus aus zweiter Hand: diese Leute brauchen „immer noch" Maultiere, jene leben „bereits" in Städten; diese brauchen „noch keine" Computer, jene „errichten" die post-industrielle Gesellschaft. Der ganze Prozess der sozialen Veränderung wird so dargestellt, dass die Veränderung in eine ganz bestimmte Richtung erfolgen muss, also gewisse Stadien nicht umgangen werden können. Einfache Wörter wie „immer noch", „noch nicht" oder „schon" sind charakteristisch für eine deterministische und lineare Auffassung der Geschichte. Da gibt es keinen Platz für Kehrtwendungen, für Zyklen oder unerwartete Entwicklungen, welche das Geheimnis der Geschichte sind. Damit wird der ethnozentrisch-evolutionistische Ausgangspunkt eines Autors für die Leser, bewusst oder unbewusst, zur Basis einer rassistischen Einstellung. Wenn die andern ein bestimmtes Stadium in einer von den Europäern oder Nordamerikanern erdachten Entwicklung „noch nicht" erreicht haben, müssen sie rückständig sein. In dem gleichen simplen Denkprozess heisst dann der nächste Schritt: Sie haben es noch nicht fertiggebracht, weil sie zu einer anderen Rasse gehören.

3. Kontakte mit uns als Grundlage ihrer Geschichtlichkeit

In Geschichtsbüchern — wenigstens in solchen, die für Schulen geschrieben worden sind — existieren die „andern" nicht, bis sie mit „uns" in Berührung gekommen sind. Das Schlimmste, was ihnen aus unsrer Sicht passieren konnte, ist, dass sie ihre Geschichte nicht aufgeschrieben haben. In diesem Fall existieren sie überhaupt nicht (sie sind ahistorisch). Aber selbst wenn sie eine offizielle Geschichte haben, die für Europäer verständlich ist, werden sie nur darum erwähnt, weil sie von den Entdeckern „entdeckt" oder „erweckt" wurden. Sogar der berühmte Historiker E.H. Carr konnte eine so ethnozentrische Aussage wie die folgende machen: „Die moderne Geschichte beginnt, wenn mehr und mehr Völker zu sozialem und politischem Bewusstsein erwachen, ihre verschiedenen Gruppen als historische Einheiten erkennen mit einer Vergangenheit und einer Zukunft, und vollends in die Geschichte eintreten." (6) Müssen wir uns da nicht fragen: wessen Geschichte ist hier gemeint?

Jede menschliche Art hat eine Vorstellung von der Zeit, von der Vergangenheit, von der Zukunft. Es ist das Vorrecht der Europäer gewesen zu behaupten, ihre Definition von diesen Konzepten sei die einzig annehmbare und andere Kulturen existierten nicht oder seien ahistorisch, wenn sie nicht in diesen Rahmen passten.

Das Phänomen der Begegnungen wird auf ziemlich arrogante Art durch die sogenannten „Entdeckungen" von Kontinenten, die bis zu hunderttausenden von Jahren von Nicht-Europäern bewohnt waren, eingeführt. So werden die Chinesen zur Zivilisation (!) „erweckt" und die „schlafenden" Afrikaner in den Bereich der Geschichte einbezogen. Die Reisen von Vasco da Gama, Marco Polo oder Savorgnan de Brazza genügten, diese Giganten aufzustacheln, um sie sich einer Bestimmung bewusst werden zu lassen, die sie selbst nie gefunden hätten.

4. Verherrlichtes Selbst-Porträt: das Wertsystem

Die letzte Stufe der Entwicklung, die Europa schon fast erreicht haben soll, kann auf verschiedene Weise idealisiert werden. Eine verbreitete Art besteht im Betonen von bestimmten Werten, die angeblich die europäische Lebensweise kennzeichnen, gleichzeitig aber als überlegen erscheinen gegenüber den Werten von anderen. Diese Werte, so heisst es, seien nicht an eine bestimmte Kultur gebunden, nicht spezifisch für Europa, sondern sie hätten, wenigstens potentiell, einen allgemein gültigen Wert. Jede Kultur, die sie nicht annehme, befinde sich „immer noch" auf einer niedrigeren Stufe der Entwicklung.

Solche Werte, wie sie immer wieder in Geschichtsbüchern dargestellt werden, sind: die Einheit der Gruppe (von der Familie bis zur Nation), Ordnung (was die Existenz eines starken Staates, der fähig ist, Recht und Ordnung zu garantieren, miteinschliesst), eine Religion, die auf der Anbetung eines einzigen Gottes basiert (Monotheismus), Demokratie (im Sinne eines pluralistischen, parlamentarischen politischen Systems), eine sesshafte Lebensweise, industrielle Produktion und Schreiben als die höchste Stufe der Kommunikation. Das Gegenstück zu diesem Wertsystem würde dargestellt durch eine Splittergruppe, die mehr oder weniger isoliert lebt, die Gesetze, die ausländische Mächte ihr auferlegen möchten, nicht beachtet, an verschiedene Götter glaubt, aber von einem einzigen autokratischen Führer regiert wird, ein Nomadenleben führt und von den Produkten der Erde lebt. Dies würde z.B. auf Nomaden in der Sahara zutreffen, mit denen normalerweise auch sehr hart umgegangen wird. Würden Aggression und Expansion zu der Negativ-Liste gehören, stünde der Hunnenführer Attila wieder als der Hauptbösewicht da. Aber Aggression und Expansion fehlen, weil ihre Gegenstücke nicht auf der Liste des europäischen Wertsystems figurieren. Und wie könnten sie auch, wenn wir es doch mit einem Kontinent zu tun haben, dessen Vergangenheit von seinen eigenen Historikern als eine Folge von Kriegen und expansionistischen Bewegungen beschrieben wird? Alle diese Ausdrucksformen gewalttätigen Verhaltens werden entweder legitimiert oder in irgend einer Form verschleiert. Psychoanalytiker mit einem Patienten auf der Couch würden dies Rationalisierung und Verdrängung nennen. Wenn also z.B. ein afrikanischer Historiker, der an der Oxford-Universität durch und durch indoktriniert worden ist, den Anfang der europäischen Kolonisierung seines Kontinentes als den „Einzug von Gesetz und Ordnung" bezeichnet, so werden hier die Gewalt des Unterdrückers in einen positiven Wert verwandelt (Rationalisierung) und die negativen Auswirkungen übergangen (Verdrängung).

Nicht wenige Werte, die in europäischen Gemeinschaften vorherrschend sind, fehlen auf den offiziellen Listen der Geschichtsbuch-Autoren. Kein Wort wird verloren über die Verehrung des Geldes und der materiellen Güter in westlichen Gemeinschaften, ausser durch sowjetische Autoren, die den Kapitalismus und den Privatbesitz anprangern. Noch werden Werte wie Individualismus als Prinzip der zwischenmenschlichen Beziehungen oder Anthropozentrismus im Bereich der Beziehungen von Mensch und Natur je diskutiert.

Selbsterhöhung wird also nicht nur dadurch erreicht, dass gewisse Werte der eigenen Gruppe (Europa) so dargestellt werden, als ob sie „von Natur aus" universelle Gültigkeit besässen, sondern auch durch die eigenmächtige Auswahl dieser Werte.

5. Die einseitige Legitimierung europäischer Taten

Legitimierung besteht darin, bestimmte Verhaltensweisen so darzustellen, dass sie für andere annehmbar erscheinen. Dies mag notwendig werden, wenn ein bestimmtes Vorgehen von den Opfern kritisiert wird, oder wenn die Handelnden selbst der wahren Bedeutung ihres Verhaltens inne werden.

Die wichtigsten Quellen für Schuldgefühle, die später solche Versuche von Legitimierungen hervorgebracht haben, sind die Kolonisierung und die Sklaverei. Längliche Erklärungen werden vorgebracht, um die europäische Expansion zu rechtfertigen. Sie enthalten gewöhnlich die Vorteile, welche die „primitiven" Völker durch ihre Bekehrung zum Christentum errangen, die technologische Überlegenheit Europas, welche die Schifffahrt rund um den Globus und die Eroberung des Landes anderer Völker „unumgänglich" machte, die Leiden der Eroberer angesichts von Moskitos, Sümpfen und „ungastlichen Eingeborenen" (in dieser Reihenfolge) und schliesslich das Recht, Land und Bodenschätze, die nicht genutzt werden, in Besitz zu nehmen.

Im Fall der Sklaverei ist die Legitimierung angesichts der Ungeheuerlichkeit des Verbrechens schwieriger. Die Versuche zu rechtfertigen, was geschehen ist, enden meist in plumpen Verbindungen von Dingen, die nichts miteinander zu tun haben. Ein portugiesischer Geschichtsbuchautor erwähnt die Sklaverei im gleichen Atemzug wie er die Bekämpfung der Malaria lobt, und ein britischer Autor unterstützt ihn mit der folgenden Aussage: „Die Auswirkungen des Sklavenhandels auf Afrika waren ohne Zweifel schädlich. Aber die Bilanz war nicht in allen Punkten negativ. Die Portugiesen führten zum Beispiel eine ganze Reihe von neuen Gemüsen und Früchten ein ... In späteren Zeiten sollten diese Importe Afrika sehr nützlich werden − als Nahrung für seine Völker und als Exporte." Dreimal hoch für die Verbesserung der Handelsbilanz als ein Nebenprodukt der Sklaverei! Aber der Autor fährt sogar folgendermassen fort: „Die europäische Eroberung brachte sicher ein Mehr an Gewalt und den Versuch (sic), die Sklaverei zu betreiben, aber sie brachte auch Städte mit Pärken, Kirchen, Schulen, Spitälern und eine geordnete Lebensweise." (7)

6. Die interkulturellen und intertemporalen Begriffsübertragungen

Begriffe sind sehr stark an eine bestimmte Kultur gebunden und auf eine bestimmte Epoche bezogen. Sie entstehen in einem ganz spezifischen sozialen Kontext und zu einer bestimmten Zeit in der Geschichte. Ihre Übertragbarkeit auf andere Gesellschaften und auf andere historische Perioden kann nicht a priori angenommen werden.

Dennoch kommt es sehr häufig vor, dass Historiker, andere Sozialwissenschaftler und „Entwickler" unterschiedslos das gleiche Vokabular benützen, wo immer sie hingehen in Zeit und Raum. Dies mag bewusst geschehen und von Gefühlen kultureller Arroganz und elitärer Haltung herrühren („wir" wissen es ohnehin besser), oder es mag ohne Absicht geschehen. Die unbewusste Übertragung ist vermutlich die häufigere. Sie ist das Ergebnis der weitverbreiteten Unkenntnis über die Umstände, die den Worten, die wir brauchen, Bedeutung und Inhalt gegeben haben.

Interkulturelle Übertragungen von Begriffen haben in der Historiographie ziemlichen Schaden angerichtet und man trifft sie häufig in Entwicklungsstudien an. Dies gilt sowohl für normative wie auch deskriptive Übertragungen. Eine normative Übertragung geschieht dann, wenn der Versuch unternommen wird, die Zielsetzungen einer anderen Gesellschaft mit ethnozentrisch schwer belasteten Vorstellungen wie Fortschritt, Wachstumsstufen, Rationalität, Modernisierung oder Verwestlichung zu beeinflussen. Eine deskriptive Übertragung besteht darin, dass der Betreffende dieselben Worte für verschiedene Gesellschaften braucht, ohne zu bemerken oder ohne bemerken zu wollen, dass sie unmöglich überall die gleiche Realität erfassen können. Die einfachsten Begriffe wie Zeit, Raum, Arbeit oder Familie haben in verschiedenen Gesellschaften verschiedene Bedeutungen.

Eine intertemporale Übertragung kommt vor, wenn zeitgenössische europäische Historiker Begriffe wie „Staat" oder „Nationalismus" auf das alte Griechenland oder Rom anwenden. Wird dasselbe mit früheren Zivilisationen in Afrika, Asien oder Amerika gemacht, kommt ziemlich sicher auch noch eine interkulturelle Verfälschung dazu. Einer hinreichend genauen Beschreibung kommen wir dann näher, wenn wir unsere gegenwärtigen Gesellschaften mit den Begriffen unserer Zeit untersuchen; weitaus die meisten wissenschaftlichen Begriffe sind ohnehin während der letzten hundert Jahre eingeführt oder verfeinert worden. Vermutlich kommt es zu den häufigsten Verzerrungen im interkulturellen Bereich, wenn Begriffe aus unseren gegenwärtigen Gesellschaften auf zeitgenössische Gesellschaften in anderen Teilen der Welt angewendet werden.

Sehr häufig wird der Versuch unternommen, vergangene Epochen unserer eigenen Geschichte durch die gegenwärtige Situation anderer Gesellschaften darzustellen. Der Satz „sie leben immer noch in der Steinzeit" ist nicht nur eine arrogante ethnozentrische Äusserung. Es ist auch eine irreführende Aussage, wenn mit dem Hinweis auf das Weiterbestehen eines ganz bestimmten Merkmals wie z.B. die Art, wie Bodenschätze genutzt werden, ein ganzes soziales System auf die Vergangenheit zurück projiziert wird. Ähnliche Probleme entstehen, wenn das gegenwärtige soziale System anderer Gesellschaften mit Begriffen aus unserer Vergangenheit beschrieben wird. Der Ausdruck „Feudalismus" wird z.B. immer noch verwendet, wenn von gewissen Gesellschaften des 20. Jahrhunderts in Afrika oder Asien die Rede ist. Eine genauere Untersuchung mag ergeben, dass gewisse soziale Ungleichheiten und Formen von Ausbeutung jenen gleichen, wie sie im mittelalterlichen Europa gang und gäbe waren, aber es mag sich auch herausstellen, dass das ganze Rechtssystem und vor allem das Grundrecht nichts mit dem mittelalterlichen Feudalismus gemein haben. In dieser Situation herrscht wiederum der lineare Evolutionismus sehr stark vor. Die „zeitliche" Distanz zwischen „ihnen" und „uns" (Rückständigkeit, Abstand, Kluft) wird identisch mit der „kulturellen" Distanz (Unterentwicklung).

Schlussbemerkung

Wir haben gesehen, dass der Ethnozentrismus ein gefährlicher Beitrag sein kann bei der Herausbildung von rassistischen Haltungen, und dass er in Jugendbüchern und Schulbüchern grassiert. Nun ist aber doch ein Wort der Vorsicht am Platz: Während der Rassismus endlich als die Quelle von so manchem Übel erkannt worden ist, als ein Mittel, gleiche Rechte zu verweigern, Arbeitsmöglichkeiten wegzunehmen, Heirat zwischen Angehörigen verschiedener Rassen zu verhindern, als Technik also, die Privilegien einiger Weniger aufrecht zu erhalten und andere ins Elend zu stürzen — muss der Ethnozentrismus auf eine viel differenziertere Art betrachtet werden. In der Tat ist Ethnozentrismus nicht nur einfach kulturelle Arroganz expansionistischer Staaten (z.B. europäischer) oder verhältnismässig isolationistischer Mächte (z.B. China, Reich der Mitte). Er ist auch eine mächtige Waffe für viele Völker, vor allem für kulturelle Minoritäten in der ganzen Welt, die um die Anerkennung ihrer Identität kämpfen angesichts der Uniformierung, Standardisierung und „Coca-Colisierung" der Welt. Es ist ganz in Ordnung, wenn man die Werte seiner eigenen Gruppe verteidigt. Alles hängt von der Haltung ab, die man anderen gegenüber einnimmt: Ist sie ethnozentrisch oder achtet sie kulturelle Verschiedenartigkeit? Ist sie rassistisch, nicht-rassistisch oder anti-rassistisch?

Anmerkungen

1) Für weitere Angaben und Bibliographie siehe Roy Preiswerk/Dominique Perrot, *Ethnocentrisme et Histoire. L'Afrique, l'Amérique indienne et l'Asie dans les manuels occidentaux*, éditions anthropos, Paris, 1975.

2) Das Inventar wurde erstellt von G.E. Simpson und J.M. Yinger, *Racial and Cultural Minorities: an Analysis of Prejudice and Discrimination*, Harper & Row, New York, 1953.

3) *Folkways: a Study of the Sociological Importance of Usages, Manners, Customs, Mores and Morals*, Ginn & Co, New York, 1906.

4) *Civilization; a Personal View*, Harper & Row, New York, 1969.

5) Die in Anmerkung 1 erwähnte Studie erfasste 30 Schultexte aus der Bundesrepublik Deutschland, Frankreich, Grossbritannien, Portugal, der Schweiz, der Sowjetunion, sowie dem französischsprechenden Afrika und Nigeria. Der gleiche Untersuchungsraster wurde auf eine in

den USA weitverbreitete Reihe angewendet. Siehe Sandra Wagers, *Non-Western Cultures in a US World History Textbook, with Reference to Preliminary UNESCO Work*, unveröffentlichte Diplomarbeit, Genf, 1973.

6) *What is History?*, Penguin, Harmondsworth, UK, 1964, p. 149.

7) Siehe in Anmerkung 1 erwähnte Studie, Beispiel 157.

Argumentationsmuster von Rassismus in Jugendbüchern

Von Jörg Becker

Einleitende Bemerkung der Herausgeber

Der Autor hat sein Einverständnis dazu gegeben, diesen kurzen Paragraphen vom Rest seines Beitrages zu diesem Band zu trennen und an den Anfang zu stellen. Der Leser soll dadurch angeregt werden, sich bei der Lektüre der einzelnen Fallstudien Überlegungen über die tiefere Geisteshaltung der Jugendbuchautoren zu machen.

Typologien dieser Art sollen nicht so hingenommen werden, als ob sie eindeutig trennbare Kategorien schafften, in welche die einzelnen Autoren klar eingegliedert werden können. Überschneidungen gibt es immer. Auch sind die Kategorien nicht einmalig oder definitiv: je nach der historischen Periode, zu der Autoren gehören, oder des Quellenmaterials, welches untersucht wird, können sie erweitert und angepasst werden. Die Erstellung solcher Typologien darf aber nicht bloss als akademischer Zeitvertreib betrachtet werden. Beim Lesen der folgenden Kapitel lohnt es sich gelegentlich anzuhalten, um die einer noch so banalen Geschichte zugrundeliegenden Denkstrukturen zu ergründen.

Das Vermeidungssyndrom

Bei diesem Syndrom werden gesellschaftliche Konflikte überhaupt nicht thematisiert; persönliche oder Kleingruppenkonflikte werden möglichst vermieden. Bücher mit diesem Syndrom ge-

69

hen davon aus, dass Konflikte in der „Kinderwelt"
nichts zu suchen hätten.

Das Biologisierungssyndrom

hat die älteste kulturgeschichtliche Tradition aller
hier analysierten Syndrome. Ihm zufolge werden
Rassenbegegnungen und -konflikte mit Kategorien der aus der Zoologie stammenden Erblehre
erklärt. Die Konfliktlösungen werden in Anlehnung an popularisierte Vorstellungen der Darwin-
schen Evolutionstheorie nach dem Muster „Der
Starke besiegt den Schwachen" vorgenommen. In
der gegenwärtigen Kinder- und Jugendliteratur
taucht dieses biologistische Syndrom in folgender
Form häufig auf: Sobald in der Romanhandlung
eine schwarze Person auftritt, wird sie zuerst und
ausführlich mit ihren äusseren ethnischen Merkmalen charakterisiert. Wulstlippen, weisse Zähne,
Kräuselhaare, schwarze Haut oder baumstarke
Arme ersetzen die individuelle Charakterisierung
einer schwarzen Romanfigur. Konfliktlösungen
bietet dieses Syndrom nicht an, da die diesem Syndrom latent innewohnende Tendenz, den „minderwertigen Neger" körperlich zu liquidieren, gegen strafrechtliche Bestimmungen in der BRD
verstossen würde.

Das Harmonisierungssyndrom

Die Konfliktdarstellung nimmt die Thematik der
Dependenz zwischen Zentrum und Peripherie
zwar auf, spiegelt sie aber lediglich in unpoliti-

schen und ideologischen Kategorien von Armut —
Reichtum, Rückschritt — Fortschritt, Aberglaube
— Religion, Unwissen — Wissen, Urwald —
Stadt, Stammesstruktur — moderne Verwaltung,
Primitivität — Zivilisation. Im Sinne eines „Reifungsprozesses" vollzieht sich die „Wandlung"
von der negativ besetzten Kategorie zur positiv
besetzten meist an Individuen, nicht an Kollektiven. Die Konfliktregelung erfolgt, je nach ideologischem Standort, durch
— offenkolonialistische Ideologie zur Aufrechterhaltung des kolonialen oder semi-kolonialen
Status quo,
— Propagierung eines idyllischen Patriarchalismus
oder durch
— „mitmenschliche" und „partnerschaftliche" Beziehungen zwischen Bewohnern der „Dritten
Welt" und Europäern.

Das Oasensyndrom

Die Konfliktdarstellung bei diesem Syndrom kontrastiert eine Vielzahl von Europäern mit einem
einzelnen Bewohner der „Dritten Welt". Dieser
erscheint gleichsam als Oase inmitten einer Welt,
die ganz anders strukturiert ist. Ist die Erzählperspektive die des Europäers, wird die Problematik
der „Dritten Welt" und ihrer Bewohner zur Staffage. Diese erscheinen in untergeordneten Rollen
und gesellschaftlichen Positionen als Boys, Farmhelfer, Diener, Schuhputzerjungen usw. Bei dieser Erzählperspektive wird eine Konfliktregelung

für Probleme der „Dritten Welt" ausgeblendet. Ist die Erzählperspektive die eines einzelnen „Dritte-Welt"-Bewohners, geschieht eine Konfliktregelung durch
— Integration in europäisch-kapitalistische Lebensform,
— individualistisches Bestreben nach mehr Bildung (meist Schulbesuch)
— individualistisches Bestreben nach Anhäufung von Reichtum (Sparen) oder durch
— Wechsel des Wohnortes (Umzug vom Urwalddorf in die moderne Grossstadt).

Das Defizitsyndrom

im Kinder- und Jugendbuch ähnelt dem von einigen Anthropologen aufgestellten Konzept einer „Kultur der Armut". Die individuelle und soziale Situation schwarzer Menschen wird immer an den „höher" stehenden Normen der Weissen gemessen: Der schwarze kann „noch" nicht schreiben, er hat „noch" kein Auto, er hat „noch" heidnische Vorstellungen, er spricht „noch" kein „richtiges" Englisch. Während diese Situationen als Defizit dargestellt werden, erfährt dieses vermeintliche Defizit nie seine soziale und politökonomische Erklärung. Nach Vorstellung der Autoren kann dieses Defizit mit Menschlichkeit überwunden werden. Die Integration in die herrschende Kultur und die Melting-Pot-Ideologie sind die Konfliktlösungsmuster des Defizit-Syndroms.

Das Gewaltsyndrom

taucht in der Kinder- und Jugendliteratur immer dann auf, wenn schwarze Befreiungsbewegungen zur Debatte stehen. Anstatt nun die gesellschaftlichen Ursachen romanhaft aufzuarbeiten, werden schwarze Protagonisten oft als eitel, frustriert und ruhmsüchtig oder als verbrecherisch und gewalttätig dargestellt. Durch die Pathologisierung oder Kriminalisierung werden die schwarzen Protagonisten stigmatisiert; ohne sie können ihre Anhänger sodann in die herrschende weisse Kultur integriert werden.

Das Enthistorisierungssyndrom

wird besonders deutlich, sieht man sich z.B. die historischen Etappen der schwarzen Geschichte der USA an, die in Kinder- und Jugenbüchern auftauchen und die, die überhaupt nicht erwähnt werden. Da ausser der gegenwärtigen Epoche nur die Zeit der Sklavenbefreiung thematisiert wird, werden schwarze Menschen der Kontinuität ihrer eigenen Geschichte beraubt, obwohl doch gerade sie so wichtig für die Herausbildung kollektiver Identitäten ist. Stehen ausserdem im Mittelpunkt dieser beiden Epochen Abraham Lincoln und ein (aus weisser Sicht verfälschter) naiver Martin Luther King, wird die schwarze Geschichte gerade um die Persönlichkeiten reduziert, die aktiv gegen weisse Herrschaft aufbegehrten: W. E. B. Du Bois, Marcus Garvey, Malcolm X, Angela Davis oder Bobby Seale und Fredrick Douglass, Sojourner Truth, Henry Highland Garnet oder Harriet

Tubman tauchen in keinem westdeutschen Kinder- und Jugendbuch als positive Helden auf.

Typische Argumentationsmuster in der Darstellung von Rassenkonflikten und ihren Lösungen im Kinder- und Jugendbuch

Argumentationsmuster	Konfliktpotential	Konfliktlösung
Das Vermeidungssyndrom	keine Rassenkonflikte	Konfliktlösung in anderen Bereichen
Das Biologisierungssyndrom	biologische Andersartigkeit	nicht lösbar
Das Harmonisierungssyndrom	a) persönliche und private Konflikte, verniedlichte Konflikte, mystische Konflikte	a) Mitleid, Menschlichkeit, weißes Patriarchat
	b) psychischer Minderwertigkeitskomplex eines einzelnen Schwarzen	b) Entwicklung von Ich-Stärke ohne politischen Bezug
Das Oasensyndrom	Ein einzelner Schwarzer im Konflikt mit der weißen Gesellschaft	Bildung und Lernen, Vernunft, Menschlichkeit, Integration
Das Defizitsyndrom	Ein einzelner Schwarzer oder ein schwarzes Kollektiv hat noch nicht die Wertmaßstäbe oder den Lebensstandard der weißen Gesellschaft erreicht.	Menschlichkeit, Integration, Melting Pot
Das Gewaltsyndrom	Bürgerrechtsbewegung oder (organisierte) schwarze Gegengewalt	Integration, Kriminalisierung oder/und Pathologisierung dieser schwarzen Bewegungen
Das Syndrom der Enthistorisierung	geschichtliche Rassenkonflikte, die die Ideologie der weißen Vorherrschaft nicht tangieren	Integration

Quelle: Jörg Becker, *Alltäglicher Rassismus. Afro-amerikanische Rassenkonflikte im Kinder- und Jugendbuch der Bundesrepublik*, Campus Verlag, Frankfurt & New York, 1977, p. 525.

2. Teil
Länderstudien aus aller Welt ...

Unfähig zur Freiheit?

Von der Sklaverei zur Diskriminierung der Afro-Amerikaner

Von Beryle Banfield

Jede gründliche Beschäftigung mit dem Problem des Rassismus in Kinder- und Schulbüchern muss von folgenden Sachverhalten ausgehen:

1. Literatur und Schulbücher spiegeln die Werte einer Gesellschaft und dienen der Erhaltung und Verstärkung dieser Werte.

2. Intellektuelle Disziplinen wie Sozialwissenschaften und Philosophie werden in Dienst genommen, um diese Werte theoretisch und „wissenschaftlich" abzustützen.

3. Die Institutionen des Bildungswesens spielen eine entscheidende Rolle bei der Verstärkung und Erhaltung dieser Werte: erstens durch eine Prägung der Lehrer und Schüler bzw. Studenten in der Weise, dass sie diese Werte verinnerlichen und akzeptieren, und zweitens durch die Pflege und Ausbildung von Wissenschaftlern, welche weiterhin und in immer ausgeklügelterer Weise theoretische Argumente zur Stützung dieser Werte vorbringen.

4. Alle Kommunikationsmittel werden eingesetzt, um die grösstmögliche Verbreitung von Ideen si-

cherzustellen, die eine Gesellschaft als richtig und wünschenswert ansieht.

Wenn man von diesen Voraussetzungen ausgeht, ist klar, dass in einer rassistischen Gesellschaft die Kinder- und Schulbücher zu den wirkungsvollsten Werkzeugen der Unterdrückung gehören, die eine dominierende Mehrheit gegen machtlose Minderheiten einsetzen kann. Die Wirksamkeit der Einrichtungen des Bildungswesens, in denen die Schüler in die Gesellschaft eingegliedert werden, ist eine Garantie dafür, dass immer ein unerschöpfliches Reservoir an Personen vorhanden sein wird, die (als Autoren, als Herausgeber oder als Verleger) dieses rassistische Gedankengut weiter pflegen. Das hat wichtige Konsequenzen, sowohl für die Methoden und Kriterien bei der Analyse rassistischer Texte, als auch für die Erarbeitung von Programmen, welche rassistische Tendenzen in Kinderbüchern beseitigen und deren schädliche Wirkungen, die sie auf *alle* Kinder haben, bekämpfen sollen.

Die USA: Modell einer Analyse

Jede Untersuchung rassistischer Tendenzen in den Kinderbüchern einer Gesellschaft muss die Werte dieser Gesellschaft berücksichtigen und dabei beachten, wie diese Werte von wissenschaftlichen Disziplinen und gesellschaftlichen Institutionen dargestellt und abgestützt werden. Nur innerhalb eines solchen Rahmens lassen sich Funktion und Wirkung des Rassismus in Kinderbüchern ganz verstehen und können Möglichkeiten gefunden werden, um seinem verheerenden Einfluss auf Geist und Seele junger Menschen zu begegnen.

Ein ausgezeichnetes Modell für diese Art von Untersuchung sind die Vereinigten Staaten, eine rassistische Gesellschaft von allem Anfang an, als die ersten Engländer an Land gingen im festen Glauben an ihre Überlegenheit über die „heidnischen Indianer" und die „barbarischen Afrikaner". Eine historische Analyse des Rassismus in der Literatur und in den Lehrbüchern zeigt nicht nur, wie diese Bücher in der Tat die rassistischen Werte der USA durch ihre 200-jährige Geschichte hindurch widerspiegeln, sondern es macht auch den Anschein, dass sie diese Werte während kritischen Perioden in der Geschichte der Afro-Amerikaner jeweils fast wie auf Bestellung zum Ausdruck bringen. So dienen sie der Verstärkung rassistischer Ideen und Konstruktionen, die von „wissenschaftlichen Theorien" entworfen wurden, welche ihrerseits auf rassistischer Überheblichkeit beruhen und historische Verdrehungen sowie herabmindernde Stereotypen verewigen. Es wird bald klar, dass der Rassismus, weit davon entfernt, im Laufe der Zeit und mit vermutlich zunehmender Aufklärung zu verschwinden, in den Kinder- und Schulbüchern vielmehr immer wieder neu auftaucht, und zwar in immer subtileren, immer raffinierteren Formen, so dass er immer schwieriger nachzuweisen ist und dadurch immer hinterhältiger und gefährlicher wird.

Ausgeprägte rassistische Stereotypen des Afro-Amerikaners begannen zu Beginn des 19. Jahrhunderts, also lange vor dem Bürgerkrieg, aufzutauchen. Die Ideologie, die entwickelt wurde, um die Sklavenhaltung auf den Plantagen zu rechtfertigen, hatte sich in den Südstaaten bereits durchgesetzt. Sie ging von drei rassistischen Fiktionen aus:

1. Der Schwarze sei nach Intellekt und Temperament von Natur aus geschaffen, der Sklave des Weissen zu sein.

2. Sklaverei sei das natürliche und gottgewollte Schicksal der Afrikaner.

3. Strenge Disziplin und Kontrolle sei nötig und gut für die afrikanischen Barbaren.

Südstaaten-Politiker wie John C. Calhoun lobten das Plantagensystem als die „nahezu vollkommene Gesellschaft" und als „kleine Gemeinschaft mit dem Gutsherrn an der Spitze, der in sich die Interessen von Kapital und Arbeit verbindet und diese Interessen gemeinsam vertritt". Politische Schriftsteller formulierten die Wohltaten, die dieses System den Sklaven brachte, etwa wie folgt (Auszug aus George Fitzhughs *Cannibals All or Slaves without Masters*, 1853):

„Unsere Sklaven bestellen die Äcker, machen die harte Arbeit auf unseren Strassen und Kanälen, reinigen unsere Wege, kochen unser Essen, putzen unsere Schuhe, halten unsere Pferde und machen alle Dienstbotenarbeiten. Eure Freigelassenen im Norden tun das gleiche. Der einzige Unterschied ist: Wir lieben unsere Sklaven und sind bereit, sie zu verteidigen, zu schützen und ihnen beizustehen."

Drei Stereotypen

Hier taucht das in der literarischen Tradition immer wiederkehrende Thema Plantage auf. Die Sklaverei war etwas Idyllisches, Ländliches, Gutes für den minderwertigen Schwarzen. In dieser Zeit entwickelten sich drei stereotype Vorstellungen, die der bedeutende afro-amerikanische Kritiker Sterling A. Brown herausgearbeitet hat: Der „zufriedene Sklave", der „unglückliche Freigelassene" und der „komische Neger", der Neger als Witzfigur, als hoffnungslos unfähiger Trottel. Einer der frühesten Schriftsteller in dieser Tradition war John P. Kennedy, der in *Swallow Barn* (1832) ein unerreicht malerisches Porträt der Sklaverei und von pittoresken Sklaven entwirft. Die Sklaverei sei gut für die Schwarzen, schwärmt Kennedy, denn „obwohl ihre Unterkünfte nicht angenehm waren, stellten sie keine höheren Ansprüche, wie sie anderswo als vernünftig gelten". Kennedy räsoniert weiter:

„(Der Neger) ist in seiner Sittlichkeit ganz auf die weisse Rasse angewiesen ... Ausserdem ist er hilflos wie ein Kind ... Diese Hilflosigkeit mag die notwendige und natürliche Folge zweihundertjährigen Sklaventums sein."

Nicht alle Schriftsteller sahen wie Kennedy das Leben auf den Plantagen durch eine rosarote Brille. Der ehemalige Sklave Frederick Douglass stellte kurz und bündig fest:

„Die Sklavenhalter prahlen, ihre Sklaven führten ein bequemeres Leben als die Bauern irgendeines andern Landes. Ich habe das Gegenteil erlebt."(1855)

Von den Schriftstellern dieser frühen Epoche geniesst Edgar Allan Poe den dauerhaftesten Ruhm, aber er hatte auch die zerstörerischste Wirkung auf das Denken und Fühlen weisser und schwarzer Schüler. Generationen von Heranwachsenden waren den schädlichen Einflüssen seines *Gold Bug* ausgeliefert, denn diesen „Klassiker" mussten sie lesen, weil ihre Lehrer die rassistischen Tendenzen darin entweder nicht bemerkten oder bereits verinnerlicht hatten. Poe selbst machte kein Geheimnis aus seinem Rassismus. Er bestritt mit Nachdruck, dass „die Neger wie wir die Söhne Adams sind und deshalb gleiche Leidenschaften, Wünsche und Gefühle haben". Es war nur natürlich, dass dieser Rassismus in *The Gold Bug*, das Poe als sein bestes Werk betrachtete, deutlich zutage trat. Das Buch wurde denn auch 1843 mit einem angesehenen Literaturpreis ausgezeichnet.

In *The Gold Bug* treibt Poe die rassistischen Stereotypen vom „zufriedenen Sklaven" — vom braven, schwarzen Diener — und vom „komischen Neger" auf die Spitze. Der Sklave Jupiter, obwohl von seinem Herrn freigelassen, weigert sich, „Massa Will" (eine Verballhornung von „Master William") zu verlassen, der, einst ein wohlhabender Südstaatler Gentleman, jetzt „geistig etwas durcheinander" ist. Jupiter, der schuld ist, dass sich „Massa Will" beim Lokalisieren eines vergrabenen Schatzes getäuscht hat, wird aufgefordert, sein linkes Auge zu zeigen:

„'O Gottogott Massa Will! Ist das nicht mein linkes Auge, so wahr ich hier steh?' schrie der erschreckte Jupiter und legte die Hand auf seinen *rechten* Augapfel."

A.F. Watts, ein afro-amerikanischer Universitätsprofessor, beschreibt seine Reaktion auf *The Gold Bug* sehr anschaulich in der Kurzgeschichte *Integration: Northern Style:*

„Wir lesen Poes *The Gold Bug* ... Das bringt mich fast um. Jupiter hat Angst vor dem toten Käfer! ... Er verhält sich wie ein Idiot. Keiner der Weissen fürchtet sich, keiner fühlt sich bedroht, nur Jupiter. Er rollt seine Augen, die natürlich sehr weiss sind, redet wie ein Trottel und verballhornt das Englische ganz entsetzlich. Und dann dieses Wort 'Nigger', gleich wird es jemand vor der ganzen Klasse laut aussprechen! Und ich, ich bin allein in dieser Klasse, ganz allein ... Mindestens zwei Seiten lang wimmelt es nur so von 'Massa' und 'Nigger'. Wenn ich mit Lesen drankomme, hoffentlich kriege nicht ich diese widerliche Rolle! Jupiters Rolle. Die 'Nigger'-Rolle! Meine Rolle!"

Watts weissen Klassenkameraden machte es hingegen gar nichts aus, Jupiters Part zu lesen. Einer von ihnen „las und grinste und gaffte die ganze Zeit im Klassenzimmer herum. 'Ist das nicht wahnsinnig lustig?' schien er zu sagen."

„Schlecht gerüstet für ein Leben in Freiheit"

Zunächst ein schmales Rinnsal wurde die Südstaaten-Literatur in der Zeit nach dem Wiederaufbau zu einer wahren Flut. In dieser Epoche (zwischen 1877–1901, vom afro-amerikanischen Historiker Rayford Logan zu Recht als *The Nadir,* der Tiefstand, bezeichnet) kam es zu den schärfsten rassistischen Attacken gegen die Afro-Amerikaner. Der Hayes-Tilden-Kompromiss, der Rutherford B. Hayes im Austausch für den Rückzug der Bundestruppen aus den Südstaaten die Präsidentschaft eintrug, machte dem versprochenen Wiederaufbau ein Ende und lieferte die ehemaligen Sklaven dem Rassenhass ihrer früheren Herren aus. Viele der einstigen Sklavenhalter hatten die befreiten Schwarzen als eine Bedrohung ihrer wirtschaftlichen und politischen Macht angesehen. Sie brauchten nicht lange, um eine neue Form der Sklaverei einzuführen, welche die politische und wirtschaftliche Vorherrschaft der Weissen sicherstellen sollte. Lynchjustiz, Zwangsarbeit für die Schwarzen und die Einführung spezieller diskriminierender Neger-Gesetze (Jim Crow laws) waren an der Tagesordnung.

In fast obszönem Gegensatz zur Eskalation der Gewalt gegen die Schwarzen wurde die Legende vom friedlichen Leben auf den Südstaaten-Plantagen kultiviert — als Rechtfertigung für die faktische Wieder-Versklavung der Afro-Amerikaner. Sie wurden als Leute hingestellt, die für ein Leben in Freiheit schlecht gerüstet sind und sich nach der „guten alten Zeit vor dem Krieg" sehnen, als sie in der idyllischen und geschützten Atmosphäre der Plantage sicher waren. Zwanzig Jahre später sollte diese Legende durch die neu aufkommenden Sozialwissenschaften Unterstützung erfahren. In dieser Zeit tauchten auch weitere entwürdigende Stereotypen auf. Wir zitieren den afro-amerikanischen Historiker Rayford Logan:

„Er (der Neger) war ein Dieb und Trunkenbold. Er brauchte grosse Worte, die er nicht verstand. Er liebte feine Kleider und Flitterzeug. Der unvermeidliche Neger mit dem Rasiermesser in der Tasche tauchte auf. Stehlen war der hervorstechende Charakterzug."

Joel Chandler Harris und Thomas Nelson Page waren die wichtigsten Lieferanten dieser verstärkten rassistischen Mythen. Page steuerte *Two Little Confederates* (1888) zum Grundstock rassistischer Jugendliteratur bei. Das Standardklischee vom zufriedenen, abhängigen Sklaven, der Angst vor der Freiheit hat, tritt im folgenden Auszug gut zutage. Die Besitzerin der Plantage hat eben ihre Sklaven zusammengerufen, um ihnen zu sagen, dass die Yankees nahen und dass sie jetzt das Recht hätten, die Plantage zu verlassen.

„'Balla, du sollst wissen, dass du gehen kannst, wenn du willst.' 'Oh, Mistis* − −', begann Balla in vorwurfsvollem Ton, doch sie unterbrach ihn und fuhr fort: 'Ich möchte,

* Verballhornung von „Mistress"

dass ihr es alle wisst.' Sie sprach jetzt so, dass auch der Koch und die Hausmädchen, die im Hof standen und ihr zuhörten, sie verstanden. 'Ich möchte, dass ihr es alle wisst — jeder hier! Ihr könnt gehn, wenn ihr wollt; aber wenn ihr geht, könnt ihr nie mehr zurückkommen!'

'Oh, Mistis', unterbrach Onkel Balla, 'wo soll ich denn hin? Hier bin ich geboren, hier will ich auch sterben, und dort drüben will ich begraben sein.' Dabei drehte er sich um und zeigte auf eine Gruppe dunkler Bäume auf dem Hügel in der Nähe, wo der Friedhof für die Schwarzen lag. 'So mach ich es', sagte er überzeugt. 'Ihr kommt nicht von uns los, und wir kommen nicht von euch los.'

'Gar nirgends geh ich hin, nicht zu irgendwelchen Yankees oder sonstwohin', murmelte Lucy Ann.

'Die sollen ja Hufe und Hörner haben', lachte eine der Frauen im Hof."

Page machte seine jungen Leser glauben, für die Schwarzen sei Freiheit etwas so Widerwärtiges, dass sie ihre Herren noch so gern vor den Bundestruppen versteckten. Die Sklavin Lucy Ann hat sich zum Schein freiwillig bereit erklärt, den Bundesoffizieren bei der Suche nach den Söhnen des Plantagenbesitzers zu helfen, unter dem Vorwand, sie wolle frei werden:

„Sie ging direkt die Treppe hinunter in Richtung auf die Kellernische, in der sich die Geflohenen versteckt hatten. Hinter ihr die Soldaten; ihre schweren Schritte hallten durch das Haus. Die Knaben zitterten am ganzen Körper. Als der Suchtrupp näher kam, fiel Licht auf die Wand, bewegte sich der Wand entlang und erhellte schliesslich die ganze Nische — ausser der Ecke, wo sie lagen. Die Knaben hielten den Atem an. Sie konnten ihre Herzen klopfen hören. Lucy Ann ging mit der Kerze in die Nische hinein, und blickte sie voll an: 'Hier drin sind sie nicht', rief sie."

Es ist interessant zu wissen, dass 1976 *The Two Confederates* in einem Doppelband zusammen mit *The Little Colonel* von Anne F. Johnston (1896) neu aufgelegt wurde. Das ist jene Geschichte, die sich Generationen von jungen Amerikanern eingeprägt hat durch die Verfilmung mit der herzigen Shirley Temple als „Little Colonel" und mit Bill Robinson als ihrem treuen stets fröhlichen, liebenswürdigen Diener und alten Faktotum. Mindestens vier Jahrzehnte lang ist der Film immer wieder im Kino und im Fernsehen gezeigt worden.

Von der Erziehung zur politischen Vergeltung

Joel Chandler Harris wird allgemein das Verdienst zugeschrieben, afrikanische Volksmärchen gesammelt und der Nachwelt bewahrt zu haben: er ist der Herausgeber der vielgelesenen *Tales of Uncle Remus*. Gepriesen als derjenige, der „den Neger kannte und verstand" wie keiner, übte Harris grossen Einfluss auf diese Art von Literatur aus. Sein Onkel Remus war der Inbegriff des „Plantagen-Negers": in den Worten seines Schöpfers „ein alter Neger, der nichts als schöne Erinnerungen an die Disziplin der Sklavenzeit hatte". Harris' Rassismus liess ihn nicht erkennen, zu welchem Zweck die Sklaven ihre Märchen brauchten. In der afrikanischen Heimat war das Märchen ein Instrument der Erziehung, und der negative Held der Geschichte wurde oft bestraft. Unter der Sklaverei wurde es zu einem Instrument politischer Vergeltung und zu einer Technik des Überlebens in der Unterdrückung. Für die Sklaven bewiesen diese Geschichten die Wahrheit des in vielen westafrikanischen Ländern verbreiteten Sprichworts: „Sogar der Arme und Schwache kann den Reichen und Starken überlisten."

Doch Harris in seiner Unwissenheit schreibt von oben herab:

„Er (der Sklave) wählt als Helden das schwächste und harmloseste aller Lebewesen und macht es zum grossen Sieger. Nicht Tapferkeit triumphiert, sondern Hilflosigkeit, nicht Bosheit, sondern Schalk und List."

Harris leistete seinen eigenen Beitrag zum Mythos des „zufriedenen Sklaven" und „unglücklichen Freigelassenen" in seinem Buch *Free Joe and the Rest of the World* (1887):

„Die Sklaven lachten den ganzen Tag, doch der Freie Joe lachte kaum. Die Sklaven sangen bei ihrer Arbeit und machten Spässe, doch den Freigelassenen Joe hatte nie jemand singen hören oder tanzen sehen. Es war etwas Klagendes und Flehendes in seiner Haltung, etwas Rührendes in seinem ängstlichen Bemühen zu gefallen."

Die *Bobbsey Twin*-Buchreihe, eine der populärsten und langlebigsten, kam ab 1904 heraus. Hier verkörpert die Köchin Dinah das auf die Spitze getriebene Stereotyp des „zufriedenen Sklaven", der „drallen Negermammy", und des abergläubischen, mit den Augen rollenden, Wassermelonen essenden, stehlenden Schwarzen.

Der Vergleich eines Abschnittes aus der ersten Fassung des Buches *The Bobbsey Twins in the Country* mit der revidierten Fassung, die vierzig Jahre später erschien, zeigt aufschlussreich, wie Rassismus auf verschiedenen Ebenen fortbesteht. Hier ein Auszug aus der Ausgabe von 1907 (wobei in diesem und ähnlichen Beispielen im Deutschen die „primitive" Sprache und Aussprache der Schwarzen nicht angemessen wiedergegeben werden kann, die Hrsg.):

„Eben brachte Dinah, das Dienstmädchen, die heisse Schokolade herein, und die Kinder wollten ihr alle gleich sagen, dass sie aufs Land fahren würden, aber soviele redeten gleichzeitig, dass das gutmütige farbige Mädchen die Konfusion mit einem herzlichen Lachen unterbrach:
'Ha! ha! ha! Alle aufs Land wollt ihr!'
'Ja, Dinah', sagte Mrs. Bobbsey, 'und hör nur, was Tante Sarah über dich schreibt'. Wieder kam der blaue Brief zum Vorschein, und Mrs. Bobbsey las vor:
'Und bringt auch ja die gute alte Dinah mit! Wir haben so viel Platz hier, und das Farmleben wird ihr gefallen.'
'Farmleben! Ha! ha! ha! Das is was Schönes! Die ganze Zeit warn wir aufm Feld draussen, zuhaus in Virginia!' erklärte das Mädchen. 'Besonders schön is das! Ja, Dinah wird Maisfelder hacken und' (zu Bert gewandt) 'Wassermelonen stehlen!'"

In der Ausgabe von 1950 antwortet Dinah, jetzt eine „rundliche, gutmütige Neger-Frau", folgendermassen auf die Einladung:

„'Farmleben! Das hab ich gern! Die ganze Zeit warn wir auf dem Feld draussen, zuhaus in Virginia. Ja, Dinah wird Maisfelder hacken und ...' Zu Bert gewandt, grinst sie: 'Gibt's in Meadow Brook Wassermelonen? Dann könnten du und ich ...' Dinah unterbrach sich. Die Zwillinge sahen einander an: Was sie wohl meinte? Als Dinah nichts sagte, fragte Bert schliesslich: 'Du und ich könnten was?' Dinah schaute zuerst Mrs. Bobbsey an, dann Bert. 'Na, ich dachte halt', lachte die Köchin, 'Bert und die alte Dinah könnten ein Wassermelonen-Wettessen veranstalten. Aber vielleicht sollten wir's doch nicht tun. Bert könnte sich den Magen verderben!'"

Während also der allzu platte Rassismus in der Episode des Wassermelonen-Stehlens eliminiert wird, brachten es die Autoren nicht über sich, das Wassermelonen-Stereotyp überhaupt fallen zu lassen, ebensowenig wie das Stereotyp von den augenrollenden, abergläubischen Schwarzen.

„'Sicher is das'n Gespenst!' sagte Dinah leise zu Martha oben in der Halle. 'Musik ham die Gespenster immer gerne', und sie rollte mit den Augen, wie Schwarze es tun, wenn sie einer Aussage Nachdruck verleihen wollen.'"

Rechtfertigung durch neue „wissenschaftliche Theorien"

Die wichtigste Periode für die Entwicklung der Kinder- und Geschichtsbücher ist das erste Viertel des 20. Jahrhunderts, dessen Einfluss es besonders zu untersuchen gilt. In dieser Periode kamen viele der früheren „wissenschaftlichen Theorien", die auf rassistischen Annahmen beruhten, endgültig zum Durchbruch. Einige dieser Theorien beeinflussen die Sozialpolitik gegenüber den Afro-Amerikanern bis heute. Es war die Periode, in welcher die Theorie des Sozial-Darwinismus, der das „Überleben des Tüchtigsten" pries, und die Vorstellungen von der „Bürde des weissen Mannes", von seiner „offenkundigen Bestimmung" verbreitet wurden, um die kolonialistische Expansion und Unterdrückung der Nichtweissen in fremden Ländern zu rechtfertigen. Solche Vorstellungen wurden in den USA schnell aufgegriffen, um auch die Rassendiskriminierung im eigenen Land zu verteidigen.

Nachdem diese Theorien ihren Dienst getan hatten, traten sie in den Hintergrund, da die Wissenschaften andere rassistische Konzeptionen entwickelten, welche die Stellung der Afro-Amerikaner dauerhafter beeinflussen sollten. Von der Columbia University kamen die Thesen eines Ulrich B. Phillips, die er in seiner Untersuchung *American Negro Slavery: A Survey of the Supply, Employment, and Control of Negro Labor, as Determined by the Plantation Regime* entwickelte. (3) Phillips ging in seiner Studie davon aus, die Schwarzen seien von Natur aus „unterwürfig" (submissive), „unbeschwert" (light-hearted), „liebenswürdig" (amiable) und „einschmeichelnd" (ingratiating). So kann man bei Phillips lesen:

„Auf allen Plantagen wurden die besten Schulen zur allgemeinen Ausbildung dieser Art von trägen und rückständigen Leuten eingerichtet, zu der die Masse der amerikanischen Neger gehörte."

Ebenfalls von der Columbia University kam John Burgess, ein Wissenschaftler von hohem Ansehen, mit folgendem Beitrag zum rassistischen Gedankengut:

„Schwarze Haut bedeutet Zugehörigkeit zu einer Menschenrasse, die nie irgendeine Zivilisation hervorgebracht hat. Es ist etwas Natürliches in der Unterwerfung einer niedrigen Rasse selbst wenn dies bis zur Versklavung führt ..."
„Es ist die Pflicht des weissen Mannes und sein Recht, die politische Macht in seinen eigenen Händen zu halten." (4)

Die neuentwickelte Wissenschaft der Soziologie leitete die Aera von Rassen- und Kulturstudien ein, die dazu beitrugen, den Afro-Amerikaner als geistig, moralisch, körperlich und biologisch minderwertig zu brandmarken.
Robert E. Park, Mitbegründer der tonangebenden Soziologieschule der Universität Chicago, war einer der Götter am damaligen Wissenschaftshimmel. Er wurde weiterum als „Negerfreund" angesehen. Der Schwarze ist nach seiner Charakterisierung „die Dame unter den Rassen ... aufgrund natürlicher Veranlagung", weder ein „Intellektueller" noch ein „Idealist" oder „Kämpfer", ausgestattet mit einem Talent zur Darstellung eher als zum Handeln. Er war es auch, der „Verhaltensregeln für Rassenbeziehungen" vorschlug. Nach Parks Auffassung führt es immer zu Konflikt und Rivalität, wenn grosse, verschiedenartige Bevölkerungsgruppen miteinander in Berührung kom-

men. Stabilisierung tritt ein, wenn eine Rasse dominant wird und die andere sich mit einer untergeordneten Stellung abfindet.

Die „Verhaltensregeln für Rassenbeziehungen" verlangten, dass eine „gesellschaftliche Distanz" zwischen den Rassen eingehalten werde. Dies ermögliche ihnen eine Koexistenz, wenn auch nicht unbedingt auf der Grundlage gleicher Rechte. Park war übrigens der einflussreiche Berater von Booker T. Washington, der 1895 die Ängste des Südens beschwichtigte, indem er öffentlich die Befürwortung der politischen Ungleichheit und des niedrigeren wirtschaftlichen Status der Schwarzen proklamierte.

Der Gipfel der Verfälschung

E.B. Reuter, ein Schüler von Park, trieb den Rassismus in seinem Buch *American Race Problem* (5) auf die Spitze. Er schrieb: „Die Sklaverei ist in den Sitten der Negerrasse verankert — diese Einrichtung war in vielen afrikanischen Stämmen üblich." Und weiter: „Der Neger, der in die Neue Welt gebracht und dort zum Sklaven auf Lebenszeit gemacht wurde, passte sich sehr schnell seiner Umgebung und seinem Status an." „Die zweite Generation", behauptete Reuter, „akzeptierte den Weissen als überlegen und als den Herrn. Sie erwarteten vom Weissen geradezu Überlegenheit und Herrschaft ... So war der Neger nicht nur

körperlich ein Sklave, er wurde es auch geistig."
Reuter bestritt die Existenz eines institutionellen
Rassismus, der das Sklaventum der Schwarzen
verstärkte, und auch die ständigen Befreiungsanstrengungen der Sklaven, sondern behauptete:

„Ohne die entsprechende Geisteshaltung kann niemand in
solcher Sklaverei gehalten werden. Kein Sklaventum lässt
sich allein auf der Basis physischer Gewalt aufrechterhalten."

Nach der Freilassung habe „der Neger das Verhalten und die Denkweise eines Sklaven beibehal-
ten". Nach Reuter hatten die Schwarzen

„keinen Ahnenstolz ..., kein Bewusstsein historischer Einheit oder rassischer Errungenschaften ...; ihre ganze Vergangenheit spielte sich in einem sterilen oder barbarischen Status
ab."

Hier, in einem einzigen einflussreichen Buch, sind
alle historischen Verfälschungen und Rassenmy-
then versammelt, welche die Literatur über das
Leben, die Geschichte und die Kultur der Afro-
Amerikaner in den kommenden Jahrzehnten beeinflussen sollten: verzerrte Darstellung des afrikanischen Hintergrundes; verfälschte Darstellung
der Sklaverei in Afrika; Bejahung des Sklavensta-
tus durch die Schwarzen; Entwicklung einer servi-
len Persönlichkeit; Unfähigkeit, substantielle Leistungen zu erbringen.

Dieses Buch ist immer noch erhältlich, das letzte Copyright stammt aus dem Jahr 1970, und der Autor wird auf dem Umschlag als „einer der schärfsten und kritischsten soziologischen Denker seiner Zeit" gerühmt.

Die schwarze Bewegung für völlige Rechtsgleichheit gewann in den fünfziger Jahren an Kraft und Bedeutung und eskalierte ins Jahrzehnt der „Searing Sixties", der heissen sechziger Jahre. Die Afro-Amerikaner waren eine gewaltige politische und wirtschaftliche Bedrohung, wie ihre Vorfahren vor hundert Jahren. Sie zeigten offen ihren Stolz auf ihr afrikanisches Erbe. Schwarze Eltern forderten die Änderung der Lehrpläne an den Schulen und die Eliminierung jener rassistischen Unterrichtsmittel, die ihre Kinder geschädigt hatten. Es war eine hitzige, berauschende Zeit für junge Schwarze und eine Zeit der Angst für Leute, die den Rassismus zu verewigen trachteten.

Reaktionen der Wissenschaftler

Die Antwort der Wissenschaftler liess nicht lange auf sich warten. Stanley Elkins' *Slavery: A Problem in American and Institutional Life* erschien 1959, herausgegeben, bezeichnend genug, von der Universität Chicago. Nach der Wiederholung des rassistischen historischen Mythos, dass „der typische westafrikanische Stammesneger ein entschieden kriegerisches Individuum war", entwickelt

Elkins die „Sambo"-Theorie, in der wir eine moderne Abwandlung der Thesen von Reuter erkennen. „Sambo", sagt Elkins, „ist ein ausschliesslich amerikanisches Phänomen, entstanden durch die Erfahrung der Sklaverei." Der „Sambo"-Typ ist „ein Kind in seiner Wahrnehmungsfähigkeit ... unfähig zur Reife". Elkins besteht darauf, dass dies die Persönlichkeitsform war, die die Afro-Amerikaner als Antwort auf die Institution der Sklaverei entwickelt hätten. Als Beweis für die Gültigkeit seines Arguments führt er die Allgegenwart dieses Menschentyps in der Plantagenliteratur an.

Ungewöhnliche Aufmerksamkeit erregte das Buch *Time on the Cross* von Robert Fogel und Stanley Engerman, als es 1974 erschien (6); es wurde in einigen akademischen Kreisen enthusiastisch aufgenommen. Die Autoren leiteten eine Untersuchung über das Leben auf den Plantagen und verfassten dann einen Bericht, der die alten rassistischen Legenden wiederaufleben liess. Danach arbeiteten die Sklaven deshalb so hart, um die Plantagen erfolgreich zu machen, weil ihr Herr sie so gut behandelte. Auch lebten sie materiell besser als die freien Farmarbeiter im Süden. Daniel Moynihan und Nathan Glazer, die Verfasser von *Beyond the Melting Pot* (7), fegten mit einem Satz das ganze kulturelle Erbe der Afro-Amerikaner weg: „Er (der Neger) hat keine Werte und Kulturen zu bewahren und zu schützen."

Rassistische Aussagen in Büchern wurden vom literarischen Establishment durch die Verleihung angesehener Literaturpreise offen unterstützt. So erhielt 1968 William Styrons *The Confessions of Nat Turner* (8) den begehrten Pulitzer-Preis. Die Verleihung war eine deutliche Botschaft an jene Afro-Amerikaner, die mit einem berechtigten Zorn auf dieses herabwürdigende und entmenschlichende Porträt eines afro-amerikanischen Helden im Kampf um die Befreiung der Sklaven reagiert hatten.

The Cay von Theodore Taylor (9), dem Gedächtnis von Dr. Martin Luther King gewidmet, erschien 1969. Diese Geschichte treibt in modernisierter Form das Stereotyp vom treuen, zufriedenen Sklaven bis zur letzten Konsequenz: Der Sklave opfert sein Leben, um seinen jungen Herrn zu retten. Timothy, der zufriedene Sklave, macht seine Unterwürfigkeit schon mit den ersten Worten klar, die er an den jungen weissen Helden richtet: „Junger Herr, wie fühlen Sie sich?" Ausserdem wird er stereotypisiert als „der groteske Neger":

„Sein Gesicht hätte nicht schwärzer sein können und seine Zähne nicht weisser. Sie bildeten einen alabasterfarbenen Einschnitt in seinem Mund, und die rosaroten Lippen wölbten sich über sie wie das Fleisch einer Muschel. Auf seiner linken Backe hatte er eine grosse Narbe."

Es gibt noch andere Belege für Rassismus in diesem hochgelobten Jugendbuch. Timothy lehnt sein afrikanisches Erbe ab, indem er jede Kenntnis über „Afrika" (im englischen Original „Afreeca") bestreitet und auch kein Interesse an diesem Kontinent zeigt. Die starke Tradition bei den Schwarzen, sich auch um nicht blutsverwandte Kinder liebevoll zu kümmern, wird herabgesetzt durch die beiläufige, kühle Bemerkung von Timothy: „Ich wurde von einer Frau namens Hannah Gumbs aufgezogen." Im afrikanischen Kontext hätte eine starke Mutter-Sohn-Beziehung bestanden, und Timothy hätte sich selber nicht als Waise betrachtet, wie der Text es will. *The Cay* erhielt in den USA landesweite Verbreitung durch eine Fernsehversion, die 1973 mit finanzieller Unterstützung der „Bell Telephone Company" hergestellt wurde.

Paula Fox's *The Slave Dancer* (10) erhielt 1973 den hochgeachteten Newbery-Preis, der für hervorragende Werke der Kinderliteratur verliehen wird. Dieses Buch ist ein gutes Beispiel für den subtilen Rassismus in Kinder- und Jugendbüchern. Gut geschrieben, wiederholt es zahlreiche rassistische historische Mythen: Die Afrikaner waren Barbaren; sie waren verantwortlich dafür, dass ihre eigenen Stammesgenossen als Sklaven verkauft wurden, und unter den Sklavenhändlern gab es gute Menschen, die „nicht mit dem Herzen dabei waren". Der Grund für die Selbstmorde der Ibos wird eher in einem Charakterfehler gesucht als darin, dass sie den Tod der Versklavung vorzogen. Die folgenden Stellen sind aufschlussreich:

„Die eingeborenen Häuptlinge sind so gierig nach unseren Handelsgütern, dass sie ihre Leute billiger denn je verkaufen, um uns zu verleiten, die britische Blockade zu brechen.
… wie jedermann weiss, ist unser ganzes Volk für den Handel, trotz jenen Gaunern, die sich lustig machen über das Schicksal dieser armen, armen Schwarzen. Denn sie sind wirklich arm dran! Sie leben in Wildheit und Unwissenheit. Wenn man bedenkt, dass ihre eigenen Häuptlinge es nicht erwarten können, sie in unsere Gewalt zu geben!
… Ich möchte diese Ibos nicht haben. Sie sind weich wie Melonen und bringen sich um, wenn sie nicht 24 Stunden am Tag bewacht sind. Ich kann mich mit diesen Kreaturen nicht abfinden."

Eine Untersuchung über Rassismus in Schulbüchern

Auch Schulbuchverleger antworteten auf die Nachfrage der späten fünfziger und der sechziger Jahre. Sie produzierten neue historische Texte, die den Anschein erweckten, afrikanisches Leben, Geschichte und Kultur genauer und zutreffender zu beschreiben. Stattdessen enthielten sie auf subtile Weise die gleichen rassistischen Theorien wie früher, wenn auch in einer Form, die beim ersten Lesen den Forderungen der Afro-Amerikaner zu entsprechen schien.
Der „Council on Interracial Books for Children" führte vor kurzem eine bahnbrechende Untersuchung durch, die sich mit den rassistischen Tendenzen in US-Schulbüchern und ihre Wirkung auf die Beschreibung der Afro-Amerikaner und ande-

rer Minderheiten befasste. Ein gemischtes Team afro-amerikanischer Historiker, Autoren und Lehrplan-Experten analysierte 13 Geschichtsbücher, die seit 1970 erschienen sind. Die Ergebnisse ihrer Untersuchung wurden 1977 in einem Buch mit dem Titel *Stereotypes, Distortions and Omissions in United States History Textbooks* publiziert. Dass sich auch in neuen Geschichtsbüchern Rassismus findet, ist offenkundig. Hier einige Beispiele:

„Es ist wichtig, sich daran zu erinnern, dass die Zeit der Sklaverei eine lange und brutale Epoche in unserer Geschichte war. Im Grunde war es ein schreckliches System, aber viele Sklaven, vom am meisten unterdrückten Landarbeiter bis zum begabten Möbelschreiner waren in der Lage, Geld zu verdienen und sich ihre Freiheit zu erkaufen. Es gab auch ganz verschiedene Herren: Da waren die Rohlinge, die ihre Sklaven schlugen, da waren aber auch grosszügige Menschen wie George Washington, die ihre Verantwortung erkannten und ihre Sklaven freiliessen." (11)
„Ein grosszügiger Herr teilte seine Sklaven oft unter seine Kinder auf. In seinem Testament vermachte er seinem Sohn oder seiner Tochter einen oder mehrere Sklaven auf Lebenszeit." (12)

Obwohl diese Texte den Anschein erwecken, die Barbarei des Sklavensystems zu verurteilen, verbreiten sie immer noch den Mythos, dass Sklaverei in der Hand des richtigen Herrn und Meisters eine durchaus nützliche Einrichtung war. Die entscheidende Aussage — dass die Versklavung eines anderen Menschen unmoralisch ist — wird nirgends gemacht.

„Warum rebellierten die Sklaven so selten? ... Erstens wussten die Sklaven, dass ihre Herren die ganze Macht hatten ... Auch hatten viele Sklaven die Lektionen des Plantagenlebens nur zu gut gelernt. Sie hatten die Regeln der Sklaverei so gut gelernt, dass sie kaum mehr daran dachten, zu rebellieren." (13)

Die Passage wiederholt die rassistischen Theorien der frühen siebziger Jahre, die Afro-Amerikaner hätten sich an die Sklaverei gewöhnt und eine unterwürfige Persönlichkeit entwickelt. Die verschiedenen Formen des Widerstandes der Sklaven: Aufstände, Flucht, Selbstmorde, Kindermorde, Morde an Aufsehern, werden völlig ignoriert.

„... dreieinhalb Millionen Schwarze wurden freie Menschen. Viele Südstaatler wussten nicht, wie sie ohne Sklaven leben sollten. Viele ehemalige Sklaven wussten nicht, wie sie ohne ihre früheren Herren leben sollten." (14)

Dies ist eine Neufassung der „Unfähig-zur-Freiheit"-Theorie. Zerstörung und Wirren folgen auf jeden grösseren Krieg. Eine solche Darstellung ignoriert die Leistungen der befreiten Schwarzen, die für Regierungen kämpften, welche *allen* jene demokratischen Rechte wie Wahlrecht und Recht auf freie Schulbildung gewähren sollten, die den Sklaven verweigert worden waren.

„Die Delegierten für die verfassungsgebende Versammlung waren mehr als gute Politiker. Sie waren wirkliche Staatsmänner. Ein Staatsmann tut, was das Beste für seine Nation ist. Er setzt sich selbstlos ein für das Wohl aller ... Sie müssen

Wege finden, das Bestmögliche für die grösstmögliche Zahl von Menschen zu tun, ohne das Recht des Einzelnen zu verletzen ... Die Männer, die unsere Verfassung entwarfen, waren fähig, Kompromisse einzugehen und viele grosse Probleme zu lösen." (15)

Ein Schüler, der diesen Abschnitt liest, kann unmöglich begreifen, dass die USA auf der Grundlage von Rassenvorurteilen errichtet worden sind. Fast die Hälfte der Männer, welche die Verfassung ausarbeiteten, waren Sklavenhalter. Der berüchtigte Dred-Scott-Beschluss von 1857 hielt fest, dass die Grundprinzipien der Verfassung nicht für Schwarze galten.

Das Problem international anpacken

Die Eliminierung von Rassismus aus Kinder-, Jugend- und Schulbüchern erfordert Strategien, die den Teufelskreis durchbrechen, durch den rassistische Märchen je nach dem herrschenden Zeitgeschmack immer wieder neu aufpoliert werden. Viel ist geschrieben worden über die verheerende Wirkung rassistischer Literatur auf weisse, schwarze und braunhäutige Kinder. Nicht so allgemein erkannt wurde hingegen, dass Rassismus in Kinderbüchern keine persönliche Verirrung eines einzelnen Autors ist, sondern ein Reflex des institutionalisierten Rassismus, der alle Teile der US-Gesellschaft durchdringt. Dies bedeutet zum einen eine Herausforderung an Universitäten, die

Forschungsprojekte unterstützen, welche von Rassenvorurteilen ausgehen, die solche Forschungsprojekte absegnen und publizieren, und die dann Hunderte von Lehrern so ausbilden, dass sie die entsprechenden Werte verinnerlichen, ohne sie zu hinterfragen. Es bedeutet die Unterstützung und Förderung von Schriftstellern, die sich nicht damit begnügen, Bücher zu schreiben, die bloss nicht-rassistisch sind, sondern denen es um Bücher geht, die bewusst antirassistisch sind. Es bedeutet ferner die Unterstützung von Verlagen, welche die Schilderung des Lebens, der Geschichte und der Kultur aus dem Blickwinkel von Minderheiten zu ihrem Programm machen. Nötig ist sodann die Entwicklung präziser Kriterien zur Beurteilung des Inhalts von Kinder-, Jugend- und Schulbüchern. Doch geht es dabei natürlich nicht nur um den Inhalt, sondern auch um die Darstellung des historischen Hintergrundes, um die Charakterisierung der Personen, um die Verwendung von Sprache und Fachsprache, um die Kultur und die Traditionen der Minderheiten, die beschrieben werden. Vor allem aber müssen die potentiellen Benützer dieser Materialien – Eltern, Lehrer, Schüler – mit den nötigen Informationen und Fähigkeiten ausgerüstet sein, damit sie die rassistischen Inhalte der Bücher erkennen und sich mit ihnen auseinandersetzen können.

Die Entlarvung rassistischer Wissenschaftstheorien, die Förderung von Autoren aus Minderheitsgruppen, die Ausarbeitung von Kriterien zur Erkennung von Rassismus und die Erziehung der potentiellen Benützer – all diese Ziele hat der „Council on Interracial Books for Children" in sein Programm aufgenommen. Der Council würde nun gerne mit Gruppen aus anderen Nationen zusammenarbeiten, um das Problem auf internationaler Ebene anzupacken.

Ausser unserem selbstproduzierten Rassismus haben wir in den USA auch den importierten Rassismus zu spüren bekommen: *Mary Poppins, Doctor Dolittle, Pippi Langstrumpf, Little Black Sambo* und später *Ronald Dahls Charlie and the Chocolate Factory* kamen zu uns. (16) Wir unsererseits haben viele rassistische Klassiker exportiert, ausserdem moderne Bücher wie *Sounder* (17) und *The Cay*. Da der Rassismus eine internationale Erscheinung ist und von multinationalen Firmen, die das Verlagswesen kontrollieren, gefördert wird, dürfen wir nicht in nationaler Isolation arbeiten, sondern müssen einen wahrhaft multinationalen Kampf gegen den Rassismus führen.

Anmerkungen

1) *Classics of Children's Literature*, Garland Publishing Inc., New York.
2) Whitman Co., Racine, Wisconsin.
3) Louisiana State University Press, Baton Rouge, La, 1966.
4) *Reconstruction and the Constitution*, Scribners, New York, 1902.
5) T.Y. Crowell, New York, 1970 (Erstausgabe 1924).
6) Little Books, Fort Lee, NJ.
7) MIT Press, Cambridge, Mass., 1965.
8) Random House, New York, 1967.
9) Doubleday & Co., Inc. New York.

10) Bradbury Press, Scarsdale, NY, 1973.

11) Bernard Weisberger & Gerald Hardcastle, *The Impact of Our Past,* McGraw Hill, New York, 1972, p. 121.

12) Gerald Leinwand, *The Pageant of American History,* Allyn & Bacon, Inc., Boston, Mass., 1975, p. 205.

13) S. Bronz, *The Challenge of America,* Holt, Rinehart & Winston, Inc., New York, 1973, p. 335.

14) Gerald Leinwand, The Pageant of American History, Allyn & Bacon, Inc., Boston, Mass., 1975, pp. 281–282.

15) Margaret Branson, *American History for Today,* Ginn & Co., Boston, Mass., 1970, p. 117.

16) Pamela Travers, *Mary Poppins,* Harcourt, Brace, Jovanovich, New York, 1972. Hugh Lofting, *Doctor Dolittle: a Treasury,* Lippincott, New York, 1967. Astrid Lindgren, *Pippi Longstockings,* Penguin, New York, 1977. Helen Bannermann, *Little Black Sambo,* Western Publishing Co., Racine, WI, 1976. Roald Dahl, *Charlie and the Chocolate Factory,* Knopf, New York, 1964. (Die Jahreszahlen beziehen sich auf die letzten Neuausgaben.)

17) William Armstrong, Harper & Row, New York, 1969.

„Ich möchte nicht das Kind von solchen Leuten sein"
Australien und die Aborigines

Von Lorna Lippmann

Die Aborigines, die Ureinwohner Australiens, machen ein bis zwei Prozent der Gesamtbevölkerung aus und bilden eine besondere Subkultur innerhalb der australischen Gesellschaft. Etwas mehr als zwei Drittel der Aborigines sind gemischter, europäisch-einheimischer Herkunft, zählen sich aber zu den Abkommen der Urbewohner.

Seit der ersten britischen Besiedelung des Kontinents im Jahr 1788 bis zum heutigen Tag ist es den Aborigines schlecht ergangen. Während vieler Jahrzehnte herrschte ein ständiger Kampf um Grund und Boden, die wirtschaftliche und geistige Basis der traditionellen Gesellschaft. Die Kämpfe zwischen den Rassen waren brutal; die Einheimischen wurden haufenweise niedergemetzelt, obwohl sie beherzt Guerilla-Kampfmethoden und Vergeltungsmassnahmen anwandten. Aber die zahlenmässige Überlegenheit ihrer Gegner und deren Technologie waren gegen sie, und sie waren in dieser ungleichen Auseinandersetzung von Anfang an zum Scheitern und zum Leiden verurteilt. Einer der bekanntesten australischen Historiker, der sich mit den Beziehungen zwischen den Rassen befasst, sagt dazu: „Mord, Raub und Gewalt waren weitherum und während langer Zeit an der Tagesordnung ... und es leben in Australien immer noch Menschen, die in ihrer Jugendzeit Aborigines umbringen konnten, ohne mit dem Gesetz in Konflikt zu kommen, oder sogar mit dessen Billigung." (1)

Die Leiden der Aborigines wurden von den Siedlern der Pionierzeit entweder ignoriert oder mit der rassistischen Philosophie jener Zeit gerechtfertigt. Um die Enteignung und Ausbeutung der Ureinwohner zu begründen, wurden sie als minderwertig und dem Untergang geweiht dargestellt. „... jedermann mit einiger Erfahrung weiss, dass die Aborigines meines Landes die degenerierteste, die verächtlichste und grausamste Gattung der heutigen Menschengeschlechter sind" (2), schrieb ein squatter (3) im Jahr 1838, als die Auseinandersetzung ihren Höhepunkt erreicht hatte. „Strafexpeditionen" — wie damals die Massentötungen euphemistisch hiessen — wurden von der Regierung entweder ermutigt oder stillschweigend geduldet und gegen Ende der zwanziger Jahre unseres Jahrhunderts war die Eroberung der meisten Teile des Kontinents abgeschlossen.

Die Enteignung von Land ohne Entschädigung oder Verhandlungen (im Gegensatz zu Neuseeland und den Vereinigten Staaten, wo die Einheimischen wenigstens eine nominelle Entschädigung erhielten) wurde mit dem Hinweis auf die Theorie John Lockes, des Philosophen aus dem 17. Jahrhundert, gerechtfertigt, wonach Privatbesitz von Land nur durch dessen Bebauung erworben wird. Ferner schienen die Aborigines in den Augen der ersten weissen Siedler weder über ein erkennbares System von Landbesitz zu verfügen noch über eine erkennbare Form von Regierung, mit der Verhandlungen hätten aufgenommen werden können. Und nicht nur das Land, sondern die Aborigines selbst wurden in den dünn besiedelten nördlichen Regionen Australiens ausgebeutet; die weissen Siedler richteten mit Hilfe der Arbeitskraft der Einheimischen riesige Viehfarmen ein, bezahlten ihnen aber wenig oder nichts.

Die Theorie von der stufenweisen Entwicklung der menschlichen Gesellschaft

Von den verschiedenen Aspekten der traditionellen Gesellschaft der Aborigines, die Jäger und Sammler waren; von ihrer genauen Kenntnis der Naturphänomene; von ihrem komplexen Verwandtschaftssystem und ihrer mystischen Weisheit wussten die Europäer nichts. Unkenntnis führte zu Verachtung und stützte die Theorie von der stufenweisen Entwicklung menschlicher Gesellschaften durch die Jahrhunderte. Dieser Glaube an die gesellschaftliche Entwicklung war in der westlichen Tradition des 19. Jahrhunderts tief verwurzelt. So schrieb zum Beispiel Herbert Spencer, dass gewisse zeitgenössische Gemeinschaften bestimmte „Stufen" in der Entwicklung „der menschlichen Gesellschaft" darstellten, eine Analogie zum Darwinismus im biologischen Bereich. Von solchen Vorstellungen war es nur noch ein Schritt zur Behauptung eines frühen Anthropologen, wonach wenigstens ein Teil der Aborigines, die Tasmanier, „lebende Vertreter des paläolithischen Menschen sind, auf einer tieferen kulturellen Stufe stehend als irgendwelche anderen auf Erden lebenden Menschen." (4) Eine so niedere Entwicklungsstufe schloss die geistige Minderwertigkeit der Aborigines mit ein und die Notwendigkeit ihrer unausweichlichen Ausrottung durch eine höher entwickelte Rasse.

Van den Berghe vertritt die These, dass „die Idee der Aufklärung von der Gleichheit und der Freiheit aller Menschen, die von der amerikanischen und der französischen Revolution verbreitet wurden, natürlich im Widerspruch standen zum Rassismus, dass sie ihn paradoxerweise aber auch weiterentwickelten" (5), und zwar durch die Zweiteilung der Völker in „Zivilisierte" und in „Wilde". Während des späten 19. und frühen 20. Jahrhunderts hielten die weissen Siedler in Australien das Ideal der Schicksalsgemeinschaft besonders hoch; sie empfanden sich als weit weg von der „Heimat" (noch immer die britischen Inseln) und bedauerten sich angesichts der Härte der Natur und der einheimischen „Wilden". Die traditionelle Kultur der Aborigines liess sich nicht in eine westliche Gesellschaft integrieren; ihre Autoritätsstruktur war in einem frühen Zeitpunkt zerstört und zerbrochen worden. Dies führte, zusammen mit wirtschaftlicher Enteignung und geistiger Entfremdung, zur Machtlosigkeit der Aborigines und gleichzeitig zu ihrem Zerfall — für die Weissen ein weiterer Beweis von Minderwertigkeit.

Obwohl die Kultur der Aborigines später dank den Anstrengungen einiger Ethnologen etwas mehr Wertschätzung erfuhr und aus „Wilden" „Primitive" oder „Vor-Alphabeten" wurden, ist in Australien fast zwei Jahrhunderte lang ein starker Zug zum Rassismus spürbar geblieben. Die eigentlichen Aborigines wie auch die Mischlinge befinden sich stets auf der untersten Stufe der sozioökonomischen Rangleiter in der australischen Gesellschaft. Es ist daher nicht verwunderlich, dass sie immer wieder Opfer von Vorurteilen sind, was sowohl in der Literatur als auch in den Schulbüchern zum Ausdruck kommt.

Die Aborigines und das australische Erziehungswesen

Seit den sechziger Jahren jedoch sind die Aborigines militanter und selbstbewusster geworden, und sie haben einen langsamen, wenigstens teilweisen Wandel ihres öffentlichen Ansehens bewirkt. Die weisse australische Gesellschaft hat einige der ethnologischen Lehren zur Kenntnis genommen und ist sich bewusst geworden, dass auch Minderheiten Rechte haben. Wenigstens ein Teil der weissen Mehrheit unterstützt die Forderungen der Aborigines nach Selbstbestimmung und Landrechten gegen die Übergriffe der Bergbaugesellschaften und anderer mächtiger konservativer Kräfte.

Diese späte Aufklärung hat nun auch die Lehrer erreicht, und eine begrenzte Anzahl der etwas mehr als hundert Lehrerseminare bieten ein detailliertes Studienprogramm über die Aborigines an, dem rund 5000 Seminaristen folgen. An sieben der insgesamt 19 australischen Universitäten können verschiedene Kurse über die Aborigines belegt werden, während sieben der 55 pädagogischen Hochschulen ganze Lehreinheiten über Geschichte und Kultur der Aborigines vermitteln. Aber nicht nur die Minderheit der Lehrer, die eine solche Spezialausbildung bekamen, sondern auch die Mehrheit der anderen sind sich in den letzten Jahren bewusst geworden, wie voreingenommen und mangelhaft das Unterrichtsmaterial zum Thema Rassen ist, und die Nachfrage nach besseren Büchern und Unterlagen nimmt zu.

Dass etwas geschah, war die Folge einer Untersuchung darüber, wie die gebräuchlichen Schulbücher das Thema Rassen darstellen, die das „Commonwealth Office of Aboriginal Affairs", eine Abteilung der Regierung, 1973 in Auftrag gegeben hatte. Der Rapport war vernichtend (6); er zeigte unmissverständlich, dass viele unrichtige und sogar offen rassistische Unterrichtsmaterialien überall in den Schulen täglich gebraucht wurden.

„The Aboriginal Studies Libraries Project"

Eine ähnliche Untersuchung wurde 1974 vom Erziehungsdepartement von Südaustralien in Auftrag gegeben: „The Aboriginal Studies Libraries Project". Eine kleine Gruppe von Leuten untersuchte Hintergrundinformationen für Schulen über Aborigines; zwanzig ausgewählte Bücher wurden in rund fünfzig Schulen auf ihren Wert als Unterrichtsmaterial getestet, besonders daraufhin, ob sie positive Einstellungen zu anderen Rassen fördern. Das gleiche Material wurde gleichzeitig einer Gruppe von Aborigines unterbreitet.
Das Resultat zeigte wiederum ein beunruhigendes Ausmass an schlechtem und rassistischem Material. Für gewisse Schulbereiche (obere Elementarstufe und Bilderbücher für kleine Kinder) und gewisse Themenbereiche (Aborigines, die in der Stadt leben) gab es überhaupt kaum Bücher. Eine kommentierte Bibliographie mit empfehlenswerten Büchern über Volk und Kultur der Aborigines für alle Schulstufen wurde publiziert. (7) Als besonders wertvoll erwies sich bei diesem Projekt der ständige Kontakt sowohl mit einzelnen Aborigines als auch mit ihren Schulen und ihren Organisationen im Bereich der Erziehung.

Zu den grössten Unzulänglichkeiten, welche die Untersuchung zutage förderte, gehört die Darstellung geheimer religiöser Riten in den traditionellen Gemeinschaften der Aborigines. Darüber wurde auch im Ausland Material auf eine Weise verbreitet, die bei diesen Gemeinschaften Schmerz und Zorn auslöst, denn dadurch werden Dinge an die Öffentlichkeit gezerrt, welche den Eingeweihten ihres Stammes vorbehalten bleiben sollten.

Die Gruppe, welche die Untersuchung durchführte, betont denn auch, wie notwendig es sei, solche Themen mit den betroffenen Gemeinschaften der Aborigines zu besprechen. Eine weitere Schwierigkeit ergibt sich dadurch, dass die Beschreibung oder Illustration gewisser Geräte oder Zeremonien beim einen Stamm erlaubt, beim andern aber heilig und deshalb geheim ist.

Ende 1975 gab das „Australian Institute of Aboriginal Studies" in Canberra, ein unabhängiges, von der Regierung gegründetes Forschungsinstitut, den Anstoss zu einer Untersuchung von Informationsquellen über die Aborigines und die Torres-Strait- Inselbewohner, die in Schulen ohne Bedenken verwendet werden könnten. Als Ergebnis sind kürzlich eine Bibliographie und ein Leitfaden für Lehrer veröffentlicht worden. (8) 600 verschiedene Publikationen wurden untersucht; davon konnten 57 „sehr empfohlen" und weitere 198 „empfohlen" werden, der Rest nur teilweise oder gar nicht. Alle Beispiele stammen aus Materialien, die gegenwärtig in Schulen verwendet werden und in Buchhandlungen erhältlich sind; darunter auch solche, die eben erst publiziert worden sind. Der Autor der Studie stellt abschliessend fest, dass nur sehr wenige Verlagshäuser hinreichend kompetente Herausgeber haben, die Arbeiten über Menschen aus anderen Kulturbereichen zu beurteilen vermögen.

Überblick über Schulbücher

Es ist gesagt worden, dass „ein Schulbuch im Unterschied zu einem Menschen kein Recht hat, Fehler zu machen." (9) Schulbücher mit Vorurteilen gehören zu jener Fehlinformation, welche — wie einschlägige Untersuchungen zeigen — die Einstellung von Lehrern und Schülern gleichermassen beeinflusst. (10)
Trotz zunehmender Verwendung von audiovisuellem Material und einer Verlagerung von gedruckten Texten zu einem breiteren Angebot an Unterrichtsmitteln bleiben Schulbücher das grundlegende, am meisten verwendete und wirkungsvollste Werkzeug des Lehrers. Umso schlimmer, dass die Mehrzahl der australischen Schulbücher noch immer Rassismen und Ungenauigkeiten verbreiten.
In einer Publikation aus dem Jahr 1970 steht: „Die australischen Eingeborenen … kamen nie über die Steinzeit hinaus." (11) Sie sind in solcher Sicht ganz eindeutig eine Gruppe von Untermenschen,

deren Verschwinden kein Grund zum Bedauern wäre. Mit „Erleichterung" vernimmt man jedoch, dass es unter den frühen britischen Siedlern „Idealisten" gab, welche

> „... glaubten, dass sie verpflichtet seien, das Niveau der zurückgebliebenen Völker zu heben, indem sie die Heiden zum Christentum bekehrten ... und indem sie unter den Analphabeten und Kulturlosen britische Bildung, britische Art und britisches Benehmen verbreiteten." (12)

Damit steht auch die Stellung der Briten in der Hierarchie der Kulturen eindeutig fest.

Aussehen und Essgewohnheiten der Aborigines werden häufig auf stereotype Art dargestellt, und zwar so, dass sich der Leser sofort als überlegen vorkommen darf:

> „Das Bild zeigt euch, dass sie ziemlich hässlich sind, eine dunkle Hautfarbe haben und wenig Kleider tragen. (13) ... Kleine Eidechsen und sogar Schlangen gelten als gesuchte Delikatessen ... Die beiden Buben fanden ein paar verhexte Maden und assen sie roh." (14)

Auch von Stereotypen über den schlechten Charakter der Aborigines wimmelt es nur so. „Die Weissen sahen, dass sie den Schwarzen nicht trauen konnten", sie sind „wild und unzivilisiert", scheu und unzuverlässig, da sie kein Sitzleder haben.

Selbst Clichés, die auf den ersten Blick als positiv erscheinen, haben einen verborgenen Haken. „Die liebsten Schulstunden der Aborigines-Kinder sind Singen und Zeichnen, Fächer, in denen sie oft besser sind als die weissen Kinder." (15) Suggeriert wird, dass die kognitiven Fähigkeiten der Aborigines gerade zum Zeichnen und Singen ausreichen; und dass ihre eventuelle Überlegenheit gegenüber Weissen in diesen Fächern oder auch sonst überhaupt erwähnenswert ist.

Die positiven Aspekte der Lebensweise der Aborigines blieben weitgehend unbeachtet, oder sie wurden — wie im Fall ihrer vielschichtigen mystischen Religiosität — fast ins Komische gedreht (wenn dies nicht beleidigend wäre für die heute lebenden Aborigines):

„Die meisten von ihnen verzieren ihre Haut, indem sie sich mit dem Messer scharfe Schnitte zufügen. Zu gewissen Zeiten des Jahres bemalen sie sich mit weissen, roten und gelben Farbklecksen. Wenn sie so bemalt sind, werden sie sehr aufgeregt und machen viele seltsame Tänze. Ich möchte nicht das Kind von solchen Leuten sein. Und du?" (16)

Die Aborigines sind das unsichtbare Volk der australischen Geschichte und Literatur geblieben. Detaillierte Geschichtsbücher gehen überhaupt nicht auf sie ein oder erwähnen sie lediglich am Rande, im Zusammenhang mit der Fauna:

„Damals (d.h. vor der Ankunft der Europäer) gab es nur einige wenige Stämme herumziehender Aborigines, Kängurus und Dingos, die wilden Hunde Australiens." (17)

1974 konnte man noch immer auf eine „Neue Geschichte Australiens" stossen (herausgegeben von

Professor Frank Crowley), die von ihren 550 Seiten ganze sechseinhalb den Aborigines widmet, d.h. 1,17 Prozent des gesamten Inhalts. Sogar in der Periode von 1788—1850, als es in Australien 25 Aborigines auf einen Europäer gab, ist ihnen nur eine einzige Seite eines Kapitels von 43 Seiten gewidmet. Dieses Werk behauptet, dass die Bevölkerung von New South Wales in jener Zeit insgesamt 10'500 Menschen betragen habe — was stimmt, wenn man die Aborigines nicht als Menschen betrachtet.

Die Beschreibung der Kultur der Aborigines in einem neueren Nachschlagewerk beschränkt sich auf die folgenden Erwähnungen:

„Vor der Beeinflussung durch die Europäer trugen sie keine Kleider, bauten keine festen Unterkünfte, trieben keinen Ackerbau und lebten als nomadisierende Jäger." (18)

Und:

„... sie wussten nicht, wie man den Boden bebaut oder Viehzucht betreibt und lebten von der Hand in den Mund, von dem, was die Natur hervorbringt ... Einige Stämme leben auch heute noch auf diese Weise, und selbst der „zivilisierte" Aborigines ist in seinem Herzen ein Nomade geblieben." (19)

Jede so dargestellte Kultur muss als minderwertig erscheinen, wenn sie kontrastiert wird mit einer anderen (westlichen, industrialisierten) Gesellschaft, die als Norm gilt.

Nirgends werden Fehlinformationen und Ethnozentrismus deutlicher als in den Darstellungen der Kontakte zwischen Weissen und Schwarzen vom Ende des 18. bis zur Mitte des 20. Jahrhunderts. Zahllose Geschichtsbücher für Kinder jeder Altersstufe geben ein einseitiges und völlig eurozentrisches Bild der Rassenbeziehungen in Australien. Das folgende Beispiel lässt keinen Zweifel offen, zu welcher Rasse der Autor gehört:

„In der Regel waren die Eingeborenen scheu und hielten sich verborgen; aber diesmal, vielleicht weil sie Wasser von der Quelle holen wollten, griffen sie plötzlich an. Glücklicherweise waren die Entdecker auf der Hut, und eine schnelle Gewehrsalve trieb die Eingeborenen in den Busch zurück." (20)

Ich habe an anderem Ort (21) bemerkt, dass diese Szene, hätte sie ein Aborigines-Historiker geschrieben, etwa so aussehen könnte:

„Wir wussten, dass die Weissen schwer bewaffnet waren und nicht zögern würden, uns zu ermorden; unter normalen Umständen wäre es also Wahnsinn gewesen, sich ihnen zu nähern. Nun aber hielten sie unser einziges Wasserloch besetzt, und wir waren schon ganz verzweifelt vor lauter Durst. Nur mit unseren Woomeras (22) und Speeren bewaffnet, versuchten wir trotz ihren Gewehren die lebenswichtige Quelle, die auch mit unseren Ahnen und Traumgeistern verbunden ist, zurückzugewinnen. Die weissen Eindringlinge indessen, die sich über unser Besitzrecht und unsere Not hinwegsetzten, feuerten einmal mehr aus ihren Gewehren, töteten meinen Vater und meine beiden Brüder und verwundeten meinen Onkel schwer. Die Verbliebenen unserer Familie, die sich noch bewegen konnten, krochen in den Busch zurück, noch immer halb wahnsinnig vor Durst."

Wir hören immer nur von den Schwierigkeiten, denen die europäischen Siedler ausgesetzt waren, so auch vom „blinden Zorn der Wilden" ...
Paternalismus (oder, gelegentlich, Maternalismus) ist weit verbreitet:

„Die Tragödie der Aborigines ist die Tragödie eines jeden Volkes, das mit einer höheren Zivilisation zusammenstösst. (...) Wenn wir nicht grössere Anstrengungen unternehmen, um ihnen zu helfen, werden sie bald aussterben." (23) Völker, die in Stämmen zusammenleben, wie früher die Aborigines, nennt man *Primitive*." (24)

Ebenso verbreitet ist die Tendenz, das durch Unterwerfung und Unterdrückung entstandene Elend zu beschönigen:

„Die Ankunft des weissen Mannes zwang sie häufig, sich weiter ins Landesinnere zurückzuziehen; das erklärt, weshalb die echten Aborigines heutzutage meist weit ab von den besiedelten Gebieten anzutreffen sind." (25)

Damit wird der Mythos aufrechterhalten, die Aborigines des Graslandes seien in der Lage gewesen nach Norden auszuweichen, während sie in Wirklichkeit ermordet wurden.
Die Feststellung: „Gewiss, Zwischenfälle wie das Vergiften von Brunnen und von geschenktem Getreide blieben öfters ungeahndet" verleitet den Schüler zur Annahme, dass solche Vergiftungen Einzelfälle waren, während sie in Tat und Wahrheit zum Tod von Tausenden führten. Oder eine Bemerkung wie „Ohne Zweifel hat sich die Lage

der Aborigines im Northern Territory seit dem Zweiten Weltkrieg verbessert" (27), mag zutreffen (obgleich das gar nicht so sicher ist), täuscht aber über die heutige beklagenswerte Lage der Aborigines im Territory hinweg.

An einer 1968 von der UNESCO durchgeführten Konferenz von Erziehungsspezialisten wurde auf bestimmte Ausdrücke hingewiesen, die emotional so aufgeladen sind, dass sie gegenüber der beschriebenen Gruppe provozieren. (28) Australische Schulbücher wimmeln von solchen Wörtern:

Stamm	eingeboren	wild
primitiv	unzivilisiert	heidnisch
Mundart	farbig	zurückgeblieben

Von einigen bemerkenswerten Ausnahmen abgesehen lässt sich sagen, dass australische Autoren, die über Rassenfragen schreiben, mit den neueren Erkenntnissen der Historiker und Ethnologen nicht Schritt gehalten haben. Sie unterschätzen nach wie vor die positiven Aspekte des Lebens der Aborigines, und sie schreiben zu wenig über die in den Städten lebenden Aborigines. Und wenn sie sich dazu äussern, so werden die städtischen Mischlinge als Leute voller Probleme und Defekte hingestellt.

Die Illustrationen in den Schulbüchern sind ebenfalls unbefriedigend. Schwarze sehen alle gleich aus, oder dann sind sie Weisse mit dunklen Gesichtern. Sie werden dargestellt als edle Wilde oder im Zustand elendiglicher Abhängigkeit. Auf den Bildern aus dem 19. und frühen 20. Jahrhundert sehen sie oft lächerlich aus, indem sie den weissen Mann in komischen europäischen Kleidern nachäffen. Exotische Aktivitäten wie das Tanzen werden viel häufiger dargestellt als Szenen des Familienalltags. Weisse in eindeutig übergeordneter Position sorgen für Schwarze — das Umgekehrte ist nie der Fall. Die Darstellungen städtischer Aborigines bei „westlicher" Arbeit in Fabriken oder Schulen erwecken den Anschein, dass ihre Probleme gelöst wären, wenn sie nur alle den Weissen nacheifern würden.

In jüngster Zeit haben einige Historiker (obwohl alles Weisse) versucht, die Beziehungen zwischen Schwarz und Weiss objektiver darzustellen. Aus der Sicht der Schwarzen können sie natürlich nicht schreiben, aber sie haben wenigstens versucht, unparteiisch zu sein. Henry Reynolds und Noel Loos in Queensland und Lyndall Ryan in Tasmanien haben Dokumente aus dem Zeitabschnitt, den sie beschreiben, ausgegraben und genaue Informationen aus erster Hand vorgelegt, die für Herausgeber von Geschichtsbüchern für Kinder von grösstem Nutzen wären. (29)

The Aboriginal Children's History of Australia (30), eine neuere Publikation, von Aborigines-Kindern geschrieben und illustriert und von der Kulturkommission der Aborigines unterstützt, vermittelt eine einmalige Ansicht der australischen Geschichte, gesehen durch die Augen von Aborigines-Kindern, dargestellt mit ihren eigenen Worten und Bildern. Mündlich überlieferte historische Begebenheiten werden darin verknüpft mit Darstellungen aus dem heutigen Leben der Aborigines. Dies ist bis anhin eines der ganz wenigen von Aborigines geschriebenen Schulbücher für die Primarschulstufe. Aber für die höheren Schulstufen gibt es zunehmend Literatur von Aborigines-Autoren.

Kath Walker und Jack Davis sind Dichter, die vom Standpunkt der Aborigines aus schreiben, Davis und Robert Merritt zwei erfolgreiche Theaterautoren. Kevin Gilbert hat ein politisches Buch über die Situation der Aborigines publiziert und auch „Living Black" (31) herausgegeben, eine Reihe von Diskussionen mit Aborigines, die verschiedene Gesichtspunkte vermitteln. Die Autobiographie von Charles Perkins (32) erzählt die Geschichte eines erfolgreichen Mischlings, der im traditionellen Leben der Aborigines aufwuchs und später Staatsbeamter wurde, während die Geschichte von Dick Roughsey (33) berichtet, wie das Leben eines traditionellen Stammes, „durch Männer mit Gesichtern von weisser Tonerde" gestört wurde. Dieses Buch und auch die Autobiographie von Pfarrer Lazarus Lami Lami (34) geben Einblick in die Gedankenwelt und die Gefühle einiger traditioneller Aborigines. Colin Johnson war der erste Aborigines, der Erzählungen veröffentlichte. Das Magazin *Aboriginal and Islander Identity* (35) und andere Zeitschriften der Aborigines enthalten Berichte über Tagesereignisse, die für Aborigines wichtig sind, zusammen mit Legenden und Gedichten.

Kriterien zur Überwindung des Rassismus

Bis heute tragen die meisten Schulbücher in Australien zur Erhaltung des Rassismus bei. Dies geschieht, indem die Autoren solcher Bücher
— die Aborigines als Vertreter einer Steinzeit-Kultur beschreiben, mit primitiver Kunst, Technologie und Lebensart, deren Leben hauptsächlich in der Jagd nach Nahrung und im Aufspüren von Wasser besteht, die schmutzige Gewohnheiten haben und — statt einer Religion — Aberglauben und Hexerei;
— indem sie Aborigines darstellen, als hätten diese keine sozialen Strukturen, keine Rechtssprechung, keine medizinischen und sonstigen wissenschaftlichen Kenntnisse;
— indem sie die Entwicklung der Menschheit als gradlinigen Aufstieg von der Barbarei zu westlichem Materialismus und zur Industrialisierung verstehen; aus solcher Sicht sind die Aborigines dem Untergang geweiht, können aber in der Zwischenzeit wegen ihres Benehmens und ihrer seltsamen Lebensart wie Museumsstücke oder Zooinsassen studiert werden;
— indem sie das Jahr 1770 als das Datum der Entdeckung Australiens durch Kapitän Cook ange-

ben und ignorieren, dass Australien bereits während etwa 100'000 Jahren von den Aborigines besiedelt war;

— indem sie Legenden und Halbwahrheiten aufrecht erhalten, zum Beispiel, dass sich völlig passive Aborigines vor den Europäern zurückgezogen hätten (während sie in Wahrheit mehr als ein Jahrhundert lang gegen die weisse Invasion einen regelrechten Guerilla-Krieg führten, der schliesslich Massentötungen von Aborigines zur Folge hatte);

— indem sie die Aborigines im wesentlichen als ein Problemvolk schildern, das Nachsicht braucht: „unsere" Aborigines, die Eingeborenen, die man „zivilisieren" muss;

— indem sie die Kultur der Aborigines an europäischen Werten und Massstäben messen und die negativen Seiten betonen;

— indem sie die Aborigines stereotyp zeichnen, entweder negativ oder sentimental, was zu groben Vereinfachungen und Ungenauigkeiten führt, sodass alle Aborigines als identische, gesichtslose Wesen erscheinen;

— indem sie exotische Unterschiede wie den Gebrauch von Bumerangs, die mit dem modernen Leben wenig zu tun haben, übermässig hervorheben;

— indem sie geheime und geheiligte Bereiche von Aborigines-Stämmen beschreiben, die Nichteingeweihte nichts angehen;

— indem sie es ablehnen, Leute von gemischter europäischer und Aborigines-Herkunft als Aborigines zu akzeptieren, auch wenn diese sich selbst als solche betrachten, sondern für sie Bezeichnungen wie Halbblut, Mischrasse oder Mischlinge verwenden.

Um solche gängigen Irrtümer zu vermeiden, müssen künftig in Kinder- und Schulbüchern die positiven Aspekte der Kultur der Aborigines hervorgehoben werden:

1. Die kognitiven Fertigkeiten der traditionellen Aborigines-Gesellschaft sollten richtig eingeschätzt werden. Spurenlesen, beispielsweise, ist das Ergebnis exakter wissenschaftlicher Kenntnis; „herumwandern", falls das überhaupt noch existiert, ist ein verallgemeinender Ausdruck für Wanderbewegungen einzelner Stämme, die nach genauem Plan erfolgen; keines ist „instinktiv". Es basiert auf dem, was Michel Leiris „Das Lernen, wie der Mensch sich in der natürlichen Umgebung zurechtfindet" (perceptive education) genannt hat. (36)

2. Die traditionelle Kultur sollte so genau und umfassend wie möglich beschrieben werden. Schon Primarschüler haben einen Sinn für komplexe Verwandtschaftssysteme, da es dabei um das Familienleben geht.

3. Die Geschichte Australiens muss immer vor der Invasion durch die Europäer beginnen, und der Anteil der Aborigines muss sowohl als eigenständig wie für die australische Gesellschaft wesentlich dargestellt werden.

4. Die heutige Lage der Aborigines und der Mischlinge sollte in ihrer ganzen Vielfalt beschrieben werden. Verallgemeinerungen, die vom Teil aufs Ganze schliessen, sind zu vermeiden.

Der empfindlichste Mangel an Schulmaterial über die Aborigines besteht auf der Primarschulstufe; auch gibt es auf allen Stufen kaum Bücher über die städtischen Aborigines. Ausreden für die Herausgabe von Schulbüchern mit Rassismen und Fehlinformationen verfangen nicht mehr, denn eine ganze Reihe von Organisationen, die sich auf Erziehungsfragen spezialisiert haben, sind gerne zu Rat und Hilfe bereit. Entscheidend für die Erreichung der genannten Ziele ist jedoch die Zusammenarbeit mit den Aborigines. In den meisten Teilstaaten und auf nationaler Ebene in Canberra gibt es eine Beratungsstelle der Aborigines (Aboriginal Education Consultative Group). Aborigines sollten als Lektoren beigezogen werden, wenn es um Manuskripte über ihre Kultur geht. Was die geheim-geheiligten Belange betrifft, so sind sie mit der betroffenen Gruppe zu besprechen; Dinge, die nur für Eingeweihte, d.h. initiierte Aborigines religiöse Bedeutung haben, gehören nicht an die Öffentlichkeit.

Die Aborigines sind begierig, die Herausforderung anzunehmen. Mit der Unterstützung von Verlegern sind sie noch so gern bereit, Schulbücher über Rassenfragen zu schreiben, zu beurteilen oder zusammenzustellen, damit auch ihr Standpunkt endlich angemessen, genau und einfühlsam zur Geltung kommt.

Anmerkungen:

1) C.D. Rowley, *The Destruction of Aboriginal Society,* Vol. 1 of *Aboriginal Policy and Practice,* Australian National University, Canberra, 1970, p. 7.
2) Zitiert in: Brian W. Harrison, *The Myall Creek Massacre and its Significance in the Controversy over Aborigines during Australia's Early Squatting Period,* nichtpublizierte Dissertation, University of New England, Armidale, NSW, 1966.
3) Eine Person, die sich ohne Besitzurkunde und ohne Zustimmung der Regierung gegen Bezahlung des Nominalwertes auf öffentlichem Grund ansiedelt.
4) Baldwin Spencer, *Guide to the Australian Ethnographical Collection in the National Museum of Victoria,* Melbourne, 1901, p. 8.
5) P.L. van den Berghe, *Race and Racism: a Comparative Perspective,* Wiley, New York, 1967, pp. 17—18.
6) Der Rapport wurde ausgeführt von Ian Spalding, dem ich einige Beispiele verdanke. Die Ergebnisse sind in der Zeitschrift *The Aboriginal Child at School* veröffentlicht worden, die vom Erziehungsdepartement des Bundeslandes Queensland herausgegeben wird. (Vol. 1, No. 4, Vol. 2, No. 1 und Vol. 2, No. 2, 1973—74).
7) Eine Zusammenfassung des Projektes und der Bibliographie finden sich in *Aboriginal Studies Library Project,* einer Beilage der *Review,* Vol. 3, No. 4 und Vol. 4, No. 4, School Libraries Branch, Education Department of South Australia.
8) M. Hill & A. Barlow, Hsrg., *Black Australia: an Annotated Bibliography and Teacher's Guide to Resources on Aborigines and Torres Strait Islanders,* AIAS, Canberra, 1978.
9) Rupert Costo, Hrsg., *Textbooks and the American Indians,* Indian Historian Press, San Francisco, Calif., 1970.
10) Beispiele solcher Untersuchungen gibt es in Garret McDiarmid & David Pratt, *Teaching Prejudice,* Ontario Institute for Studies in Education, Toronto 1971, pp. 106—109. Nach Angaben des *Interracial Books for Children Bulletin,* Vol. 9, No. 2, 1978, sind Schulmaterialien über Aborigines, die Amerikanern zugänglich sind, offenbar ungenau und irreführend.
11) G.L. Sparkes u.a., *Australia's Heritage,* Jacaranda, Brisbane, 1970, p. 52.
12) O.W. Hunt, *Social Studies for Secondary Schools, Form 1,* Whitcombe Tombs Pty Ltd., Sydney, 1966, p. 82.
13) E.C.T. Hornblow, *People and Children of Wonderful Lands,* Grant Education, London, 1953, p. 138.
14) K.M. Adams, *The First Australians, Prehistory — 1810,* Lansdowne, Melbourne, 1968, p. 11.
15) R.M. Trudinger, *Australian Aborigines,* OUP, Melbourne, 1967,p. 3.
16) E.C.T. Hornblow, *People and Children of Wonderful Lands,* p. 142.

17) *Children of Down-Under*, Hutchinson Junior Books, Amsterdam, Neuauflage 1967, p. 6.

18) The New Book of Knowledge, 1972, Vol. 1, p. 501.

19) *Impact*, a monthly Asian magazine for human development, Vol. VIII, No. 5, Manila, Mai 1973.

20) C. Eakins & A.E. Williams, *History Through Activities, Grade 5*, Corroll's, Perth, 1967, p. 51.

21) Lorna Lippmann, *The Aim is Understanding: Educational Techniques for a Multi-Cultural Society*, Australia & New Zealand Publishing, Sydney, 1977, 2. Auflage, p. 38.

22) Wurfgeschoss.

23) J. Smiles, *Australia: the Land in Which We Live*, Universal Books, Sydney, 1968, p. 26.

24) P. Lloyd, *Our Wide Wonderful World*, Compass Series 1A, Thomas Nelson, Australia, 1970, p. 49.

25) A.E. Williams, Hrsg., *The New Social Studies: Further Along* (Upper Section), Corroll's, Perth, 1971, p. 51.

26) B.J. Price, R.S. Phillips & R.D. Walshe, *A History of the World and Australia in the Twentieth Century 1901—1964, Form IV*, Dymock's, Sydney, 1965, p. 154.

27) B.J. Price, R.S. Phillips & R.D. Walshe, *A History of the World and Australia in the Twentieth Century 1901—1964, Form IV*, Dymock's, Sydney, 1965, p. 156.

28) *Final Report: Meeting of Experts on Educational Methods Designed To Combat Racial Prejudice*, June 1968, Unesco, Paris, p. 4.

29) H. Reynolds, The Other Side of the Frontier: Early Aboriginal Reactions to Pastoral Settlement in Queensland and Northern New South Wales, *Historical Studies*, Vol. 17, 1976, pp. 50—63. H. Reynolds & N. Loos, Aboriginal Resistance in Queensland, *Australian Journal of Politics and History*, Vol. 22, 1976, pp. 214—226. N. Loos, *Aboriginal-European Relations in North Queensland 1861—1897*, 2 Bände, Dissertation, James Cook University of North Queensland, Townsville, 1976. L. Ryan, *The Aborigines in Tasmania 1800—1974 and Their Problems with Europeans*, Dissertation, Macquarie University, Sydney, 1975.

30) Rigby, Melbourne, 1978.

31) Kevin Gilbert, Penguin Press, London, 1977.

32) *A Bastard Like Me*, Ure Smith, Sydney, 1975.

33) *Moon and Rainbow: the Autobiography of an Aborigine*, Reed, Sydney, 1971.

34) *Lami Lami Speaks: the Cry Went Up — a Story of the People of Goulburn Island, Northern Territory*, Ure Smith, Sydney, 1974.

35) Aboriginal Publications Foundation Inc., Perth.

36) Race and Culture, in *Race, Science and Society*, Allen & Unwin, London, 1975.

129

Rassismus trotz Eigenproduktionen und Bearbeitungen

Die Bedeutung des Kinderbuches in Afrika

Von Bankole Omotoso

An einer Konferenz über den Buchhandel in Afrika wurden 1975 in bezug auf Kinderbücher die folgenden Empfehlungen an einheimische und ausländische Verleger gerichtet:

„Die Bedeutung der Publikation guter, fesselnder Kinderbücher in Afrika ist besonders zu unterstreichen, denn die Lust zum Lesen kommt im Kindesalter. Dies ist indessen noch ein weitgehend unberührtes Gebiet im afrikanischen Verlagswesen, und allzu oft wird die Lücke mit Büchern gefüllt, die für europäische oder nordamerikanische Kinder geschrieben worden sind. Afrikanische Kinder können mit diesen Büchern nichts anfangen. Notwendig sind Kinderbücher, deren Texte und Illustrationen sich auf ihre eigene Umwelt beziehen. Verleger sollten vor allem die Produktion von Bilderbüchern für kleine Kinder fördern und einheimische Künstler ermutigen, solche Bücher zu illustrieren." (1)

John Rowe Townsend schreibt in der erweiterten Ausgabe seines Buches *Written for Children:*

„Ich habe mehr als fünfzig in Afrika publizierte Kinderbücher untersucht, und ein Merkmal ist ihnen allen gemeinsam: keines beschäftigt sich mit Rasse oder Rassismus. Man könnte daraus folgern, dass im unabhängigen Afrika die Rassenzugehörigkeit kein Thema ist, das Kindern speziell eingeprägt werden muss." (2)

Die Probleme, welche die afrikanische Gesellschaft belasten — Unwissenheit, Krankheit und
Hunger — verschonen ihre Kinder nicht. Häufig
sind sie sogar die hauptsächlichsten Opfer. Es ist
deshalb unmöglich, über die Produktion von Kinderbüchern zu reden, ohne die Vorurteile zu sehen, welche — auf nationaler und internationaler
Ebene — unser Zeitalter charakterisieren.

Wir müssen uns auch eine ideologische Landkarte
von Afrika vorstellen, welche einerseits Südafrika
ausschliesst, wo die Indoktrinierung der Kinder
zu potentiellen Rassisten die offizielle Regierungspolitik darstellt, und andererseits Afrika nördlich
der Sahara, wo der Islam und die arabische Sprache der Frage der Kinderliteratur eine ganz andere
Dimension verleihen. Im Gebiet dazwischen besteht eine neokolonialistische Situation. Diese
ganze Region ist Teil des kapitalistischen Einzugs-
gebietes und wird in einer Weise von ausländischen Sprachen und der Ausrichtung auf ausländische Werte dominiert, wie es in Afrika nördlich
der Sahara und in der Republik Südafrika nicht der
Fall ist. Das heisst aber nicht, dass es in diesen beiden Gebieten überhaupt keinen Neokolonialismus gebe. Zumindest profitiert er von der Ausbeutung der Menschen und der Rohstoffe, und er
funktioniert in der Regel über die multinationalen
Konzerne.

Die Bedeutung der Sprache

Erziehung ist die wirksamste Kraft der sozialen Veränderung. In Nigeria sagen wir, man könne einen gebildeten Menschen wohl für einige Zeit zum Narren halten, aber nicht für immer. Der Neokolonialismus zielt darauf ab, die Macht und Autorität der Kolonialmächte und die daraus sich ergebenden Vorteile zu erhalten. Die Ausbildung, die an den meisten Orten auf unserer reduzierten Karte von Afrika geboten wird, ist nicht von der Art, welche bedeutsame soziale Veränderungen hervorbringen will. Sie findet vor allem in der Sprache der früheren Kolonialherren statt und ist durchdrungen von ihren Ideen. Die wichtigsten Erfahrungen machen Kinder nicht in der Sprache, in der sie in der Schule lernen, sondern in ihrer eigenen afrikanischen Sprache, und diese Erfahrungen lehren sie, dass das Heil in der Gemeinschaft erreicht wird. Aber die Sprache, in der sie unterrichtet werden, bringt ihnen bei, dass das Individuum auf sich selbst gestellt ist und selber sein Heil suchen muss.

Diese Situation hat viele Folgen. Da afrikanische Kinder in einem ausgebeuteten Einzugsgebiet des westlichen Kapitalismus leben und in Sprachen unterrichtet werden, die während Jahrhunderten Symbol für die verschiedenen Formen und Mechanismen des Imperialismus waren — Sklaverei, Ausbeutung, multinationale Konzerne —, können diese Kinder gar nicht anders, als einige der Vorurteile gegen sie selbst zu übernehmen, die in diesen Sprachen und diesen Erfahrungen stecken. Kinder tragen die Hauptlast der materiellen und geistigen Verluste, welche die Folgen der Ausbeutung ihres Landes sind. Sie haben nicht genug zu essen, weil ihre Eltern vom traditionellen Bauern weg zum Anbau von Exportprodukten gedrängt wurden. Sie hungern. Was da ist, ist für den Unterhalt der Älteren. Die Kinder haben keine rechte Unterkunft mehr, weil ihre Eltern von Grund und Boden vertrieben wurden, um Platz zu machen für Überlandstrassen, auf denen die eigenen Rohstoffe exportiert und Konsumgüter aus Nordamerika, Europa und Japan importiert werden. Sie können nicht richtig unterrichtet werden, weil sie weitab von einer Schule leben und weil ihre Familien alle Hände brauchen, um zu überleben. Afrikas materielle Probleme haben viel grössere Auswirkungen auf die Kinder als auf die anderen Mitglieder der Gesellschaft.

Alle die Schwierigkeiten, mit denen die Erwachsenenliteratur zu kämpfen hat — Druck, Vertrieb, Preisgestaltung, Sprache usw. —, gelten auch für die Kinderliteratur. Und ein weiteres Problem kommt von den sozialen Zwängen, die es den Kindern schwer machen, sich die Gewohnheit des Lesens anzueignen. Schulkinder, die mit Eltern oder anderen Menschen leben, die nicht lesen können, werden rasch verdächtigt, dass sie sich von der Hausarbeit drücken wollen, wenn sie sich mit einem Buch in eine Ecke verziehen. Wenn sie nur abends lesen können, müssen sie das vielleicht bei Mondlicht tun — wenn der Mond überhaupt scheint —, da es ausserhalb der grösseren Städte keine reguläre Stromversorgung gibt. Und sogar an Orten mit Elektrizität wären sechs Stunden ohne Stromunterbruch eine Seltenheit!

Allgemeinen Feststellungen über besondere Situationen sind Grenzen gesetzt. Einige meiner Aussagen mögen zwar auf den grössten Teil des Gebiets zutreffen, wie wir es definiert haben, aber es ist besser, sich auf *einen* Staat zu konzentrieren, wenn wir die Bücher untersuchen wollen, welche für Kinder in Afrika gemacht werden. Nigeria ist das Land, das ich aus erster Hand kenne. Bis zu den kürzlichen Zusätzen zur neuen Verfassung war Englisch die einzige nationale Sprache. Die Bevölkerung Nigerias beträgt rund 80 Millionen Menschen; man schätzt, dass mindestens 20%, aber höchstens 30% Englisch lesen und schreiben können. Dies bedeutet, dass der grösste Teil der Bevölkerung, die in einem erheblichen Ausmass aus Kindern und jungen Leuten besteht, ausserhalb der englischen Sprachsphäre bleibt und sich selbst überlassen ist. Die gebildete Elite, eine Minderheit, drückt sich auf Englisch aus, und das sind die Leute, die es sich leisten können, ihren Kindern Bücher zu kaufen.

Man sollte sich stets vor Augen halten, dass Menschen, die eine Sprache sprechen, auch die Bräuche und Vorurteile übernehmen, die dieser Sprache innewohnen. Jene, die nur allzu leicht diskriminiert werden, brauchen die genau gleiche Sprache der Diskrimination. Was sollen denn Schwarze, die englisch reden — sogar wenn sie sich der eventuell rassistischen Begriffsinhalte bewusst wären — anstelle von „black-leg" (Streikbrecher), „blackmail" (Erpressung), „black day" (schwarzer Tag) brauchen? (Vergleiche im Deutschen Ausdrücke wie Schwarzhandel, Schwarzmarkt, Schwarzer Peter, eine schwarze Seele etc. Hrsg.) Und wie würden sie einen solchen Gebrauch Kindern erklären, deren Muttersprache keine solchen Verdrehungen kennt?

Nigeria als Beispiel

Kinderbücher in Nigeria haben drei verschiedene Stadien durchlaufen: Import von Europa und Amerika, Nachdruck und Bearbeitung von ausländischen Büchern, und schliesslich die Produktion im Lande selbst. Diese drei Stadien liefen in einer relativ kurzen Zeitspanne ab, und manchmal überlappten sie sich auch. Kinderbücher in nigerianischen Sprachen sind allerdings ausschliesslich in Nigeria hergestellt worden. Dass von Kindheitserfahrungen erzählt wird, ist sehr selten in der afrikanischen Literatur, ausser in Autobiographien und autobiographischen Romanen, wo sie Teil der Geschichte sind.

Unter den Büchern, die seinerzeit aus dem Ausland nach Nigeria importiert wurden, fanden sich z.B. *King Solomon's Mines* (3) und *Prester John* (4), welche die Macht des weissen Mannes gegenüber der Machtlosigkeit des afrikanischen Eingeborenen hervorheben:

„Damals erkannte ich (sagt der weisse Erzähler in *Prester John*) den Sinn der Aufgabe des weissen Mannes. Er muss alle Risiken eingehen, sein Leben und seine Güter in die Waagschale werfen und seine Befriedigung finden in der Erfüllung seiner Pflicht. Das ist der Unterschied zwischen Weissen und Schwarzen, das Geschenk der Verantwortlichkeit, die Macht, ein kleiner König zu sein; und solange wir das wissen und auch danach handeln, werden wir nicht nur in Afrika herrschen, sondern überall, wo es schwarze Menschen gibt, die für den Tag und ihre eigenen Bäuche leben."

In der ersten Periode dominierten „Abenteuer" und „Phantasie" als Themen. Dann, während der Perioden der Nachdrucke und der Eigenproduktionen, wurden Familien- und Schulgeschichten wichtiger. Diese sind hauptsächlich für die 7–12Jährigen, für die in- und ausserhalb Nigerias am meisten geschrieben und publiziert worden ist, meistens auf Englisch. Ebenfalls für diese Altersgruppe haben Geschichten über „grosse" Afrikaner die Geschichten über „grosse" weisse Helden abgelöst. In *Jaja of Opobo, Uthman dan Fodio* und *Samuel Ajayi Crowther* kommen Schwarze vor, die innerhalb des von der weissen Welt geschaffenen Rahmens erfolgreich sind. Am zahlreichsten und vielleicht beliebtesten sind Schulgeschichten nach dem Beispiel von *Tom Brown's School Days* (5). Nancy J. Schmidt sagt in der Bibliographie über *Children's Books on Africa and Their Authors:*

„… Schulgeschichten gibt es allenthalben und sie beschäftigen sich alle mit Examen, Streichen, gestrengen Lehrern, mit akademischen Hindernissen und Stipendien." (6)

Titel wie *Tales out of School* (7), *Trouble in Form Six* (8) und *One Week One Trouble* (9), die in Lagos von der African Universities Press publiziert wurden, sind typisch für diese Art von Kinderbüchern. Dass Schulgeschichten allenthalben etwa gleich sind, wie es in dem erwähnten Zitat heisst, ist natürlich wieder aus europäischer und/oder nordamerikanischer Sicht gesehen.

Während es in der Kategorie von Büchern für die Altersgruppe von 7—12 Jahren sowohl Nachdrucke von importierten Büchern als auch einige Eigenproduktionen gab, ist die Kategorie der 1—6Jährigen ziemlich vernachlässigt worden. Die meisten Lesebücher für die Jüngsten werden immer noch importiert und nehmen keine Rücksicht darauf, dass ihre Benützer afrikanische Kinder sind. Sie lernen ihr ABC, indem sie wiederholen: „A steht für Apfel (Apple), B für Bär (Bear), C für Katze (Cat)". Von diesen drei Dingen ist das einzige, was sie wahrscheinlich kennen, die Katze. Probleme gibt es mit dem Buchstaben Q. Im ABC-Buch steht Q für Queen, und daneben ist ein Bild von Königin Elisabeth II von England. In einer Situation wie der unsrigen, in der Frauen nur für kurze Zeit auf dem Thron sitzen, während der künftige König gewählt wird, können die Kinder das, was sie wissen, nicht mit dem zusammenbringen, was sie sehen. Noch komplizierter wird die Sache mit den Bearbeitungen. A steht nun für Afrika, und obwohl Q immer noch für Queen steht, zeigt das Begleitbild nun eine schwarze Frau, die ein Diadem trägt und einen Reichsapfel in der Hand hat. Auch das ist wieder eine Verdrehung.

In den Rechenbüchern sind die Dinge, mit denen gerechnet wird, Konsumgüter aus dem kapitalistischen Westen. Sie haben entweder fast nichts zu tun mit dem Alltag der allermeisten Kinder, oder es sind Güter, die sich nur die Elite leisten kann und nach denen der Rest der Gesellschaft begierig ist.

Durch importierte Bücher werden den Kindern die rassistischen Stereotypen Europas eingeprägt. Dies wird gefördert durch das Medium der Sprache. Aber die grössten Schwierigkeiten bei der Herstellung von Kinderbüchern treten bei Nachdrucken und Eigenproduktionen auf. Nachdrucke reproduzieren durchs Band die europäischen Stereotypen, und niemand untersucht die Bücher vor ihrem Druck kritisch auf das Wertsystem, das ihnen zugrunde liegt. So setzt sich, bewusst oder unbewusst, die Vorstellung eines „universellen" Wertsystems durch, das für alle Rassen gilt oder gelten sollte. Wenn dieses „Universelle" einmal akzeptiert ist, werden die Werte, die in den Sprachen der Kinder und in ihren ursprünglichen Erfahrungen enthalten sind, zu ihrem Schaden missachtet.

Die Eigenproduktionen sind darin allerdings nicht viel besser als Nachdrucke und Bearbeitungen. Wir finden schwarze Behauptungen in rein weisser Terminologie — weissen kapitalistischen Individualismus abgestützt durch die Doktrin der individuellen Erlösung, wie sie das Christentum predigt. Robinson Crusoes *Man Friday* (englisch „Man Friday" = Mädchen für alles. Hrsg.) mag seinen Namen in Friday X umändern. (In Afrika wäre das natürlich nicht X, sondern etwas wie „Sese Seko Kubu Ngbendu Waza Banga"!) Aber Friday X hat immer noch die hinterletzten Bedürfnisse Robinson Crusoes zu befriedigen, solange er (Friday X) nicht seine geballte Faust erhebt. Im besten Fall erlauben Bearbeitungen und Eigenproduktionen dem Afrikaner Zugang ins „zivilisierte Universum" — das von andern definiert wird.

Unser eigenes Wertsystem schaffen

Es gibt für mich keinen Zweifel, dass die Zukunft der afrikanischen Literatur in den afrikanischen Sprachen liegt. Wir leben in einer Zeit des Überganges. Der Umfang der in europäischen Kolonialsprachen geschriebenen Literatur nimmt ab.

Wenn die Ausbildung ein mächtiges Instrument für den sozialen Wandel ist, so ist Ausbildung in der Muttersprache reines Dynamit für soziale Revolution. Wie ich sagte, sind Leute, die eine bestimmte Sprache sprechen, anfällig für die mit dieser Sprache verbundenen Anschauungen. Daraus folgt, dass der Gebrauch der Muttersprache die meisten Verdrehungen, die durch den Gebrauch europäischer Sprachen entstanden, verschwinden lassen wird. An ihrer Stelle wird ein von uns selbst entwickeltes Wertsystem entstehen.

Aber das passiert nicht automatisch. Der Inhalt der Ausbildung in afrikanischen Sprachen muss antiimperialistisch und antikolonialistisch sein, um Einstellungen zu ändern und das auf Konsum gerichtete Wertsystem der kapitalistischen Welt zu untergraben. Damit dies geschieht, muss der politische Wille da sein, die materiellen Lebensbedingungen der Kinder zu ändern und ihnen die Chance der Ausbildung zu geben. Solange dieser politische Wille nicht existiert, können Bücher auch in Afrika produziert werden: aber es wird keine Kinder geben, die sie lesen.

Der letzte Punkt betrifft die Diskrimination der Kinder in Kinderbüchern, die in Afrika produziert werden. Sie gehen von der Voraussetzung aus, dass das Begriffsvermögen und die sprachlichen Möglichkeiten der Kinder beschränkt seien. Die Tatsache, dass Kinderbücher von anderen Leuten als den Konsumenten geschrieben, produziert, publiziert, verbreitet und gekauft werden, ist der Grund für häufige Diskrimination gegen Kinder. Meinungen werden für sie gemacht. Es gibt Leute, mit denen sie essen müssen, und solche, vor denen sie sich in acht nehmen müssen. Stiefmütter und Zweitfrauen sind gefährlich und meinen es nicht gut. Fremde haben böse Absichten. Mädchen müssen kochen und Kleider waschen und gehen nicht in die Schule, während Buben Messer und Schleudern zu tragen haben und auf dem Weg zur Farm vor den Mädchen gehen, um sie vor dem Bösen zu schützen, das am Wegrand lauert. Solange Kinder nicht ihre eigenen Bücher schreiben, wird Diskrimination nicht zu vermeiden sein. Aber mindestens Diskrimination, welche Tatsachen verheimlicht und die Menschlichkeit der Kinder einengt, muss vermieden werden.

Welche Art von Erziehung wird die Kinder am Prozess der Produktion ihrer eigenen Bücher teilnehmen lassen? Diese Frage betrifft nicht nur Afrika. Es ist auch eine Frage für Europa, besonders an einem Punkt der Geschichte, an dem die Menschen jenes Kontinentes nur die Wahl haben, Konsumenten zu werden oder sonst keine rechte Existenz innerhalb ihrer Gemeinschaften zu finden.

Anmerkungen:

1) E. Oluwasanmi, E. McLean & H. Zell (Hrsg.), *Publishing in Africa in the Seventies,* University of Ife Press, Nigeria, 1975, pp. 3−4.
2) Pelican Books, London, 1976, p. 290.
3) H. Rider Haggard, Hart Publishing Co., New York.
4) John Buchan, Scholarly Press, Clair Shores, Mich.
5) Thomas Hughes, Penguin, New York and London.
6) Holmes & Meier, New York, 1975, p. XVI.
7) N. Nwankwo, 1963.
8) Cyprian Ekwensi, 1966.
9) A. Okoro, 1973.

Nur eine Fussnote der eigenen Geschichte
Herablassende Verachtung in britischen Jugendbüchern

Von Dorothy Kuya

Historische Hintergründe

Vor 800 Jahren sind in der schönen Stadt York im Norden Englands eine Anzahl von Juden von den Engländern lebendigen Leibes verbrannt worden. Einige Historiker bestreiten, dass dies ein rassistischer Akt gewesen sei, und führen das Ereignis auf den Ärger zurück, den die Juden durch die „finanzielle Kontrolle" provozierten, die sie auf die damalige Wirtschaft ausübten. Was immer die Ursache sein mochte, das Ergebnis war, dass den Juden Leid angetan wurde, und dass die Vorstellungen derer, die sie ermordeten, in der englischen Gesetzgebung dort ihre Wurzeln hatten, wo bestimmt wurde, Juden dürften auf Grund ihres Glaubens und ihrer Herkunft in bestimmten Berufen nicht beschäftigt werden. Während 2000 Jahren ist um das jüdische Volk ein Mythos entstanden, der die Juden als „dünkelhaft und arrogant", „grausam und feige", „geizig und geldgierig", „wohlhabend und schlau" charakterisiert; vor allem war ihnen „nicht zu trauen", und sie waren „dem Staat gegenüber nicht loyal". Diese Überzeugungen waren die Folge des Verhaltens der westlichen Staaten den Juden gegenüber. Die Juden wurden dann aus England vertrieben, und selbst als sie nach gut dreihundert Jahren, während des Commonwealth, wieder zurückkehrten, waren sie immer noch Beschränkungen unterworfen: in bezug auf die Berufe, die sie erlernen, die Tätigkeiten, die sie ausüben durften, und auch in bezug auf den Landbesitz.

In diesen dreihundert Jahren hat England seine Verbindungen mit dem afrikanischen Kontinent aufgebaut. Aus alten Berichten geht hervor, dass die ersten schwarzen Sklaven im Jahr 1555 nach England gebracht wurden. Königin Elisabeth I finanzierte eine der ersten Reisen per Schiff, deren Ziel es war, Sklaven zu fangen, sie zu verkaufen und „Berge von Waren" nach England zurückzubringen. Diese Lady war sehr besorgt über die wachsende Zahl von freien Schwarzen im Land, und 1596 soll sie dem damaligen Bürgermeister von London gesagt haben, dass es „hier bereits zu viele" gebe. Im gleichen Jahr meinte sie, dass man „solche Leute gut von diesem Königreich fernhalten könnte, da sie so zahlreich sind …".

„Afrika war bereits Gegenstand erstaunlicher Geschichten, und lange bevor Afrikaner in den Strassen von London zu sehen waren, bevölkerten die 'Mohren' ('Blackmores'), wie sie damals genannt wurden, die Phantasie ganzer Generationen von Engländern und Engländerinnen." (1) Echte und erfundene Berichte über Reisen nach Afrika stachelten die Neugier der Engländer über Länder jenseits der Grenzen Europas an. Die Einbildungskraft trieb manchmal seltsame Blüten:

„Viele Dramatiker, die nie auch nur eine einzige afrikanische Charakterrolle schufen, schwadronierten vom Gold der Barbarei, von den Krokodilsträen, den afrikanischen Monstern und den Pferden der Barbarei, oder sie benützten Ausdrücke wie 'Mohren', 'Neger' oder 'Aethiopier' als Synonyme für Verderbtheit, Grausamkeit, Eifersucht, Lüsternheit und andere Eigenschaften, die man gewöhnlich den Afrikanern zuschrieb." (2)

Das Bild Afrikas als eines seltsamen und exotischen Kontinentes, und die wachsende Arroganz eines Landes, das der Welt seine Muskeln zeigte, Schlachten und Märkte gewann und immer gieriger auf Reichtum und Macht aus war, bestimmte das Schicksal Afrikas und seiner Völker, die zu den unterdrücktesten und ausgebeutetsten der Weltgeschichte wurden.

Das Bedürfnis nach Rechtfertigung

Mit der Expansion von Macht, Einfluss und Kontrolle kam das Bedürfnis, unterdrückerische Massnahmen zu rechtfertigen. In der Literatur, in der Malerei und in den Theaterstücken jener Zeit wird durchgehend die „Überlegenheit" der Weissen und die „Minderwertigkeit" der Schwarzen hervorgehoben. Damals entstand die Symbolik von Schwarz und Weiss:

„Der Begriff 'Schwarz' ('blackness') ist mit intensiver Bedeutung geladen ... Weiss und Schwarz, das bedeutete Reinheit und Schmutz, Jungfräulichkeit und Sünde, Tugend und Niedertracht, Schönheit und Hässlichkeit, Wohltätigkeit und Verderbtheit, Gott und Teufel." (3)

Die Berichte von Reisenden über Afrika waren „eine schwere Herausforderung für tief verwurzelte kulturelle und soziale Werte der Engländer". Im „Oxford English Dictionary" stehen folgende Definitionen von „Schwarz", die auf das 16. Jahrhundert zurückgehen:

„Über und über bedeckt mit Schmutz, dreckig, verunreinigt; ... eine dunkle oder tödliche Absicht hegend, böswillig; tödlich; verderblich, Unglück bringend, unheilvoll, verdorben, gemein, schrecklich, furchtbar, böse ... Unheil bringend, straffällig."

George Best, ein Reisender des 16. Jahrhunderts, benützte die Bibel, um seinen Glauben zu rechtfertigen, dass Schwarze minderwertig seien. (4) Etwa zweihundert Jahre später erklärte Edward Long aus der damals bequemen Sicht eines Plantagenbesitzers auf Jamaica unter anderem:

„Die Neger, die aus jenem Teil Afrikas stammen, den man Guinea oder Negerland nennt ... sind bar jeden Verstandes und scheinen fast unfähig zu sein, im Benehmen und in der Wissenschaft irgendeinen Fortschritt zu machen. Sie haben untereinander kein irgendwie geartetes moralisches System. Ihre Grausamkeit im Umgang mit ihren Kindern lässt sie sogar noch unter die Stufe von Tieren fallen. Sie haben keine moralischen Empfindungen ... von allen Autoren werden sie als die gemeinste Art der Menschen hingestellt, mit denen sie wenig mehr gemeinsam haben als ihre äussere Erscheinung." (5)

Fünfzig Jahre später schrieb G. Cuvier in seinem *Animal Kingdom* (6):

„Der Kaukasier, zu dem wir selbst gehören, zeichnet sich vornehmlich aus durch die edle Kopfform, die sich einem perfekten Oval annähert. Bemerkenswert sind ferner die verschiedenen Nuancen seiner Gesichtsfarbe und die verschiedenen Farben seiner Haare. Aus dieser Rasse sind die zivilisiertesten Nationen entstanden, die meist den Rest der Menschheit beherrschten.

Die mongolide Art erkennt man an den hervorstehenden Backenknochen, dem flachen Gesicht, den schräg stehenden Augen, dem geraden, schwarzen Haar, dem spärlichen Bartwuchs und der olivbraunen Gesichtsfarbe. Diese Rasse hat mächtige Reiche gegründet in China und Japan, und ihre Eroberungen zeitweise auf diese Seite der Grossen Wüste ausgedehnt, aber ihre Zivilisation erscheint seit langem unverändert.

Die negroide Rasse kommt in dem Gebiet südlich des Atlasgebirges vor. Ihre Merkmale sind schwarzes, krauses Haar, ein zusammengedrückter Schädel und eine flache Nase. Die stark hervortretende untere Gesichtshälfte und die dicken Lippen gemahnen an die Affen. Die Horden, welche diese Rasse ausmachen, sind immer im Zustand völliger Barbarei geblieben."

Man könnte versucht sein, solche Aussagen der Unwissenheit oder dem Mangel an Information zuzuschreiben, – wenn nicht andere Autoren Afrika und seine Bewohner sehr positiv beschrieben hätten. Der Reisende Mungo Park, der Sklavengegner Thomas Clarkson und auch Schwarze wie zum Beispiel Olaudah Equiano waren alle Autoren des 18. Jahrhunderts, und ihre Werke wurden gedruckt.

Das Unwissen eines Cuvier im 19. Jahrhundert kann man zur Not entschuldigen. Aber wie ist es mit der Ignoranz heutzutage? Das folgende Beispiel stand 1974 an der Wandtafel einer Liverpooler Schule. Die 10- bis 11jährigen Schüler mussten es auf Geheiss ihres Lehrers in ihre Hefte abschreiben:

„Sehr heisse Länder: Die Leute dort sind nie so entwickelt oder so energisch wie die Bewohner der kühlen Länder. Sie brauchen nicht so hart zu arbeiten. Alles gedeiht fast von selbst, und sie brauchen nicht viel Kleidung.

Warme Länder: Zivilisierter als die heissen Länder. Die Weissen haben dort viele schöne Städte, Strassen und Eisenbahnlinien errichtet und viele nützliche Feldfrüchte angebaut.

Kühle Länder: Hier lebt der rastlos tätige, energische weisse Mann. Warme Sommer, kalte Winter. Sie brauchen Häuser, viele Kleider und viel Nahrung.*"

Es ist gut möglich, dass der betreffende Lehrer diesen Abschnitt aus einem Schulbuch abgeschrieben hat, und wir sollten auch berücksichtigen, ob solche Informationen aus Unwissen oder bewusst den Schülern weitergegeben werden. Es *gibt* rassistisch eingestellte Lehrer in Grossbritannien, und es ist von äusserster Wichtigkeit, ihre Haltung zu ändern.

Die Unterstellungen im zitierten Text entsprechen jenen in einem Artikel der „Sunday Times" vom 24. September 1978. Der Titel dieses Artikels lautete „Letzte Reise heim nach Rhodesien". Die Autorin, Jennifer Brown, erinnert voller Wehmut an die guten alten Zeiten. In ihrer Beschreibung der Hauptstadt Salisbury schreibt sie dann von „kleinen Gruppen von Afrikanern", die „zu dem unordentlichen Eindruck der einst makellosen Strassen beitragen." Sie zitiert des weiteren einen Passagier ihres Flugzeuges, der gesagt haben soll: „Ich kann ohne Sonne und ohne Dienstboten nicht leben." Diskussionen unter weissen Rhodesiern über schwarze Rhodesier hätten stets mit der Bemerkung geendet: „Natürlich wird es Stammeskriege geben ... aber das wird uns nichts anhaben können, denn sie brauchen unser Wissen und unsere Erfahrung."

Der Anfang der Kinderliteratur

Für Kinder bestimmte Bücher begannen im 18. Jahrhundert zu erscheinen. Bob Dixon beschreibt in seinem ausgezeichneten Werk *Catching Them Young* (7), wie in einem der ersten für Kinder geschriebenen Bücher — *Die Abenteuer des Robinson Crusoe* von Daniel Defoe — ein Mensch „sozial und kulturell zerstört wird", weil er abgeblich von minderer Rasse ist. „Freitag" erhält einen neuen Namen, und Crusoe wird sein „Herr". Freitag muss englische Sprache und Umgangsformen erlernen. Er bekommt Kleider, wird als Jagdhund trainiert und vom Kannibalismus kuriert. Robinson Crusoe, sein weisser „Herr", beginnt „ihn über den wahren Gott in Kenntnis zu setzen, obwohl klar ist, dass Freitag schon eine Religion hat."

Defoe wurde 1661 geboren, in einer Zeit, als Schwarze in London in grosser Zahl zu sehen waren; es fehlte nicht an Kontaktmöglichkeiten, wenn man wollte, und Kontakte hätten mitgeholfen, das Unwissen zu zerstreuen. Aber Schriftsteller wie Defoe und die herrschende Klasse jener Zeit *wollten* das Volk glauben machen, Schwarze seien minderwertig. Man entdeckte damals gerade Afrikas Potential als Lieferant von Rohstoffen und billigen Arbeitskräften. In Defoes Buch gibt Freitag schliesslich sein Leben für seinen weissen „Herrn". Das Buch und seine Aera leiteten dreihundert Jahre Sklaverei und Kolonialismus ein, während denen Millionen von Menschen schwarzer, brauner und gelber Hautfarbe im Namen des weissen westlichen Kapitalismus starben.

„Die Sklaverei war nicht einfach das Geschäft einer Gruppe klar identifizierbarer, grausamer und skrupelloser Individuen. Sie war ein vollständiges, allumfassendes Wirtschaftssystem, das, direkt oder indirekt, die Kolonialherren der westindischen Inseln, die Bewohner weiter Gebiete Afrikas und zahllose Menschen in Europa, Grossbritannien und Amerika einbezog." (8)

In einem neueren Kinderbuch — *The Cay* von Theodore Taylor, wird die Geschichte eines weissen Jungen und eines alten schwarzen Matrosen erzählt, die während des Zweiten Weltkrieges einen Schiffbruch überleben. Der alte Mann lehrt den jungen Philip die Kunst des Überlebens und ist ihm eine grosse Hilfe, als Philip erblindet, aber der Knabe denkt über den Mann ständig in rassistischen Kategorien.

„Ich fragte mich, ob er wirklich etwas wusste, oder ob er einfach ein dummer alter Schwarzer war ... Timothy sah eben genauso aus wie der Mann, den ich im Dschungelfilm gesehen hatte. Flache Nase und dicke Lippen ... Und er konnte nicht schreiben. An diesem Tag fühlte ich mich Timothy sehr überlegen."

Während drei Vierteln des Buches wird Philip von Timothy *Boss* genannt; erst als der Junge merkt, dass sie auf der verlassenen Insel ganz allein sind, gestattet er Timothy, ihn beim Vornamen zu nennen. Wie in *Robinson Crusoe* kommt es schliesslich zum Opfertod, und Timothy lässt sein Leben für den arroganten jungen Rassisten. Kinderbücher sind ein Spiegel der Gesellschaft, und in den zweihundert Jahren zwischen den beiden zitierten Büchern hat die Gesellschaft, wie es scheint, keine Fortschritte gemacht.

Das Ende des Sklavenhandels gab der Landnahme und Ausbeutung der Rohstoffe in Afrika, Asien und Lateinamerika neuen Auftrieb. Mit der Ausbreitung des Schulunterrichts und der Auffassung, dass jedermann lesen können sollte, nahm auch die Kinderliteratur zu. Die Veränderung der Gesellschaft spiegelt sich auch wieder in der „imperialistischen Literatur" für Kinder. Von Defoe über Marryat (den Autor von *Masterman Ready*) bis W.H.G. Kingston, der „über 150 Abenteuergeschichten für Knaben" schrieb — zum Beispiel *In the Wilds of Africa, The Frontier Fort* und *Stirring Times in the North West Territory of British America* —, ist es eine „männliche Welt, wenn man Mord und Totschlag, Brutalität, Sklaverei und das Zusammenraffen von so viel Reichtum wie möglich als männliche Attribute betrachtet" (10). Kingston gab Zeitschriften wie „The Colonist" und „The Union Jack" heraus und war Mitglied der Gesellschaft für die Unterstützung der Kolonisation.

Kinderbuchautoren waren damals wichtige Persönlichkeiten des öffentlichen Lebens. Defoe war „mit Königin Anne befreundet", Henty war Mitarbeiter britischer Zeitungen, in denen er aufregende Berichte schrieb, wie Grossbritannien sein Empire gewann und ausbaute. Kipling, der in Indien geboren wurde und einen grossen Teil seines aktiven Lebens dort verbrachte, nahm sich nie die Mühe, eine indische Sprache zu erlernen, obwohl er so viel über dieses Land schrieb. Subhash Chopra nennt ihn einen Exponenten weisser Überlegenheit, was ihm in Indien Schutz und Sicherheit verlieh:

„Selbst die halbasiatischen Helden seiner Geschichten und Romane erscheinen in zweifachem Licht: ihre bewundernswerten Qualitäten sind europäischen oder jedenfalls weissen Ursprungs, während Aberglaube, Schmutz, Gier und andere Unzulänglichkeiten unmissverständlich auf ihr asiatisches Blut zurückgeführt werden." (11)

Defoes und Kiplings Werke sowie die Bücher von Marryat, Ballantyne und Helen Bannermann (die Autorin von *Little Black Sambo*) werden in Grossbritannien immer noch verkauft, es gibt sie in Schulen und Bibliotheken. Einige von ihnen werden regelmässig neu aufgelegt.

„Eine gute, kräftige Kost"

Die Einführung der allgemeinen Schulpflicht im Jahr 1870 und die Gründung öffentlicher Bibliotheken eröffneten dem imperialistischen Gedankengut dieser Bücher Zugang zu neuen Leserschichten. Das Ergebnis war dramatisch: eine Untersuchung der Ausleihezettel um 1880 ergibt, dass zwar drei Viertel aller geliehenen Bücher Romane sind, dass sich darunter aber nur selten „grosse" Autoren wie Henry James und Thomas Hardy finden; die meisten Bibliotheksbenützer zogen die „sonnendurchtränkte, blutbefleckte Prosa der imperialistischen Abenteuerromanschriftsteller" vor. Kinder lasen Jugendzeitschriften wie *Boys Own* und *Chum*, in denen man zum Beispiel Geschichten findet wie „Der kleine Eton

155

Boy unter den Hotwhola-Kannibalen" von Gordon Stables, oder Geschichten über die Revolte auf Jamaica, in der die aufständischen Sklaven als „unordentlicher Niggerhaufen" beschrieben werden. (Leslie Charteris, die Autorin von *The Saint*, hat einmal gesagt: „Da wurde nicht mit Grausamkeit und Blut gespart ... was war das für eine gute, kräftige Kost!")

Kinderromane lobten die Tugenden Grossbritanniens und seines Reiches über den grünen Klee, und Schulbücher verfälschten Tatsachen, damit sie ins ideologische Konzept passten. Die Charaktere der frühen Bücher halfen mit, das britische Weltreich zu errichten, jene der späteren Bücher, es zu erhalten. Biggles zum Beispiel, die in Grossbritannien bekannte Romanfigur von Captain W.E. Johns, repräsentiert den blonden, blauäugigen Engländer, der das Reich zusammenhält. Johns bestätigt, was einige von uns längst vermuteten: dass eine Reihe von Schriftstellern die Kinder- und Jugendliteratur als Vehikel für ihre eigenen Meinungen und politischen Ideen benützten. Dies geht aus einem Interview hervor, das Johns einem anderen Kinderbuchautor gab, Geoffrey Trease:

„Ich schreibe zunächst einmal zur Unterhaltung meiner Leser. Das heisst, ich gebe den Buben, was sie wollen, und nicht, was sie nach Meinung ihrer Eltern und Erzieher lesen sollten. Gleichzeitig aber belehre ich auch, ohne dass sie es merken. Junge Leute lernen gern, doch das Belehrende darf nicht zu auffällig sein, sonst werden sie misstrauisch. Ich lehre Sportlichkeit nach britischer Art ... Ich lehre, dass gutes Benehmen schliesslich den Sieg davon trägt in der natürlichen Ordnung der Dinge. Ich vermittle Kameradschaftsgeist, Loyalität zur Krone, zum Reich und zur legalen Autorität."

Heute gibt es Büchlein zum Erlernen des Alphabets, in denen steht „I für Indianer"; im viktorianischen Indien gab es ein „ABC für kleine Patrioten", in dem es hiess „I für Indien". Und der dazugehörige Vers lautete:

„I steht für Indien, unser Land im Osten,
wo Alle Tiger schiessen und festen."

Der Vers ist illustriert mit dem Bild eines Europäers auf einem Elefanten, der Tiger, Krokodile und Löwen schiesst, während ein Inder ihm kühle Luft zufächelt!
Nicht alle Schriftsteller indessen propagierten den imperialistischen Geist. Manche verachteten ihn. Russell, ein Reporter der „Times", berichtete von der Grausamkeit der Engländer gegenüber den Indern nach dem Aufstand von Cawnpore im Jahre 1858 und sagte: „Die Briten konnten nicht gerecht über Indien herrschen, bevor sie gelernt hatten, ihre eigenen rassistischen Einstellungen zu überwinden, indem sie sich selbst beherrschten."
Auf der Höhe des britischen Empires begannen Schulbücher zu erscheinen, vor allem Geschichts- und Geographiebücher. Die Autoren gingen dabei von der Überzeugung aus, dass der weisse Mann, Grossbritannien und sein Weltreich unver-

letzlich seien. Ihre Bücher beruhten auf Einbildung eher denn auf Tatsachen, auf dem Glauben, dass „die Negerrasse völlig unfähig ist, eine Zivilisation aufzubauen oder auch nur zu erhalten ohne das Beispiel und die Kandare einer weissen Bevölkerung." Falschinformationen kamen aus vielen Quellen. Die „bare, brutale uninteressante Barbarei" war alles, was zum Beispiel Professor Egerton vor fünfzig Jahren im vorkolonialen Afrika sehen konnte.

„Die Geschichte Afrikas ist nur eine gigantische Fussnote zu dem, was Grossbritannien im 19. Jahrhundert tat." (12)
„Afrika vor der Kolonialzeit bot das Bild schwarzer, uninteressanter Barbarei." (13)
„Europäische Technik, europäische Beispiele, europäische Ideen haben die nicht-europäische Welt aus ihrer Vergangenheit gerüttelt — Afrika aus der Barbarei, Asien aus einer viel älteren, majestätischeren Zivilisation." (14)

Der Präsident der Republik Guinea, Sékou Touré, schrieb einmal: „Kultur ist eine wirkungsvollere Waffe als Gesetze zur Beherrschung eines Volkes. Denn es war wissenschaftliche, technische und technologische Kultur, welche die Gewehre produzierte. Die Vorbedingung für jede Form von Herrschaft, Ausbeutung und Unterdrückung ist, dass dem unterdrückten Menschen oder Volk menschliche Qualitäten abgesprochen und damit kulturelle Aktivitäten versagt werden." (15)
Grossbritannien hat schwarze Menschen rund um den Erdball verfrachtet, hat ihnen verboten, ihre

Lieder zu singen, ihre eigenen Sprachen zu sprechen, ihre Musikinstrumente zu spielen. Die Sklaven waren gezwungen, den Namen ihres Herrn zu übernehmen, die Religion ihres Herrn, die Speisen ihres Herrn, und viele schwarze Frauen wurden auch gezwungen, die Kinder ihres Herrn zur Welt zu bringen. Die Zurückgebliebenen verfielen in einen Zustand, den Fanon „kulturelle Mumifizierung" nennt, die zur „Mumifizierung des individuellen Denkens" führt. „Eine solche Kultur, die vorher lebendig war und der Zukunft geöffnet, schliesst sich ab, ist fixiert auf den kolonialen Status, gefangen unter dem Joch der Unterdrükkung." (16)

Bis zu einem gewissen Grad existiert dasselbe „Anhalten der Zeit" auch für den Unterdrücker, den Herrschenden. Sie leben in der Vergangenheit, verlassen sich auf alte, reaktionäre Werte, um sich und ihr System zu stützen. Neue Ideen werden nur dann aufgenommen, wenn sie die existierende Sozialstruktur unterstützen.

Wir sehen also: der Rassismus in Kinderbüchern entstand nicht zufällig, nicht in den letzten zwanzig oder dreissig Jahren, nicht aus Unkenntnis. Er ist das Ergebnis der Politik einer langen Reihe von Herrschern und Regierungen in Grossbritannien und der Institutionen, auf die sie sich abstützen. Ihr erklärtes Ziel ist es, die alte Ordnung in der einen oder anderen Form aufrecht zu erhalten.

Ein Prozess bewussten Verlernens

Diese Politik wirkt sich sowohl auf Schwarze in Grossbritannien wie in Übersee aus, ob wir uns dessen bewusst sind oder nicht. In Grossbritannien sind viele Schwarze arbeitslos oder im Gefängnis, und ein beträchtlicher Prozentsatz schwarzer Kinder leben in staatlichen Erziehungsheimen. Schwarze werden auf der Strasse beschimpft und ermordet, und zwar nicht nur wegen der „Nationalen Front", sondern ebenso sehr, weil sich im britischen Kulturbewusstsein die Vorstellungen von weisser Überlegenheit und schwarzer Unterlegenheit hartnäckig halten. Diese Vorstellungen finden sich in unseren Hymnen, in unseren Gebeten, in unserer Literatur, in unseren Zeitungen, in den Programmen von Radio und Fernsehen und vor allem in all unseren Kinderbüchern. Frantz Fanon sagte:

„Der Rassismus bläht die Kultur auf, die ihn praktiziert, und entstellt sie." (17)

Der Rassismus durchdringt die ganze britische und die ganze weisse westliche Gesellschaft. Rassistische Kinderbücher tragen dazu bei, dass Ideen und Geisteshaltungen der imperialistischen Tradition erhalten bleiben.
Jetzt müssen wir alle das „verlernen", unsere Sprache wieder herstellen und — mit den Worten des schwarzen amerikanischen Schriftstellers und

Schauspielers Ossie Davis — die englische Sprache befähigen, dass sie „demokratisch wird ... respektvoll den Möglichkeiten des menschlichen Geistes gegenüber". Wir müssen unsere Sprache neu erschaffen, damit sie reich und fruchtbar wird, damit sie gebraucht wird, um Menschlichkeit zu fördern, und nicht, um sie zu missbrauchen.

Wir müssen neue Bücher schreiben. Die Korrektur alter Bücher macht sie häufig rassistischer. Wenn wir über andere Menschen schreiben, besonders über jene, die unterdrückt waren oder es immer noch sind, müssen wir sie zuerst zu Rate ziehen. Es wäre wohl besser, wenn weisse Schriftsteller zunächst einmal Abstand nähmen, über Dinge zu schreiben, von denen sie nichts wissen oder die sie nicht verstehen, und bescheiden den Weg für Schriftsteller jener Gruppen bahnen, die sie unterdrücken halfen. Was indessen noch wichtiger ist: Wir müssen uns fragen, ob Bücher überhaupt das beste Mittel sind, um unseren Kindern Wissen zu vermitteln.

Beispiele:

Es fällt schwer zu glauben, dass das Buch *Let's Visit Rhodesia* von Guy Winchester Gould (18) naiv geschrieben wurde. Daten und Fakten waren leicht zugänglich. In dem Buch steht:

„Unter den Ländern des afrikanischen Kontinentes steht Rhodesien (wie es im Buch genannt wird, und nicht Zimbabwe) an zweiter Stelle nach Südafrika was wirtschaftlichen Fortschritt und Wachstum betrifft. Das ist eine erstaunliche Leistung, wenn man bedenkt, dass das Land vor achtzig Jahren noch von Wilden bewohnt war, die ständig miteinander Krieg führten."

Fortschritt wird gemessen an Industrialisierung und Verstädterung, und der Autor unterstellt, dass einige der „Stämme" primitiv waren, weil „sie noch nie einen Weissen oder ein Auto gesehen hatten". Am Ende des Buches lässt er durchblicken, dass hier Wunder geschaffen wurden — von den Weissen natürlich, die Rhodesien in nur achtzig Jahren aus einer Wildnis in eine Republik verwandelten.

Wörter wie „wild", „primitiv" und „barbarisch" werden in vielen Schulbüchern verwendet, um jene zu beschreiben, die wir unterdrückt haben. Mangelnde Industrialisierung wird gemeinhin als Zeichen der Rückständigkeit interpretiert und nicht als Folge der Unterdrückung durch andere Nationen.

In dem Buch *A History of West Africa* von D.E.H. Hair (19) ist immer wieder die Rede von den Opfern der dortigen Bevölkerung. Britische Beamte und Soldaten hielten sich angeblich in Westafrika auf, um den Sklavenhandel zu stoppen. Imperialismus gab es zwar, der Autor macht aber einen Unterschied zwischen Gut und Böse:

„Manchmal sind Menschen einfach Imperialisten, weil sie dumm sind und gar nicht versucht haben, die Lebensweise in anderen Ländern zu verstehen; manchmal sind Menschen Imperialisten, weil sie egoistisch und gierig sind – sie wollen Profite aus anderen Menschen herausholen und sie herumkommandieren; es gibt aber auch Menschen, die Imperialisten sind, weil sie ehrlich glauben, dass es zum Wohl anderer Länder ist, unter imperialistischer Herrschaft oder imperialistischem Einfluss zu stehen."

Das ist eine Rechtfertigung für anhaltende Unterdrückung. Im gleichen Buch wird berichtet, dass Missionare „viele Dinge lehrten" – zum Beispiel: „Schulen wurden eingerichtet, die Menschen begannen mehr Kleider zu tragen, meistens europäische Kleider, obwohl diese Veränderung die Westafrikaner in der Regel weder glücklicher noch schöner machte." Im ganzen Buch wird die Sklaverei als notwendiges Übel dargestellt; sie entstand, um den „Menschenopfern", dem „Hexenwesen" und der „einheimischen Sklaverei" ein Ende zu setzen. Kein Wort über den Sklavenhandel oder die Sklaverei in Grossbritannien, als Kinder von vier Jahren an in den Spinnereien von Lancashire und Yorkshire arbeiten mussten und britische Ehefrauen von Rechts wegen „Eigentum" ihrer Männer waren. *A History of West Africa* bringt zwar einiges an Informationen, aber sie werden stets aus europäischer Sicht interpretiert:

„Es gab zu viel Uneinigkeit in Westafrika. Zu Beginn der Kolonialzeit wurden in Westafrika über 500 Sprachen gesprochen, und im allgemeinen kamen die Menschen der einen Sprache nicht mit jenen aus, die eine andere sprachen. So war Westafrika in viele Stämme zersplittert. Oft herrschte nicht einmal innerhalb eines Stammes Einigkeit." (20)

Unter diesen Umständen, sagt der Autor des Buches, war der Kolonialismus hilfreich, weil er den westafrikanischen Völkern Einheit brachte. Dies ist eines der wenigen mir bekannten Bücher, das wenigstens Kolonialismus und Imperialismus erwähnt, auch wenn es nur aus der Sicht des Kolonialherrn und Imperialisten geschieht.

Ein anderes Beispiel ist *This is Your Neighbour* (21), ein Geographie-Buch für 7-9jährige Kinder. 1969, als ich noch Lehrer war, bestellte ich dieses Buch auf eine Anzeige in einer Lehrerzeitschrift hin. Ich dachte, das sei ein positiver Titel für ein solches Buch. Aber im Gegensatz zum Titel wird darin eine der Gruppen als Volk ohne Nachbarn beschrieben: die Buschmänner der Kalahari-Wüste. Der Autor meint zwar, „wir sollten uns in freundnachbarlicher Weise für sie interessieren, sonst könnte diese Rasse aussterben". Ein Grund für das plötzliche Aussterben der Buschmänner wird aber nicht geliefert, noch erfährt der Leser, wie die Buschmänner es fertiggebracht haben, Tausende von Jahren ohne unser freundnachbarliches Interesse zu überleben. In Wirklichkeit zeigt die Erfahrung, dass sie wahrscheinlich eher aussterben, wenn wir, die Europäer, wirklich ihre Nachbarn werden.

Die UNO soll „rückständigen" Völkern helfen

Ein viertes Buch, das hier erwähnt werden soll, *Journey Through the Ages,* gehört zur Serie *Living Together* (22). Im Vorwort heisst es, das Buch wolle „zeigen, wie Menschen gelernt haben, zusammenzuleben, in einer Gruppe oder Gemeinschaft". Es wird von der Entwicklung des britischen parlamentarischen Systems gesprochen und dann von den Vereinten Nationen, welche „versuchen, allen Völkern der Erde zu helfen, besonders jenen, die in den rückständigen Ländern leben." Der vierfarbige Buchumschlag zeigt links einen Mann mit einem Chinesenzopf, rechts einen schwarzen und in der Mitte einen weissen Mann, die einander eingehängt haben. Sie sitzen an einem Pult, auf dem „UNO" steht. Hinter ihnen die Silhouette des britischen Parlamentsgebäudes. Vier weitere Figuren sind abgebildet: ein Lehrer mit einem Mörtelbrett, ein Arzt mit einer Spritze, ein Richter mit einer Perücke und ein Mann, der eine Rede hält: alle sind weiss.

Von den insgesamt 63 Seiten beschäftigen sich nur 11 mit anderen Ländern, und auf den 52 Seiten über Grossbritannien von den Zeiten der Sachsen bis heute kommen nirgends schwarze Menschen vor. Keine einzige der 77 Photographien und Zeichnungen zeigt Vertreter von Minderheitsgruppen, die immerhin vier Millionen Menschen umfassen. Auf den drei Seiten über den nationalen Gesundheitsdienst, wo mehr als die Hälfte der

Angestellten aus solchen Minderheitsgruppen stammen, gibt es nur weisse Ärzte, weisse Krankenschwestern und erstaunlicherweise nur weisse Patienten. Obwohl ein eigenes Kapitel von Menschen berichtet, die nach Grossbritannien kommen, ist darin nur von Geschäftsleuten und Touristen die Rede. Und dies in einem Buch, das gerade zu der Zeit erschien, als das Problem der Einwanderung fast täglich in den Nachrichten vorkam.

Der UNO sind neun oberflächliche Seiten gewidmet; der Text und die meisten Illustrationen unterstreichen das Eingangszitat, wonach die Hauptrolle der UNO darin bestehe, jenen in den *„zurückgebliebenen* Ländern" zu helfen. In einer Bildlegende steht, dass die Weltgesundheitsorganisation WHO „versucht, das Niveau von Gesundheit und Sauberkeit in den *zurückgebliebenen* Ländern der Welt zu heben". Über einem Bild, das zeigt, wie in Nordafrika weite Wüstengebiete mit Gift besprüht werden, lesen wir, dass die „FAO diesen Leuten neue und bessere Anbaumethoden beibringt". Die UNESCO, so wird gesagt, kümmert sich besonders um Kinder in *zurückgebliebenen* Ländern". Im Kapitel über Schule und Erziehung heisst es: „Die grosse Mehrheit der Menschen in den *zurückgebliebenen* Ländern kann nicht lesen". Im Kapitel, das die Geschichte Grossbritanniens vom Altertum über das Mittelalter bis in die Neuzeit beschreibt, wird kein einziges Mal das Wort *zurückgeblieben* oder *Rückständigkeit* verwendet, um die Menschen oder die sozialen Bedingungen zu beschreiben. Aber es wird verwendet in bezug auf Menschen der Dritten Welt, und das erweckt den Anschein, dass sie völlig von der UNO und vom Westen abhängig sind, um zu überleben.

„Existenz" nur dank „Entdeckung"

Das Buch *Man Looks Outwards* von Pircher and Harris ist eines von vier Büchern, die unter dem Titel *The Developing World* von Longmans publiziert worden sind. (23) Seine Themen heissen: „Handel und ·Eroberung: Entdeckungsreisen", „das Land der Verheissung: Mexico", „Entdeckung des Unbekannten: Neuseeland und Australien" und „Erforschung des Grossen Giganten: Afrika". Alle diese Titel sind in sich selbst imperialistisch; sie setzen als selbstverständlich voraus, dass die Welt dazu da ist, vom Westen erforscht und erobert zu werden. Kein Gedanke wird daran verschwendet, ob irgend jemand das Recht hat, ein anderes Land zu betreten, um es zu erforschen und auszubeuten. Das Buch erweckt den Eindruck, dass viele Länder nicht existierten, bis sie von einem Aussenstehenden „entdeckt" wurden. Über die Geschichte dieser Länder vor ihrer „Entdeckung" erfahren wir nichts. Dagegen erfahren wir, dass die Phönizier, als sie an der Küste Westafrikas landeten, „viele wild kreischende, haarige Menschen fanden". Damit sicher ist, dass die

Schüler dieses Vorurteil auch wirklich in sich aufgenommen haben, werden ihnen abschliessend noch folgende Fragen gestellt:

„An der Westküste Afrikas beobachtete Hanno:

a) brennende Berge;

b) wilde, haarige Menschen.

Wie würden wir heute diese Dinge bezeichnen?"

Am Schluss des Kapitels über Kolumbus unter dem Titel „Die Welt sieht grösser aus" lesen wir, dass Kolumbus „traurig und verzagt starb. Er wusste immer noch nicht, dass er die Karibik und einen grossen neuen Kontinent entdeckt hatte".

Trotz der vielen Entdecker und Forscher wissen wir in Grossbritannien immer noch nicht, wer eigentlich die britischen Inseln entdeckt hat. Im Kapitel über Amerika erfahren wir vom schrecklichen „Kampf ums Überleben" der Europäer, die sich das Land aneigneten, aber die Information über die eingeborenen Amerikaner beschränkt sich auf wenige Abschnitte wie z.B. den folgenden:

„Die Indianer waren oft freundlich, denn sie brauchten die Messer und die Eisenwerkzeuge, welche die französischen Pelzhändler brachten. Sogar die paar englischen Siedler beunruhigten die Indianer nicht, denn es gab genug Land für alle!"

Als 1637 ein Kriegstrupp von Irokesen den Franzosen Samuel Champlain und einige ihm freundlich gesinnte Algonkin-Indianer angriffen, stellte er sich vor die Indianer, seine Waffe glänzte in der

Morgensonne. Als er sein Gewehr abfeuerte, flohen die erschrockenen Irokesen, und die Algonkin-Indianer konnten 600 Angreifer töten. Der Autor fährt fort:

„Natürlich gab es schreckliche Szenen. Robert La Salle sah, wie seine freundlichen Indianer einem gefolterten, stummen Gefangenen die Nägel auszogen, bevor sie ihren Feind kochten und aufassen."

Das Buch gibt am Ende zu, dass

„... die Indianer am meisten litten. Sie griffen die Siedler an, die ihre Bisonherden töteten, aber sie wurden gezwungen, sich in spezielle Indianer-Reservate zurückzuziehen. Da die Siedler mehr Land forderten, wurden diese Reservate immer kleiner. Als die Cherokesen gezwungen wurden, in neue Reservate zu übersiedeln, starben 4000 von insgesamt 12'000. Der Mut dieses abenteuerlustigen Volkes war zerbrochen worden. Dies war nicht länger ihr Land. Der weisse Mann hatte es ihnen weggenommen."

Im Aufgabenteil wird den Kindern gesagt:

„Die roten Indianer waren ein faszinierendes Volk.
Untersuche:
— Formen des Familienlebens und der Ernährung;
— Formen von Tänzen und Religionen;
— Formen der Kriegsführung;
— Spezielle Fertigkeiten."

Das Buch fährt in seiner verwirrenden Art fort, indem es uns berichtet, dass Kapitän Cook „diese neue und abgelegene Insel" entdeckte, die als Australien bekannt wurde. Erst viel später hören wir von den Aborigines:

„Die freundlichen Aborigines fassten eine Abneigung gegen die weissen Männer, als sie aus ihren Jagdgründen verjagt wurden. Schweigend verfolgten sie die weissen Männer und töteten einige dieser Forscher. Die Geschichten von Aborigines, welche die toten Körper aufassen, erschreckten die Menschen."

Das Kapitel über Afrika vermittelt die gleiche Botschaft, wonach dieser grosse Kontinent von weissen Männern entdeckt wurde, während die Eingeborenen es wagten, dem weissen Mann Schwierigkeiten zu machen und Widerstand zu leisten, als er sich seinen Weg durch ihr Land bahnte. Wir hören von guten und schlechten Missionaren, aber nie etwas über die afrikanische Sicht der Dinge — wir lernen nur, was der weisse Mann tat oder dachte. Es gibt aber Tatsachenberichte aus jener Zeit. Der folgende stammt aus dem ausgezeichneten Buch von David Killingray *A Plague of Europeans*. (24) Darin beschreibt ein afrikanischer König, Mojimba, die Ankunft von Henry Morton Stanley, des weissen Amerikaners, der nach Afrika ging, um David Livingstone zu „entdecken". Der König beschreibt, wie Stanley den Kongo-Fluss herunterkommt:

„Als wir hörten, dass der Mann mit dem weissen Fleisch den Lualaba herunterkam, blieb uns der Mund offen vor Staunen ... Dieser Mann, sagten wir uns, hat eine weisse Haut. Er muss sie vom Flussreich erhalten haben. Er wird einer unserer Brüder sein, die damals im Fluss ertrunken sind ... Nun kommt er zurück zu uns, er kommt heim ... Wir wollen ein Fest vorbereiten, so befahl ich, wir wollen unserem Bruder entgegengehen und ihn mit Freudengesängen in unser Dorf führen! Wir zogen unsere Festgewänder an. Wir holten die grossen Kanus ... Wir stiessen ab, ich im ersten Kanu, die andern dahinter, mit Freudengesängen und mit Tänzen, um den ersten weissen Mann zu treffen, den unsere Augen je gesehen hatten, und um ihm Ehre zu erweisen. Aber als wir uns seinem Kanu näherten, da knallte es, bäng! bäng! und Feuerstöcke spieen Eisenstücke gegen uns. Wir waren gelähmt vor Angst; unsere Münder waren weit offen, und wir konnten sie nicht schliessen. Das waren Dinge, die wir nie gesehen, von denen wir nie gehört, nie geträumt hatten — sie waren das Werk böser Geister! Verschiedene meiner Männer sprangen ins Wasser ... Weshalb? Wollten sie sich in Sicherheit bringen? Nein — denn andere fielen schweigend zu Boden, sie waren tot, und Blut floss aus kleinen Löchern in ihren Körpern. 'Krieg, das ist Krieg!' schrie ich. 'Flieht!' Die Kanus schossen zurück in unser Dorf mit all der Kraft, die unser Geist unseren Armen übermitteln konnte. Das war kein Bruder! Das war der schlimmste Feind, den unser Land je gesehen hatte."

Über einige Geschichtsbücher könnte man lachen, wenn sie nicht ernsthafte Dinge abhandeln würden. Da ist z.B. der sechste Band von *A History of Britain* von G.D. Purves. (25) Auf 47 Seiten fasst er die Geschichte Grossbritanniens von 1789 bis zur Gegenwart zusammen. Die Illustrationen sind eine Serie von Cartoons. Ereignisse von nationaler und internationaler Bedeutung werden nur kurz gestreift. Über die französische Revolution von 1789 heisst es z.B. in der Legende zum entsprechenden Cartoon:

„Die Franzosen erschreckten Europa, indem sie jeden hinwegfegten, der sich ihnen in den Weg stellte. Viele Menschen liebten Freiheit, Gleichheit und Brüderlichkeit."

171

Die Einführung in das Kapitel „Die viktorianischen Kolonien" ist zweideutig, wiederholt aber wie fast alle Schulbücher die Legende, dass

„… die Briten grosse Händler und Forscher waren. Das Ergebnis war, dass auf der ganzen Welt britische Kolonien errichtet wurden. In einigen Kolonien, wie Kanada, Australien und Neuseeland, gab es nur Weisse und wenige farbige Menschen. In Indien und Afrika, da waren die Farbigen, die immer dort gelebt hatten, und nur ein paar wenige Engländer. Dieser Unterschied war wichtig. Er bedeutete, dass Länder wie Kanada sehr schnell das Recht bekamen, sich selbst zu regieren und Grossbritannien, dem Mutterland, gleichgestellt wurden. Zu dem allem kam hinzu, dass britische Forscher und Missionare auf der ganzen Welt tätig waren."

An anderen Stellen des Buches lesen wir:

„Der Suez-Kanal war sehr wichtig. Leider hat er uns in der neuesten Zeit viel Unannehmlichkeiten bereitet."
„An der Nordwestgrenze von Indien verteidigten britische Soldaten den Khyber Pass gegen afghanische Stammesangehörige, die damals viel Unannehmlichkeiten bereiteten."

Gegen Ende des Buches ist die Rede vom Zweiten Weltkrieg und wie

„… die Japaner über die pazifischen Inseln fegten. Dies bewies, dass Asiaten Maschinen genausogut benützen konnten wie die Europäer."

Die Erfahrung mit Indien

Clive of India von D.W. Sylvester (26) ist besser als die meisten Bücher, welche sich mit Individuen und ihrer Rolle bei wichtigen Ereignissen beschäftigen. Robert Clive war das Instrument, das Indien unter britische Herrschaft brachte. Vom damaligen britischen Premierminister wurde er als ein „im Himmel geborener General" bezeichnet. Es ist allerdings unwahrscheinlich, dass diese Meinung vom indischen Volk oder auch von vielen Engländern geteilt wurde. Als Clive beispielsweise für die Verpflegung in einer Armee-Garnison verantwortlich war, standen ihm pro Mann und Tag acht Pennies für Nahrungsmittel zur Verfügung. Davon behielt er soviel für sich selbst, dass er schliesslich 40'000 Pfund beisammen hatte — anno 1750 eine grosse Summe Geld.

Wie in den meisten Geschichtsbüchern erfahren wir auch hier nur sehr wenig über die Einstellung der Unterdrückten zur Kolonisierung ihres Landes. Der Autor beschreibt den Kampf um Kalkutta als das „Schwarze Loch von Kalkutta" und unterstreicht die Zahl der gefallenen Engländer, nämlich 123. Nichts wird gesagt über die Inder, welche als Folge der imperialistischen Politik ihr Leben liessen. Obwohl einige Tatsachen und alternative Meinungen wiedergegeben werden, ist der Grundtenor doch der, dass Grossbritannien ein Recht hatte, nach Indien zu gehen, und dass sowohl Grossbritannien wie Frankreich auch ein

Recht hatten, in Indien um Land- und Handelsanteile zu kämpfen. Gegen Ende des Buches heisst es:

„Die britische Herrschaft brachte der indischen Bevölkerung viele Vorteile. Sie brachte eine gerechte und tüchtige Regierung, und sie brachte Frieden ... Diese grosse Bevölkerung (315 Millionen im Jahr 1914) bestand aus vielen verschiedenen Rassen und Religionen, und es gab dort nicht weniger als 200 verschiedene Sprachen und Dialekte. Mit der britischen Herrschaft kamen das britische Recht, britische Erziehung und britische Sitten und − das Wichtigste von allem − die englische Sprache. Dies half mehr als alles andere, die unter sich uneinigen Rassen von Indien zusammenzubringen ... In dem Masse, als die Völker von Indien sich zusammenschlossen, bekamen sie auch das Gefühl, eine Nation zu sein ... Sie wurden stolz auf ihre Vergangenheit, auf ihre Sitten und ihre Religionen ... Bald wollten sie sich selbst regieren. Das war sehr natürlich. Genau wie Kinder erwachsen werden und schliesslich ihr eigenes Leben bestimmen wollen, geschieht es auch mit Völkern."

Abschliessend erklärt der Autor:

„So endete die britische Herrschaft in Indien, welche mit Clive begonnen hatte. Sie hatte viel erreicht. Es gab nun zwei neue Staaten, Indien und Pakistan. Unmöglich zu wissen, was aus den Völkern dieses grossen Kontinentes geworden wäre, wenn die Briten dort niemals regiert hätten."

Zuviel Vorsicht führt zu Beleidigung

In Grossbritannien ist neuerdings ein Buch auf dem Markt, das mit grosser Vorsicht betrachtet werden sollte: *The ABC of Race* von F.E. Auerbach, publiziert vom South African Institute of Race Relations. (27) Das Buch ist herablassend, um wenig zu sagen. Der Autor sagt, es sei „vor allem für Buben und Mädchen im Sekundarschulalter" geschrieben, und ich betrachte es als Versuch, jungen Leuten in Südafrika zu helfen, damit sie einiges über die Beziehungen zwischen den Rassen in ihrem Land verstehen. Es ist sorgfältig geschrieben; angesichts der politischen Situation in Südafrika war der Autor offensichtlich gezwungen, sein Thema mit grösster Vorsicht anzugehen, weil er sonst wahrscheinlich im Gefängnis gelandet wäre.

Bei der kritischen Würdigung des Buches müssen wir uns klar darüber werden, ob Auerbach unwissend, rassistisch oder einfach vorsichtig ist — unterstützt er aber in diesem Fall nicht einfach das rassistische Regime in Südafrika? Die Einführung heisst „Die Wurzeln der westlichen Zivilisation", und ihm folgt ein Kapitel mit dem Titel „Zivilisierte und primitive Völker in Afrika". Ein anderer Abschnitt, „Menschliche Gruppen: ihre Sitten und Charaktere", beschäftigt sich mit dem Problem der Heirat zwischen Angehörigen verschiedener Rassen. Der Autor beschreibt die Schwierigkeiten, die zwischen Paaren von verschiedener religiöser, kultureller oder sprachlicher Herkunft entstehen, weist darauf hin, dass in Südafrika „Heiraten zwischen Schwarzen und Weissen von Gesetzes wegen verboten sind" und fährt fort:

„Unser Gesetz folgt hier altem Brauch. In den ersten Zeiten der Kolonisation gab es einige Ehen zwischen Buren und Hottentotten. Sie sind von keiner Kirche verboten, aber wegen der Verschiedenheiten in den Sitten, der Zivilisation und dem Aussehen waren solche Heiraten in Südafrika nie sehr zahlreich, und die meisten Leute missbilligten sie … Wir sollten die Tatsache akzeptieren, dass andere Länder Ehen zwischen Angehörigen verschiedener Rassen zulassen, wie wir akzeptieren, dass sie andere Sitten haben als wir."

In einem anderen Kapitel heisst es:

„Wenn wir die Lebensweise der Buschmänner untersuchen — die während vielen Jahrhunderten fast unverändert geblieben ist —, dann stellen wir fest, dass die Buschmänner, obwohl sie primitiv waren und als Nomaden lebten, trotzdem ziemlich intelligent waren, da sie gut gelernt hatten, sich ihrer Umgebung anzupassen."

Im ganzen Buch ist immer wieder die Rede von den schwarzen Nationen der südafrikanischen „Stämme". Es heisst da:

„In Südafrika haben wir versucht, die Zahl der Afrikaner, welche auf der Suche nach Arbeit in die grossen Städte kommen, durch ein besonderes System zu kontrollieren; diesem System zufolge dürfen die Leute nur in die Städte kommen, wenn sie einen Arbeitsplatz nachweisen können … Wir haben auch dafür gesorgt, dass die Leute in afrikanischen Siedlungen gut untergebracht werden. Unsere Regierung und die Stadträte haben Tausende von Häusern gebaut und sie den schwarzen Arbeitern überlassen … In den Afrikaner-Städten ist die Verbrecherrate hoch — und natürlich leiden die Afrikaner, die in diesen Gebieten leben, am meisten darunter. Wahrscheinlich kommen auf jede Handtasche, die im Zentrum von Johannesburg einem Weissen gestohlen wird, mehrere Diebstähle in Soweto durch Afrikaner."

Der Autor erweckt den Eindruck, er sei ängstlich darauf bedacht, die weissen Leser nicht zu verletzen, die er erreichen möchte; aus diesem Grunde verletzt er nicht nur die Schwarzen, sondern verzichtet darauf, das System der Apartheid in Frage zu stellen. Das Buch gleicht dem Oxfam-Plakat mit dem hungernden Kind: Es sagt etwas aus über den Zustand des Kindes, aber tut nichts, um ihn zu ändern.

Geographie-Bücher

Im Oxford-Wörterbuch wird Geographie definiert als „die Wissenschaft von der Form, dem Aussehen, dem Klima, der Bevölkerung der Erde." Der erste Band der Serie *Real Life Geographies* trägt den Titel *Fremde Völker*. (28) All die „fremden Völker" stammen aus anderen Ländern: Nordafrika, Australien, Ägypten, Südamerika, Zentral- und Westafrika, Burma, China, Thailand und Japan. Das Kapitel über Japan ist betitelt „Sie leben vom Meeresgrund". „Sie" sind die Mädchen, welche nach Perlen tauchen, und drei der fünf Seiten über Japan sind dem Perlenfischen und der Perlenzucht gewidmet. Eine Drittelseite berichtet über andere Aspekte Japans:

„In den Restaurants von Tokio werden haufenweise Fische zubereitet. Viele Menschen leben in dieser Stadt, welche die Hauptstadt von Japan ist. Es ist eine grosse, moderne Stadt mit Bussen, Autos, Läden und Kinos. Es gibt indessen eini-

ge sehr seltsame Dinge dort. Hier sind einige von ihnen:
— Die Nummern der Häuser entsprechen oft der Reihenfolge, in der sie gebaut worden sind. Da nicht unbedingt eines neben dem andern erbaut wurde, kann es vorkommen, dass Nr. 1 neben Nr. 40 steht.
— Einige wenige Läden verkaufen immer noch Schlangenstaub. Man sagt, er sei gut gegen gewisse Krankheiten.
— Viele Häuser bestehen aus Papier und Holz."

Das Kapitel über Ägypten vermittelt ebenfalls beschränkte Informationen. Es beschreibt ein Leben, in dem die Menschen Opfer des Schicksals sind. Wir erfahren, dass „Ägypten ohne den Nil eine Wüste wäre". Kairo ist „die grösste Stadt in Afrika". Wir sehen Ägypten mit den Augen Achmeds: „Er ist ein Moslem, und wie viele Knaben in Ägypten kann er nicht lesen. Aber jedes Jahr nimmt die Zahl der lernenden Buben zu." Wir erfahren auch „einige seltsame Dinge über sein Haus":

„— Es hat ein Flachdach. Warum?
— Die Ziegel bestehen aus Tierkot, der gut getrocknet werden kann. Warum?
— Häufig schlafen der Vater und die Familie auf dem Dach. Warum?
— Es gibt nur wenig Möbel im Haus. Warum?
— Der Wasserbüffel bedeutet der Familie so viel, dass er jede Nacht ins Haus eingelassen wird. Warum?"

Immer wieder wird die Trockenheit betont und dass Wasser aus dem Nil geschöpft werden müsse mit Hilfe von Wassermühlen und Wasserbüffeln, aber nichts wird über den Assuan-Damm oder den Suez-Kanal gesagt — zwei wichtige geographische Kennzeichen Ägyptens; der letztere ist vor über hundert Jahren erbaut worden, und der erstere hat für Ägyptens Landwirtschaft und Industrie sehr viele Veränderungen gebracht.

Das schlimmste Kapitel dieses Buches, „Was hältst du von dieser Schatzsuche?", beginnt so:

„Sie wird in einem Gebiet Zentralafrikas abgehalten, das auf der Karte zu sehen ist. Wenn du teilnehmen möchtest, musst du dich mit zwei Dingen abfinden:
— die erwachsenen Männer der Jagdpartie sind nur etwa viereinhalb Fuss gross;
— die kleinen Jäger sind grellrot bemalt: man nennt sie Pygmäen."

Vier weitere Punkte beziehen sich auf das Klima, auf die Art von Unterkunft, die wahrscheinlich angeboten wird, und auf die Insekten, denen man begegnen wird. Der „Schatz", der gejagt wird, ist „Fleisch"; wenn du kein Fleisch hast, „wirst du Nüsse und wilde Früchte essen müssen".

Die Illustrationen der ersten beiden Seiten zeigen einen Elefanten, der im Text nie erwähnt wird, einen „Pygmäen mit einem Netz auf seinem Kopf" und „einen Pygmäen-Knaben" mit einem dicken Bauch. Die Legende zum Bild eines Gorillas lautet: „Das Leben ist nicht leicht für die Pygmäen. Deshalb gibt es nicht viele von ihnen, ihre Zahl wird immer kleiner. Die Pygmäen mögen klein sein, aber wie steht es mit diesem da?" („Dieser da" bezieht sich auf den Gorilla.) Nachdem Ge-

179

wicht und andere Masse des Gorillas angegeben worden sind, werden wir gefragt: „Worin gleicht er einem Schwergewichts-Boxer?" Wir bekommen zur Antwort: „Er ist kein Mann, sondern ein *Gorilla*". Wir erfahren, dass der Gorilla im Dschungel von Beeren, Früchten und anderen Leckereien lebt, und dass die Gorillas „wie die Pygmäen auf der Suche nach Nahrung von Ort zu Ort wandern. Wie bei den Pygmäen wird ihre Zahl immer kleiner." Beachte das Nebeneinanderstellen von Gorilla und Pygmäe: Indem die kleine Statur der Pygmäen und die Grösse der Gorillas betont wird, wird der Schluss nahegelegt, dass der Gorilla „überlegen" ist.

Ein neueres Geographie-Buch, *Looking at the World* von Gadsby und Gadsby (29), versucht auf 111 Seiten 21 Länder darzustellen. Interessant ist, wie Japan behandelt wird: Die sechs Seiten und vierzehn Zeichnungen und Fotografien zeigen ein moderneres Bild von Japan als dasjenige in *Strange Peoples,* und sie zeigen, dass es dort viel mehr Industrien gibt als nur gerade die „Perlfischerei". Wir vernehmen, dass „Japan vor hundert Jahren ein zurückgebliebenes Land war, das keinen Kontakt mit der Aussenwelt hatte." Das ist eine ziemliche Verfälschung der Tatsachen, wie aus dem ausgezeichneten Geschichtsbuch *Foreign Devils* (30) hervorgeht, in dem der Autor, Pat Barr, erzählt, dass die ersten Europäer, die in Japan landeten, Portugiesen waren, welche im Jahr 1543 zufällig dorthin kamen. Sie wurden von den Japanern willkommen geheissen. Erst 1640 wies der Shogun, Iemitsu, alle Ausländer aus dem Land mit Ausnahme von einigen wenigen holländischen und chinesischen Händlern ...

„Diese Politik der Abgeschlossenheit von der Welt, welche dem Land von Tokugawa auferlegt wurde, dauerte, mit kleinen Unterbrüchen, über 200 Jahre."

Natürlich bin ich nicht sicher, ob Pat Barr alle Tatsachen richtig wiedergibt; ganz klar aber ist, dass Japan, ob es nun isoliert war oder nicht, deswegen nicht notwendigerweise „rückständig" war.

Das Kapitel über Ghana beginnt folgendermassen:

„Vor über vierhundert Jahren besuchten europäische Handelsleute die Küste von Guinea in Westafrika. Der Goldstaub, den sie von den Negerhäuptlingen kauften, war so rein, dass Münzen (guineas) daraus gemacht wurden, deren Wert 21 Schillinge statt 20 betrug. Während sehr langer Zeit wurde ein Teil dieser Küste Goldküste genannt, und Grossbritannien herrschte über sie. Heute ... wird sie von ihrem eigenen Volk regiert und der Name ... wurde in Ghana abgeändert."

So werden in wenigen Worten vierhundert Jahre Geschichte abgehandelt, wozu die Sklaverei gehört, welche diesen Teil der Welt vieler seiner Bewohner beraubte, und die Kolonisation, welche die Entwicklung der Rohstoffe und der Industrien beeinflusste. Wie im Kapitel über Ägypten in *Strange Peoples* erfahren wir weder etwas über die grossen Bewässerungs-Projekte Ghanas, noch wird der Damm des Volta-Flusses erwähnt, obwohl es noch vor wenigen Jahren hiess, dies sei der grösste künstliche See der Welt.

Die Errungenschaften der Dritten Welt werden heruntergespielt

Viele andere Aspekte dieser Bücher sind ebenfalls unbefriedigend. Die Errungenschaften von Ländern und Völkern der Dritten Welt finden wenig Beachtung, während traditionelle Lebensweisen hervorgehoben werden, wie wenn die Autoren dadurch die Rückständigkeit solcher Länder hervorheben wollten. Dies ist nicht der Fall in Kapiteln über Länder, die von Weissen dominiert werden, wie z.B. die USA. Im einen Band wird im Kapitel über die amerikanischen Südstaaten die Weite des Landes und das Ausmass der Mechanisierung der Baumwoll-Industrie hervorgehoben, die schwarze Bevölkerung aber, deren Sklaventum eine wichtige Rolle bei der Entwicklung der Baumwoll-Industrie spielte, wird überhaupt nicht erwähnt. Das Kapitel über den Nordosten der USA unterstreicht die Grösse dieses Gebietes mit der Feststellung, dass „ein Schnellzug, der 95 km/h fährt, 48 Stunden für seine Durchquerung braucht". Von der Landschaft des Nordostens, von den Städten und der Industrie wird ein sehr positives Bild vermittelt.

Abschliessend wollen wir noch einen Blick auf *Eight Children from Near and Far* von Archer und Thomas werfen (31). Dies ist eines dieser alten Schulbücher, das ohne grossen Erfolg wieder aufpoliert worden ist. Zuerst 1936 gedruckt, erschien es 1977 in der 29. Auflage. Das Buch will

„... Kinder auf eine freundliche und zwanglose Weise in die Geographie einführen ... Das Hauptgewicht liegt auf den Menschen — wie sie leben und warum sie so leben ... Acht verschiedene Regionen der Welt werden besucht, die sich alle sehr stark voneinander unterscheiden, sowohl in kultureller wie auch in geographischer Hinsicht."

Das Buch berichtet von den „Bauern und Fischern von Norwegen" und entwirft ein positives, wenn auch ungenaues Bild dieses schönen Landes und seiner hart arbeitenden, fleissigen Bevölkerung. Die Information über Holland und die Schweiz ist ebenso positiv, wobei das Bild der Schweiz lediglich aus Bergen und Schnee besteht, aus Ziegen und aus Bauern, die Käse machen; Uhren werden nicht erwähnt. Das Kapitel über die „Baumwoll-Pflanzer" in Amerika erwähnt wenigstens, dass „Neger" im „Baumwollgürtel" arbeiten und leben, „sehr geschickte Pflücker ... während vieler Jahre gab es keine andere Art, Baumwolle zu ernten. Heute werden auf den meisten Grossfarmen Maschinen eingesetzt, weil sie viel schneller arbeiten." Keine Erwähnung der Sklaverei, nur gerade ein Hinweis, dass die Neger halt nicht sehr schnell arbeiteten.

Das Leben in Argentinien wird mit den Augen der „Rinderfarmer" gesehen, die offensichtlich sehr reich sind, sowohl ein Haus in Buenos Aires wie auch ein grosses Landgut haben und über eine grosse Anzahl von Gauchos verfügen, die für sie arbeiten. „Die Schaffarmer von Australien", heisst es weiter, werden manchmal beschrieben als „unsere australischen Vettern"; kein Wort über die Aborigines, „unsere australischen Brüder", die, soviel ich weiss, den Hauptharst der Arbeitskräfte auf den Schaffarmen stellen. „Die Reispflanzer in China ... arbeiten sehr hart, aber die meisten verdienen nur knapp ihren Lebensunterhalt" — im Unterschied zu den Farmern in den sieben vorangehenden Kapiteln. Dies ist so, weil China „eines der grössten Länder der Welt ist. Es hat auch bei weitem die grösste Bevölkerung". Sowohl Klima wie Bodenbeschaffenheit sind schuld. Wir erfahren nicht, dass die Basis der Landwirtschaft in den anderen Ländern die Investition von Privatkapital und der Einsatz von billigen Arbeitskräften ist, oder dass die Ideologie hinter der Art, wie Menschen bauern, ihre Arbeit aufteilen und essen, in China völlig anders ist als in fast allen übrigen Ländern.

Das Buch erwähnt auf oberflächliche Weise eine ganze Reihe von sozialen, politischen und wirtschaftlichen Faktoren in den verschiedenen Ländern, und wir verstehen nicht wirklich, warum gewisse Dinge so und nicht anders passieren. Uns bleibt jenes oberflächliche Wissen, das zu stereotypen Ansichten und Vorurteilen führt.

Ein Teufelskreis hält die Fassade aufrecht

Die Art und Weise, wie Schulen und Schulbücher bestimmte Sachverhalte behandeln, besonders solche in Ländern der Dritten Welt, ist kürzlich in einer Studie des Advisory Committee on Development Education (32) kritisiert worden; das Komitee wird von Professor Charles Elliott, Direktor des Centre of Development Studies am Universitäts-College von Swansea, Wales, präsidiert. Die Studie stellt weitverbreitete Vorurteile, Apathie und Indifferenz fest, wofür die Schulen mindestens einen Teil der Verantwortung übernehmen müssen. Sie schreibt „von einer allgemeinen Gleichgültigkeit auf allen Ebenen der Entscheidungsträger ... von der Regierung bis zu den Eltern", und beklagt den Mangel an Materialien, an Lehrerwissen und an Erfahrungen. Die Studie betont, dass „sogar einige neue Bücher eine überholte und völlig unangemessene Haltung den Problemen gegenüber haben, die sie zu analysieren versuchen", und kommt zur Schlussfolgerung, dass zwei Drittel der Nation „engstirnige und introvertierte Meinungen haben, einer globalen Sicht der Dinge abgeneigt sind und der Vergangenheit nachhängen". In Grossbritannien seien die Vorstellungen von der Dritten Welt „getrübt durch stereotype Bilder, nachkoloniale Schuld, rassische und kulturelle Vorurteile und mangelnde Kenntnisse".

Imaru Baraka, der schwarze amerikanische Schriftsteller, hat gesagt, dass „die Leugnung der Realität in Amerika institutionalisiert worden ist". Dasselbe könnte von der britischen Gesellschaft gesagt werden, welche die Realität der engen Beziehung zu Völkern der Dritten Welt und ihrer Nachkommen seit über vierhundert Jahren leugnet. Eine Illustration dieser Leugnung ist der nachfolgende Kommentar, den der „Observer" am 14. Juli 1978 brachte und der den Project Studies über Afrika, 1972, von Longmans publiziert, entnommen wurde. Der Sprechende ist der Sekretär eines Arbeiterklubs in Wolverhampton, England:

„Meiner Generation hat man immer gesagt, dass schwarz dreckig sei und weiss sauber. Wir hörten vom Schwarzen Loch von Kalkutta, vom Zulukrieg und von all den übrigen Scheusslichkeiten, welche die Farbigen angerichtet haben. Das haben wir gelernt und nun, da das Land von Farbigen überflutet wird, müssen wir hingehen und alle unsere Vorstellungen revidieren."

Dass dem so ist, wird durch die Aussage eines Lehrers in einer Untersuchung über Multi-Racial Education 1977 (33) des Schools Council unterstrichen; die Untersuchung trägt den Titel „Annahmen und Widersprüche". Der fragliche Lehrer wird wie folgt zitiert: „Es spielt keine Rolle, ob in den Schulbüchern nur weisse Personen vorkommen, den Kindern ist es gleich, ob Schwarze oder Weisse in den Büchern sind". Dieser Lehrer weigerte sich, Schulbücher zu brauchen, in denen Schwarze vorkamen mit der Begründung, dass dadurch „Unruhe und Segregation gefördert würden". Die Kinder übernehmen solche Haltungen; eines sagte in der gleichen Untersuchung: „Man sollte sie zurückschicken, weil unser Land bald voll sein wird und es nicht genug Platz für uns gibt". Die Leugnung der Realität wird auch durch einen britischen Kinderbuch-Autor bestätigt, der in der Tageszeitung „The Times" an einer Leserdiskussion über das Buch *Little Black Sambo* teilnahm. Er schreibt:

„Nun sagt man uns, dass dieses Buch sowohl gefährlich als auch überholt ist im vielrassigen Grossbritannien von 1972 und zweifellos wird es nicht lange dauern, bis man uns empfiehlt, alle unsere Bände von Robinson Crusoe zu verbrennen, weil dieser Gentleman gegenüber Freitag einen schokkierenden Paternalismus an den Tag legte. Die Briten haben Zensur nie geschätzt. Müssen wir uns nun darauf vorbereiten wegen unserer vielrassigen Gesellschaft?" (34)

So befinden wir uns also in einem Teufelskreis: Bücher bestätigen die Überlegenheit des Weissen, des weissen Briten und des weissen westlichen Menschen; Lehrer, Eltern und andere kaufen diese Bücher und geben sie ihren Kindern, weil sie mit ihrem Wissen und ihrem Verständnis von der geografischen und historischen Situation übereinstimmen; diese Information fliesst dann zurück in die Schulzimmer Grossbritanniens. Unsere Kinder wachsen auf, ohne etwas zu wissen über die

Verschiedenheit der Kulturen und Religionen, in denen eine ständige, dynamische Entwicklung stattfindet. Sie hören nichts von den Lebenselementen, welche die Existenz eines Einzelnen oder einer Gruppe ausmachen. Nichts wird ihnen gesagt über den wirtschaftlich-, politisch-, sozial-, religiös-ideologischen Rahmen, in dem sich alle Gruppen und Nationen bewegen. Alles, was ihnen begegnet, sind stereotype Vorstellungen, Verfälschungen, unerhebliche Informationen, irreführende und zweideutige Aussagen und glatte Lügen — ein Reflex der Ansichten, wie sie während der Periode des Britischen Imperiums gang und gäbe waren: paternalistisch, oft geringschätzig, engstirnig und rassistisch.

Britische Schulbücher haben es nicht fertig gebracht, eine Idee von der Kultur, der Gedankenwelt und der Geschichte der Völker der Dritten Welt zu vermitteln, und das Ergebnis ist, dass Grossbritannien seine eigene Kultur, Gedankenwelt und Geschichte verfälscht hat. Ganz gleich, dass das Empire nicht mehr existiert, ganz gleich, dass die schwarzen, farbigen und gelben Völker rund um die Welt in der Mehrheit sind, die Fassade muss bleiben: dass Grossbritannien herrscht.

Anmerkungen:

1) Eldred Jones, *Othello's Countryman*, Oxford University Press, London, 1965.
2) *Othello's Countryman*.
3) Winthrop D. Jordan, *White Over Black*, Penguin Books, London, 1971.

4) *Discourses*, 1578, in: *General Studies Project on Africa*, Longmans, Harlow, UK, 1972.

5) *History of Jamaica*, publiziert in: *The Black Presence*, Orbach & Chambers, London, 1971.

6) Zitiert in: *General Project on Africa*.

7) Pluto Press, London, 1977.

8) Jack Gratus, *The Great White Lie*, Hutchinson & Co. Ltd., London, 1973.

9) Zuerst publiziert durch Doubleday & Co. Inc., New York, 1969, später durch Puffin Books, London, 1977.

10) Bob Dixon, *Catching Them Young*, Bd. II, Pluto Press, London, 1977.

11) Kipling Sahib and the Imperial Legacy, *Race Today*, Mai 1971.

12) Donald Robinson & John Gallagher, *Africa and the Victorians*, Macmillan, London, 1961.

13) Zitiert in: Basil Davidson, *Africa: History of a Continent*, Spring Books, London, 1972.

14) Hugh Trevor-Roper, *The Rise of Christian Europe*, Thames & Hudson, London, 1966.

15) Woodie King Earl Anthony (Hrsg.), *Black Poets and Prophets,* Mentor Books, New York, 1972.

16) *Wretched of the Earth*, Penguin, London, 1970.

17) *Wretched of the Earth*.

18) Burke, London, 1970.

19) Arnold, London, zuletzt neu erschienen 1972.

20) *A History of West Africa*.

21) A. Elliott-Cannon & D. Stewart, Johnston & Bacon, London, 1967.

22) Cyril Niven, McDougall's Educational Co., London, 1966.

23) Harlow, UK, 1976.

24) Penguin, London, 1973, vergriffen.

25) Muller, London, 1968.

26) Longmans, Harlow, UK, 1969.

27) Johannesburg, 1976.

28) Wheaton & Co, Exeter, UK, 1963.

29) A. & C. Black, London, 1977.

30) Penguin, London, 1970.

31) Ginn & Co., Aylesbury, UK.

32) *Development Education*, No. 14, HMSO, London, 1978.

33) Unveröffentlicht (1977).

34) 26. April 1972.

189

3. Teil
... und aus dem deutschsprachigen Gebiet

Die verpassten Chancen der Erneuerung

Rassismus im deutschen Kinderbuch

Von Jörg Becker

Vom Antisemitismus zum Philosemitismus

1883 veröffentlichte der Volksschriftsteller Peter Rosegger, dessen Novellen auch heute noch zur Standardlektüre deutscher Schüler gehören, die Erzählung *Der Judenbaum*. Darin ruft ein deutscher Richter hinter einem fliehenden Juden her:

„… Gauschel! Schielendes Jüdel! Du Rabenbraten, wenn ich dich bei deinem Geissbart ertappe! Gauschel! Dass dich die Pest verkoche! Leuteanschmierer! Lauter erstunkene War' hast du in deinem Bündel! Der Türk soll dich spiessen, Gauschel! Der Donner soll dich erschlagen! Gauschel! … Jud'! Wucherseel'! Dass dich die Wölfe zerreissen! …" (1)

Und in dem berühmt-berüchtigten Gedicht „Trau keinem Fuchs auf grüner Heid und keinem Jud bei seinem Eid" in Elvira Bauers *Ein Bilderbuch für Gross und Klein* von 1936 finden wir folgende Verse:

„Der Vater des Juden ist der Teufel.
Als Gott der Herr die Welt gemacht,
Hat er die Rassen sich erdacht:

193

Indianer, Neger und Chinesen
Und Juden auch, die bösen Wesen.
Und wir, wir waren auch dabei:
Die Deutschen in dem Vielerlei. –
Dann gab er allen ein Stück Erde,
Damit's im Schweiss bebauet werde,
Der Jude tat da gleich nicht mit!
Ihn anfangs schon der Teufel ritt,
Er wollt' nicht schaffen, nur betrügen,
Mit Note 1 lernt' er das Lügen
Vom Teufelsvater schnell und gut
Und schrieb's dann auf in dem Talmud." (2)

1942 schliesslich, vier Jahre vor meiner Geburt, finden wir in Erhardt Eckerts Jugendbuch *Vom Rhein zu den Pyrenäen*, einem Durchhaltebuch für HJ-Angehörige, die als 15- und 16Jährige den Feind aufhalten sollten, folgenden „Dialog" zwischen einer jüdischen Frau und einem deutschen Wehrmachtsangehörigen in Paris:

„Eine rothaarige Jüdin quatschte mich an. In einem schaudervollen Jiddisch will sie wissen, ob wir jetzt alle Juden umbringen werden. Das Weib ist zwar so hässlich, so aufgedonnert, so brutal geschminkt, und stinkt so nach billigstem Parfüm, dass ihr Verschwinden unbedingt ein Plus für die Menschheit wäre, aber ich will sie trotzdem beruhigen: 'Umbringen – ach wo!'" (3)

Die auf französischer Seite im Zweiten Weltkrieg teilnehmenden schwarzafrikanischen Soldaten beschreibt der gleiche Autor folgendermassen:

„Diese Horden in französische Uniformen gesteckter Wilder lässt Frankreich auf uns los. Gesichter, aus denen das

Weisse der Augen fast grell leuchtet, Gesichter, in denen man vergeblich vertraut-menschliche Züge sucht. Gesichter, die indolent und grausam zugleich sind. Breitgedrückte Nasen, wulstige Lippen, Wangen, die von Stammesnarben zerschnitten sind, Schweinsäuglein, die im Fett der Lider ertrinken, Köpfe, die jede Form verloren haben, die noch an Menschen mahnt, Köpfe, wie sie Urwaldaffen tragen mögen." (4)

Allein diese Zitate dürften deutlich gemacht haben, dass es grundsätzlich keine unpolitischen Kinderbücher gibt, dass die bürgerliche Forderung nach einer Entpolitisierung der Kinderbücher nichts weiter als die Kaschierung ganz spezifischer konservativer Werte und Normen bedeutet.

Mangel an Analysen über Antisemitismus

Wenn ich aus deutscher Perspektive über Rassismus in Kinderbüchern schreibe, dann kann ich über den Antisemitismus der faschistischen Zeit nicht schweigen, beziehe ich doch ein Grossteil meiner Motivation im Kampf gegen rassistische Kinderbücher gerade aus dieser historischen Erfahrung. Die antisemitischen Verbrechen des deutschen Faschismus waren nach meiner Ansicht in der Tat so historisch einzigartig, dass in einer repräsentativen Umfrage ein Drittel aller Bewohner des westeuropäischen Auslandes auch heute noch Vorbehalte gegen die Bundesrepublik wegen der faschistischen Greuel aus der Nazi-Zeit haben. (5) Während sich jedoch die Politiker in der Bundesrepublik bestürzt über diese Umfrage zeigten, erscheint sie mir auch als Ausdruck eines historisch sehr verständlichen, wachen und kritischen Misstrauens gegenüber all dem, was in der Bundesrepublik geschieht und nicht geschieht.

Zu dem, was in diesem Land nicht geschieht, gehört die argumentative Aufarbeitung des Antisemitismus. So gibt es für den Kinderbuchbereich immer noch keine kritische Analyse der faschistischen Kinderbücher, die zwischen 1933 und 1945 veröffentlicht wurden; lediglich für den Schulbuchbereich liegt eine Analyse vor, die allerdings auch erst im letzten Jahr veröffentlicht wurde. (6) Wie sehr diese Beschäftigung mit dem Antisemitismus verdrängt wird, mögen zwei Beispiele demonstrieren:

1. Am 9. November 1978 jährt sich die sogenannte Reichskristallnacht, in der SA- und SS-Horden jüdische Menschen umbrachten, Synagogen, jüdische Geschäftshäuser und Wohnungen zerstörten, zum vierzigsten Mal. Eine öffentliche Bibliothek in einer unserer grössten Städte hatte aus diesem Anlass einen Vortragszyklus und eine Buchausstellung geplant. Die entsprechende Stadtverwaltung lehnte jedoch einen Finanzierungsantrag für diese Veranstaltungen ab, mit der Begründung, man solle doch keine schlafenden Hunde wecken.

2. Verdrängung wird oft mit Tabuisierung gepaart, wie mein zweites Beispiel zeigt. Wer, wie die Nachrichten-Magazine „Spiegel" oder „Stern" in ihren euphorischen Hymnen auf Bruno Bettelheims Buch „Kinder brauchen Märchen", den — in diesem Fall geschmacklosen — Hinweis einbaut, Bruno Bettelheim habe selbst ein Jahr in den Konzentrationslagern von Dachau und Buchenwald gesessen, kann sicher sein, dass niemand mehr der wenige Zeile später wiedergegebenen These von Bettelheim zu widersprechen wagt, dass eine Märchen-Hexe, die in den Ofen gestossen und verbrannt wird, befreiend auf die Angstphantasien des Kindes wirkt. (7)

Mit Recht kann man nun fragen, ob denn auch die gegenwärtigen Kinder- und Schulbücher in der Bundesrepublik noch antisemitisch sind. Die Antwort hierauf fällt schwer, weil auch dazu keinerlei abgerundete Forschungsarbeiten existieren. Wahrscheinlich jedoch muss diese Frage mit einem „Jein" beantwortet werden. Ganz sicherlich jedoch findet sich der eingangs zitierte offen-brutale und unmenschliche Antisemitismus nicht mehr. In unseren Schulbüchern für den Geschichtsunterricht werden die faschistischen Verbrechen an der jüdischen Bevölkerung deutlich negativ-wertend dokumentiert und — allerdings oft nur ansatzweise — auch analysiert. (8) In unseren Schulbüchern wird auf jüdische Geschichte und Kultur vor der faschistischen Zeit so gut wie gar nicht eingegangen, jüdische Menschen finden fast ausschliesslich als Opfer der rassistischen Verbrechen der Nazis Erwähnung. (9) Den vermutlichen Effekt solcher Darstellungsweise auf den Empfänger beschrieb schon 1949 eine Studie des American Council on Education für US-amerikanische Schulbücher:

„… die Überbetonung auf Verfolgung — oft in guter Absicht — hinterlässt bei vielen Schülern den Eindruck, dass Juden niemals Mitglieder einer normalen, integrierten, akzeptierten Gruppierung sind … Schulbücher können den Eindruck verstärken, dass ein unveränderbares Schicksal die Juden hetzt, dass ihre Verfolgung 'normal' ist und dass man wenig dagegen tun kann." (10)

Dominanter Philosemitismus

Anders dagegen sieht die Situation im gegenwärtigen westdeutschen Kinderbuch aus. Lassen Sie mich das an dem folgenden Zitat aus Karl Bruckners Jugendbuch *Yossi und Assad* (1972) verdeutlichen: Bei der Schilderung der Staatsgründung Israels nach dem Zweiten Weltkrieg erwähnt der Autor mit keinem Wort den technischen und finanziellen Vorsprung der Israelis, betont aber umso mehr den „Fatalismus", die „Dummheit" und die „Faulheit" der Araber. Arabische Attacken auf israelische Siedlungen werden ausführlich beschrieben, während ähnliche Aktionen der Israelis kaum erwähnt werden oder wie in dem folgenden Dialog zwischen einem arabischen Jungen und einem israelischen Mädchen abgehandelt werden:

„'Ja glaubst du denn, wir werden uns von den arabischen Freischärlern die Hälse durchschneiden lassen? Es vergeht keine Woche, in der wir nicht von ihnen angegriffen werden!' ...

Davon habe er gehört − bestätigt Abdul −, aber er erinnere sie daran, dass der jüdische Selbstschutz, die Haganah, (...) in Jaffa ins Araberviertel eingedrungen sei und dort als Rache zwei Häuser in die Luft gesprengt habe.

Nicht aus Rache − verbessert sie −, sondern weil die Leute von der Haganah erfahren hatten, dass beide Häuser von arabischen Terroristen besetzt waren, die dort über neue Morde und Attacken berieten." (11)

Wir finden hier also eine Form von Philosemitismus, wie sie nicht zufällig auch zu den redaktionellen Grundsätzen des Springer-Konzerns gehört; in den Zeitungen des Springer-Konzerns muss auf ausdrückliche Anordnung des Konzernbesitzers positiv über Israel und Judentum berichtet werden. Nach M.T. Vaerting ist der frühere Antisemitismus lediglich durch die entgegengesetzte Position des Philosemitismus ausgetauscht worden:

„Die heutige Situation in der Judenfrage ist eine eigenartige Umkehrung der Gegensätzlichkeit von Volk und Regierung in der Nazizeit. Damals war die Regierung Träger und Treiber der Judenhetze ... Heute ist es umgekehrt ... Früher bestrafte die Regierung die Gesinnungsäusserung für die Juden wie sie heute Äusserungen gegen die Juden unter Strafe stellt." (12)

Die Bundesrepublik Deutschland heute

Da der faschistische Antisemitismus nicht argumentativ aufgearbeitet wurde, sollte einen zusammenfassend folgende Situation in der Bundesrepublik nicht verwundern:

1. Faschistische Ideologen aus der Zeit des Nationalsozialismus sind in der Bundesrepublik nach wie vor in führenden Positionen von Wirtschaft, Politik und Kultur tätig. Symptomatisch für diese sogenannte Kontinuitätsthese steht die Tatsache, dass der eingangs erwähnte Jugendbuchautor Erhardt Eckert heute eine leitende Position im sozialdemokratischen Pressewesen einnimmt. (13)

2. Philosemitismus ist eine subtile Form von Antisemitismus, die in den Zeiten verschärfter innergesellschaftlicher Konflikte nur allzuschnell ihr äusserlich positives Kleid abstreift. So fanden die ersten antisemitischen Hakenkreuz-Schmierereien in der Bundesrepublik Anfang der sechziger Jahre parallel zur ersten wirtschaftlichen Rezession nach dem Kriege statt. Die zweite Welle des offenen Antisemitismus erleben wir jetzt, in einer Zeit, die gekennzeichnet ist durch Arbeitslosigkeit und Inflation. In einer 1977 durchgeführten empirischen Untersuchung über den Antisemitismus kommt Herbert A. Sallen zu folgendem Schluss:

„Als Ergebnis unserer Analysen können wir zunächst feststellen, dass in der Bundesrepublik Deutschland ein Bevölkerungsanteil von etwa zwanzig Prozent mit ausgeprägt antisemitischen Vorurteilen lebt und dass bei weiteren dreissig

Prozent Antisemitismus mehr oder weniger stark latent vorhanden ist. Wenn dieses Ergebnis dreissig Jahre nach dem Ende des Hitlerregimes vor allem unter Berücksichtigung der Tatsache überrascht, dass Juden in unserer Republik mit etwa 27'000 Personen nahezu unsichtbar sind, so können wir dem entgegenhalten, dass Vorurteile tradiert werden und zu ihrer Tradierung ebenso wie zu ihrer Entstehung zutreffende Information über diese Minorität nicht erforderlich sind." (14)

3. In einer derartigen gesellschaftlichen Situation können Kinder und Jugendliche weder die differenziert zu betrachtenden Gründe für die antisemitischen Verbrechen der NS-Zeit lernen, noch sind sie emotional in der Lage, offen-antisemitische Vorurteile abzuwehren. Obwohl eine grosse Zahl sozialwissenschaftlicher Studien in den letzten zehn Jahren mehrfach auf den schlechten Stand der politischen Bildung bei Kindern hingewiesen hatte, wurde die westdeutsche Öffentlichkeit im letzten Jahr dennoch durch eine Sammlung von Schülerantworten über die NS-Zeit schokkiert. In Dieter Bossmanns Buch „Was ich über Adolf Hitler gehört habe ..." antworteten Schüler über Judenverfolgungen während der NS-Zeit u.a.:

„Zehntausende von Juden wurden vergast. Ich weiss nicht warum, aber Hitler hatte schon immer etwas gegen Juden." (Berufsschüler, 17 Jahre)
„Hitler wollte ein reines deutsches Volk mit blonden Haaren und blauen Augen und das, obwohl er selber dunkle Haare und dunkle Augen hatte." (Berufsschülerin, 16 Jahre)

„Hitler hat auch die Juden umgebracht, weil er nur Deutsche in seinem Reich haben wollte. Hätten wir heute nicht so viel Ausländer, wären auch mehr Arbeitsplätze frei." (Berufsschüler, 17 Jahre) (15)

Der direkte Bezug von der NS-Zeit auf die Diskriminierung von Ausländern in der heutigen Bundesrepublik im letzten Zitat wird von den Schülern nur wenig hergestellt, doch deuten die ersten repräsentativen Zitate aus dieser Aufsatzsammlung in die prinzipiell gleiche Richtung: Die Ignoranz im ersten Zitat findet ihre Ergänzung im zweiten Zitat. Dort wird nicht über die Gründe für den Antisemitismus reflektiert, vielmehr wird das Prinzip des biologisch-rassistischen Denkens auf Hitler selbst angewendet. In ihrem grundlegenden Werk über den Antisemitismus haben Max Horkheimer und Theodor W. Adorno festgestellt: „Nicht erst das antisemitische Ticket ist antisemitisch, sondern die Ticketmentalität überhaupt." (16)

Die dritte Welt im deutschen Schulbuch

Dem Mangel an Studien über Anti- und Philosemitismus im Kinder-, Jugend- und Schulbuchbereich steht inzwischen eine Vielzahl von Studien über Rassismus gegenüber Menschen aus der Dritten Welt gegenüber. (Auf die Gründe, warum es gerade über dieses Thema soviele Studien gibt, werde ich später eingehen.) Von den vielen Schulbuchuntersuchungen zum Thema Dritte Welt erregte insbesondere die unter Leitung des Frankfurter Instituts für Sozialforschung entstandene Studie besonderes Aufsehen. Vom Bundesministerium für wirtschaftliche Zusammenarbeit in Auftrag gegeben und 1971 unter dem Titel *Heile Welt und Dritte Welt* in Buchform veröffentlicht (17), kam sie zu einem vernichtenden Urteil über die Darstellung der Dritten Welt in westdeutschen Schulbüchern. Sie kam zu folgenden Ergebnissen:

a) Die Dritte Welt wird als europa-zentrisch betrachtet. Beurteilungen, Wertungen, Stoffauswahl und die Beziehungsstrukturen zwischen Europa und der Dritten Welt werden lediglich unter dem Blickwinkel betrachtet, ob die Dritte Welt nützlich oder schädlich für Europa ist und wie man die Dritte Welt verändern müsse, damit sie in ihren Strukturen ähnlich wie Europa wird.

b) Die Informationen über die Dritte Welt erweisen sich oft als lückenhaft oder falsch, zudem als ahistorisch, da sie die spezifischen Probleme einzelner Staaten oder Ethnien nicht differenzieren.

c) Rassistische und vorurteilsgeladene Wertungen gegen farbige Menschen oder Nicht-Christen sind ein struktureller Bestandteil der westdeutschen Schulbücher.

d) Statt gesellschaftsbezogener Interpretationsmuster herrschen in den Schulbüchern über die Dritte Welt exotisch-abenteuerliche, kolonialistische, moralisch-caritative oder personalisierende Interpretationsmuster vor.

e) Statt Unterentwicklung, Kindersterblichkeit, Armut, Hunger und Unterkapitalisation in der Dritten Welt in globale Beziehung zum kapitalistischen Weltsystem zu sehen, anstelle einer Erklärung dieser Mangelstrukturen als notwendigem Ergänzungsstück zu den hochindustrialisierten kapitalistischen Staaten, führen die westdeutschen Schulbücher diese Probleme in der Dritten Welt oft auf Unfähigkeit, Dummheit, Faulheit und Selbstverschuldung der Menschen in der Dritten Welt zurück.

Die in dieser Studie vorgenommene Aufgliederung von analysierten Schulbüchern aus den Zeiträumen 1957—1959 und 1967—1969 brachte keine nennenswerten Unterschiede. Allerdings ergaben sich für beide Zeiträume ähnliche Unterscheidungsmerkmale hinsichtlich einer Differenzierung in Schulbüchern für Hauptschüler und für Gymnasiasten. Während dem Hauptschüler die Dritte Welt so dargeboten wird, dass er selbst als neugieriger Tourist und Vertreter des technischen Fortschritts erscheint, wird der Gymnasiast auf seine zukünftige Rolle als Kolonialverwalter vorbereitet: Er erscheint als Analytiker, Verwaltungsfachmann, wirtschaftlicher Unternehmer und Informant, der die Dritte Welt zu seinen Gunsten verändern will. (18)

Dritte Welt und Rassismus im deutschen Kinderbuch

Im Kinderbuchbereich sind in jüngster Zeit drei umfassende Studien über Rassismus und Dritte Welt-Problematik von mir erschienen. (19) Insgesamt dürfte diesen Arbeiten eine Untersuchung von ca. 1000 Kinder- und Jugendbüchern der letzten zehn Jahre zugrundeliegen. Die Ergebnisse sind denen der Schulbuchstudie von Fohrbeck/Wiesand/Zahar sehr ähnlich. (20)

Indem ich mich hier auf die Frage nach den Bildern, den „images" konzentrieren möchte, will ich anhand einiger Ergebnisse aus meiner Monographie *Alltäglicher Rassismus. Afro-amerikanische Rassenkonflikte im Kinder- und Jugendbuch der Bundesrepublik* (1977) auf Definitionsprobleme eingehen. In Anlehnung an die Konzepte des norwegischen Friedensforschers Johan Galtung sollten wir zwischen personalem und institutionellem Rassismus unterscheiden. (21) Rassismus liegt dann vor, wenn als Ursache für den Unterschied zwischen dem Potentiellen und dem Aktuellen die Andersartigkeit der Hautfarbe bei einem Individuum oder bei der von der herrschenden „in-group" diskriminierten „out-group" gilt. Wird die Möglichkeit zur Verwirklichung des Potentiellen unterdrückt (wie z.B. im Apartheidssystem in Südafrika), muss von indirektem Rassismus gesprochen werden; wird sie ausserdem sogar zerstört (wie z.B. die Ermordung jüdischer Menschen in faschistischen Konzentrationslagern), muss das als direkter Rassismus bezeichnet werden. All dies klingt viel komplizierter als es ist: Unter personalem Rassismus sollten wir das verstehen, was traditionellerweise mit dem Begriff „rassisches Vorurteil" gemeint ist und institutioneller Rassismus bezeichnet solche gesellschaftlichen Strukturen (keine Individuen!), die es verhindern, dass farbige Menschen die gleichen Rechte in Anspruch nehmen können wie die Weissen.

Schaubild 1 spiegelt den personalen Rassismus im Kinderbuch wider. Es zeigt, dass die Eigenschaftscharakterisierungen „freundlich", „gehorsam" und „fröhlich und glücklich" zu Anfang unseres Beobachtungszeitraums die signifikant-herausragenden Faktoren im rassischen Vorurteil gegen schwarze Menschen sind, und zwar im Gegensatz zu den Eigenschaften „aktiv und selbständig", „intelligent" und „ängstlich". Die zuerst genannten Bildbestandteile waren keinesfalls neuartig, sondern knüpfen im Gegenteil sehr eindeutig an bereits existierende Vorurteile an und führen sie fort: Nur unschwer erkennt man in ihnen die entscheidenden Merkmale des Onkel Tom.

Vergleicht man sämtliche in Schaubild 1 dargestellten Kurven miteinander, fällt auf, dass die beiden Kurven für „selbständig" und „intelligent" dem grössten Schwankungsgrad unterworfen sind. Die Kurve für „selbständig" schwankt maximal um 21,5%, die Kurve für „intelligent" maximal um 10,1%. Da Vorurteile sich durch ihre quasi-ahistorische Konsistenz auszeichnen, zeigen sich die positiv besetzten Bildbestandteile „selbständig" und „intelligent" im Eigenschaftsprofil der Afro-Amerikaner weder als positive Vorurteile noch als ein die Afro-Amerikaer typisierenden Bildbestandteil. Vielmehr handelt es sich hierbei um Bildbestandteile, die je nach der historischen Situation wechseln. Somit erbringt dieses Schaubild einen empirischen Nachweis für die Unterschiedlichkeit zwischen rigidem *Vorurteil* und accidenteller, situationsspezifischer *Meinung*.

Indem es sich bei den Bildbestandteilen „selbständig" und „intelligent" nur um situationsspezifische Meinungen, nicht um Vorurteile handelt, werden diese Meinungen austauschbar, unterstützen sie dort, wo ihnen eine gegensätzliche Bedeutung zu bestehenden rassistischen Vorurteilen inne ist, als Ausnahme nur die Generalität des Vorurteils. Das vermeintlich selbständige Handeln der Afro-Amerikaner steht nicht im Kontrast zur stereotypen Charakterisierung des Farbigen als „gehorsam", sondern bestätigt nur diese Eigenschaftsstruktur durch die Ausnahme, die es erlaubt.

Wie sehr es sich bei der Eigenschaft „selbständig" um eine situationsspezifische Meinung handelt, macht der politische Kontext zur Bürgerrechtsbewegung deutlich, wie er in der oberen Leiste des Schaubildes 1 abgetragen wurde. Setzt man den Busboykott in Montgomery von 1955 als ersten

Höhepunkt von selbständigem Handeln, der ja, wie jeder manifeste politische Konflikt, nur ein Endpunkt voriger latenter Konflikte sein kann, in Beziehung zur Charakterisierung der Afro-Amerikaner als „selbständig" im westdeutschen Kinder- und Jugendbuch, zeigt sich die politische Schwerfälligkeit dieses Mediums: Zu diesem Zeitpunkt gilt der Afro-Amerikaner im Kinder- und Jugendbuch weiterhin als unselbständig. Während das selbständige Handeln der Afro-Amerikaner im Rahmen der Bürgerrechtsbewegung immer mehr zunimmt und im „heissen Sommer" von 1967 einen Höhepunkt erreicht, nimmt auch – bei gleichbleibender Betonung des „gehorsamen" Farbigen – die Porträtierung als „selbständig" stetig zu, um aber ein Jahr vor dem wirklichen Höhepunkt abzubrechen und jäh nach unten abzukippen.

Ganz offensichtlich erreichte die 1966 im Kinder- und Jugendbuch prononciert vertretene Meinung über das selbständige Handeln von Afro-Amerikanern zu diesem Zeitpunkt einen Schwellenwert, wo selbständiges Handeln in Bedrohungsängste von weissen Herrschaftspositionen umschlug. Die Liberalität dieses Mediums hörte gerade dort auf, wo die Grundsätze rassistischer Vorurteile ernsthaft in Frage gestellt worden wären. Das enorme gesellschaftliche Demokratisierungspotential, das der Betonung von Subjektivität im Black-Identity-Ansatz zugrunde liegt, wurde gerade in dem Jahr abgebrochen, als Stokely Carmi-

Schaubild 1:

Das Bild der Afro-Amerikaner im westdeutschen Kinder- und Jugendbuch von 1955–1972

(100% = Summe der pro Jahr erwähnten Eigenschaften)

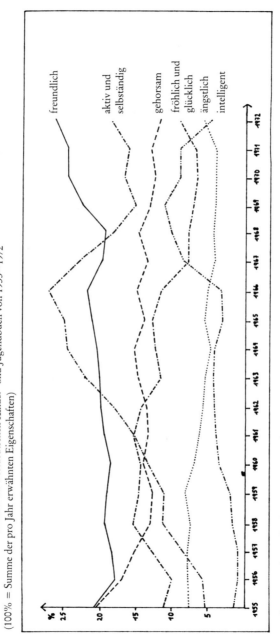

Quelle: Jörg Becker, *Alltäglicher Rassismus. Afro-amerikanische Rassenkonflikte im Kinder und Jugendbuch der Bundesrepublik*,

Campus Verlag, Frankfurt und New York, 1977, p. 562.

chael in einer öffentlichen Rede zum erstenmal den Begriff „Black Power" prägte, als also die selbstbewusste Eigenidentität der Schwarzen als Bedrohung der Identität der Weissen perzipiert wurde. Der Lernprozess, dass schwarze Identität für den Weissen die einzige Möglichkeit enthält, den Schwarzen als gleichberechtigt zu achten, fand im Kinder- und Jugendbuch nicht statt.

Anmerkungen:

1) Zit. nach E. Flanter: Welche Schriften sollen unsere Kinder nicht lesen?, in: *Wegweiser für die Jugendliteratur,* Januar 1908, p. 79.
   Die Zeitschrift *Wegweiser für die Jugendliteratur* wurde von 1905–1914 von dem jüdischen Pädagogen M. Spanier aus Magdeburg herausgegeben, und zwar „im Auftrag der Grossloge für Deutschland VIII U.O.B.B. und der von derselben eingesetzten Commission zur Schaffung einer jüdischen Jugendliteratur". Diese Zeitschrift steht auch im Kinderbuchbereich exemplarisch für die vielfältigen Beiträge von jüdischer Seite für das deutsche Kulturleben, die nach dem Genozid an der jüdischen Bevölkerung durch die Faschisten in der heutigen Bundesrepublik schmerzhaft fehlen. Die im *Wegweiser für die Jugendliteratur* erhobenen Forderungen nach kultureller Identität und ethnischem Selbstbewusstsein im Kinderbuch muten vorausschauend aktuell an. (Die komplette Zeitschrift ist nur im Leo Baeck Institute in New York vorhanden.)

2) Zit. nach Peter Aley: *Jugendliteratur im Dritten Reich: Dokumente und Kommentare,* Verlag für Buchmarktforschung, Hamburg, 1967, p. 184.

3) Erhardt Eckert: *Vom Rhein zu den Pyrenäen. Ein Luftwaffen-Kriegsberichter erzählt vom Krieg im Westen,* Loewes Verlag, Stuttgart, 1942, p. 100. ,

4) Ibid., p. 79.

5) Helmut Herles: *Der „hässliche" Deutsche ist hübscher geworden. Eine Umfrage in acht Ländern. Die Bundesrepublik ist besser angesehen als die DDR,* in: Frankfurter Allgemeine Zeitung, 20.2.1968, p. 5.

6) Kurt-Ingo Flessau: *Schule der Diktatur: Lehrpläne und Schulbücher des Nationalsozialismus,* Ehrenwirth Verlag, München, 1977.

7) Peter Grubbe: *Grausamkeit macht Kindern Mut*, in: „Stern", Nr. 51/ 1977, p. 165–171; *Märchen, Lebenshilfe für Kinder*, in: „Der Spiegel", 10/1977, p. 153–158.

Eine Kritik an Bettelheims Buch bringt Jörg Becker: *Wer braucht eigentlich Bettelheims Märchen?*, in: Warum? Zeitschrift für Psychologie und Lebenstechnik, September 1977, p. 34–38.

8) Ernst Uhe: *Der Nationalsozialismus in den deutschen Schulbüchern: Eine vergleichende Inhaltsanalyse von Schulgeschichtsbüchern aus der Bundesrepublik Deutschland und aus der Deutschen Demokratischen Republik*, Lang Verlag, Bern und Frankfurt, 1975, p. 100.

9) Eli Rothschild: *Brückenschlag: Israelische Überlegungen zur Behandlung der Judenfrage im deutschen Bildungswesen*, in: Gerd Stein und E. Horst Schallenberger (Hrsg.): *Schulbuchanalyse und Schulbuchkritik. Im Brennpunkt: Juden, Judentum und Staat Israel*, Verlag der Sozialwissenschaftlichen Kooperative, Duisburg, 1976, p. 199.

10) Zit. nach: Michael B. Kane: *Minorities in Textbooks: a Study of Their Treatment in Social Studies Texts*, Quadrangle Books, Chicago, 1970, p. 49.

11) Karl Bruckner: *Yossi und Assad*. Verlag Jugend & Volk, Wien und München, 2. Aufl., 1972, p. 144;

vgl. auch Martin Riesebrodt: *Allah, Öl und Israel. Der Vordere und Mittlere Orient im Kinder- und Jugendbuch*, in: Jörg Becker und Rosmarie Rauter (Hrsg.): *Die Dritte Welt im Kinderbuch*, Akademische Verlagsanstalt, Wiesbaden, 1978, p. 90–109.

12) M.T. Vaerting: *Eine neue Phase des Antisemitismus*, in: Zeitschrift für Staatssoziologie, Jhg. 6,4/1959, p. 8.

13) Vgl. Jörg Becker: *Alltäglicher Rassismus. Afro-amerikanische Rassenkonflikte im Kinder- und Jugendbuch der Bundesrepublik*, Campus Verlag, Frankfurt und New York, 1977, p. 257.

14) Herbert A. Sallen: *Zum Antisemitismus in der Bundesrepublik Deutschland: Konzepte, Methoden und Ergebnisse der empirischen Antisemitismusforschung*, Haag & Herchen Verlag, Frankfurt, 1977, p. 268.

15) Dieter Bossmann (Hrsg.): *Folgen eines Tabus: Auszüge aus Schüler-Aufsätzen von heute*. Fischer Taschenbuchverlag, Frankfurt, 1977, p. 162.

Vgl. jetzt (1981) vor allem Klaus Sochatzy: *Parole: rechts! Jugend wohin? Neofaschismus im Schülerurteil. Eine empirische Studie.* 2. Aufl., R.G. Fischer Verlag, Frankfurt, 1981.

16) Max Horkheimer und Theodor W. Adorno: *Dialektik der Aufklärung: Philosophische Fragmente*, Verlag de Munter, Amsterdam, 1968, p. 243.

17) Karl Fohrbeck, Andreas J. Wiesand und Renate Zahar: *Heile Welt und Dritte Welt. Schulbuchanalyse*, Leske Verlag 1971, Opladen.

211

Vgl. auch Jörg Becker: *Schulbuch und politisches System in der Bundesrepublik Deutschland. Ein Beitrag zur politischen Dependenz von Kommunikation*, in: Horst Schallenberger und Gerd Stein (Hrsg.): *Das Schulbuch zwischen staatlichem Zugriff und gesellschaftlichen Forderungen*, Henn Verlag, Kastellaun, 1978, p. 13−44, und Hans Nicklas, Jörg Becker, Hans-Joachim Lissmann und Änne Ostermann: *Vorurteile und stereotype Muster in Schulbüchern*, in: Anita Karsten (Hrsg.): *Vorurteil*, Wissenschaftliche Buchgesellschaft, Darmstadt, 1978, p. 351−374.

18) Kleine Veränderungen in der Präsentation der Dritten Welt in Schulbüchern nach der Veröffentlichung von *Heile Welt und Dritte Welt* haben Karla Fohrbeck und Andreas J. Wiesand in folgendem Aufsatz behandelt: *Dritte Welt im Schulbuch*, in: Erhard Meueler und K. Friedrich Schade (Hrsg.): *Dritte Welt in den Medien der Schule*, Kohlhammer Verlag, Stuttgart, 1977, p. 106−138.

19) (1) *Alltäglicher Rassismus*, (2) Jörg Becker und Charlotte Oberfeld (Hrsg.): *Die Menschen sind arm, weil sie arm sind. Die Dritte Welt im Spiegel von Kinder- und Jugendbüchern*, Haag & Herchen Verlag, Frankfurt, 1977, (3) *Die Dritte Welt im Kinderbuch*.

20) In einem seiner Artikel zitiert mich der sowjetische Kinderbuchkritiker Igor Motjashov, dass sowohl in den USA als auch im kapitalistischen Westen Kinderbücher ohne Ausnahme rassistisch seien. Das trifft nicht zu; eine derartige Formulierung habe ich nirgendwo gebraucht. Eine solche Analyse würde die Widersprüchlichkeiten im kulturellen Sektor des Kapitalismus (also auch im Kinderbuchbereich) und deren relative Freiräume übersehen, würde vor allem die enormen Anstrengungen von Menschen aus der Dritten Welt, die im kapitalistischen Westen leben, bei der Schaffung nicht-rassistischer Kinderbücher ausser acht lassen. Vgl. Igor Motjashov: *Sotsialistichieskii internatsionalizm i detskaja literatura*, in: Detskaja Literatura, Juli 1977, p. 9−13.

21) Johan Galtung: *Strukturelle Gewalt*, in: Beiträge zur Friedens- und Konfliktforschung, Rowohlt Verlag, Reinbek, 1975, p. 7−36.

212

„Neger hat er just erblickt, Und die Lage wird verzwickt"

Der krasse Rassismus in den Schweizer Globi-Büchern

Von Regula Renschler

Kein Schweizer Kind kommt um Globi herum. Ich kann mich noch gut erinnern, wie wir als Kinder ungeduldig darauf warteten, bis wieder ein neues Buch in dieser beliebten Reihe erschien. Heute ist das Interesse an den Globi-Büchern wohl in der Comic- und Taschenbücherflut ein wenig zurückgegangen, aber Globi ist doch allen Kindern hierzulande eine bekannte Figur geblieben und die Globi-Bücher erreichen noch immer Traumauflagen im Vergleich zu anderen Kinderbüchern.

Die Globi-Bücher werden von der Warenhauskette Globus im Eigenverlag herausgegeben, jeweils in einer Erstauflage von mindestens 40—50 000. Globihits erreichen Auflagen von 100 000 bis 200 000 Exemplaren.

Wer ist Globi? Eine Fabelfigur mit falsch gezeichnetem Papageienschnabel und schwarz-weiss karierten Hosen, die als geschlechtsloses, aber doch wohl männliches Wesen, bald als liebenswürdiger Lausbub, bald als erwachsener Kinderfreund in nunmehr 48 Bänden seine Spässe treibt. Globi-

Bücher unterhalten ohne anzustrengen. Leider werden Menschen anderer Rassen darin in einer ausgesprochen beleidigenden, rassistischen Form geschildert und gezeichnet. Frauen kommen in Globibüchern kaum vor und die Lösung von Konflikten wird häufig in Gewaltanwendung gesucht. Dass bis heute gegen diese Darstellungen nicht protestiert wurde, zeigt, wie selbstverständlich rassistisch und sexistisch unsere Gesellschaft ist. Globi selbst, der redet und handelt wie ein Mensch, stellt natürlich einen Europäer, genauer einen Schweizer dar.

„Ulkiger Spassvogel" in trüben Zeiten?

Im Jahr 1932 war der „ulkige Spassvogel" (J.K. Schiele, Herausgeber) als Maskottchen für das Warenhaus vom Zeichner Robert Lips erfunden worden. „Wie dankbar empfand man schon damals Globis Humor; waren doch die Zeiten trübe und die drückende Arbeitslosigkeit gross" (Schiele). Globi erschien auf Plakatsäulen, auf Wettbewerbsformularen und bald in einer Globus-eigenen Jugendzeitschrift. Dort zeichnete Lips seine ersten Globi-Bildberichte, woraus sich 1935 das erste Globi-Buch – *Globis Weltreise* – entwickelte. Erster „Globi-Dichter" war Alfred Bruggmann. Nach seinem Tod 1959 dichtete Jakob Stäheli weiter im Globi-Jargon. In den neuesten Bänden zeichnet Peter Heintzer für Bildgeschichten und Zeichnungen, Guido Strebel für die Verse verantwortlich.

Die Globi-Bücher sehen bis heute alle gleich aus. Globi, meist allein, selten mit Geschwistern, Frau und Kindern, erlebt irgendwo irgendwelche Abenteuer, die er nach manchem Ungemach stets als Held besteht. Die kartonierten Bücher haben einen Umfang von rund 100 Seiten. Auf der linken Buchseite wird die Geschichte in oft holprigen Versen erzählt, auf der rechten in sechs Bildfolgen illustriert. Einige Globi-Bücher sind als Taschenbücher erschienen. Ferner gibt es die Globi-Malbücher und die Comic-Serie *Globericks*. (1)

In mindestens fünf Bänden begegnet Globi ausgiebig Menschen anderer Rassen. Es handelt sich dabei um das erste, *Globis Weltreise* (1935, veränderte Neuauflagen 1970 und 1978), ferner um *Mit Globi und Käpten Pum um die Welt* (1944, 1971), *Freund Globi im Urwald* (1950, 1980), *Globi bei den Indianern* (1952, 1979) und *Globis Kampf um die Schatz-Insel* (1956, 1979). Alle Bücher wurden von Robert Lips gezeichnet und von Alfred Bruggmann getextet.

(*Globi und Käpten Pum ...*, S. 89)

215

„Kannibalen aus dem Negerkral"

Denn drei fürchterliche Wilde
Lauern feindlich im Gefilde;
Jeder ist ein Kannibal,
Späher aus dem Neger-Kral.

Eine Pauke wird geschlagen. –
«Auf zum Kampf!» will dies besagen.
Globi, mach dich schnell davon,
Denn die Krieger nahen schon!

(*Globi und Käpten Pum ...*, S. 88/89)

Mit solchen Klischees und stereotypen Zeichnungen werden Afrikaner immer wieder dargestellt. Sie tragen einen Bast- oder Bananenblätterrock, dazu häufig Spangen um Hals, Finger- und Fussgelenke, haben wulstige Lippen und runde Augen, die im Weiss rollen.
Diskriminierend sind die Bezeichnungen für die Bewohner Afrikas: sie werden „Neger" genannt – was viele Afrikaner als herabsetzend empfinden –, „liebe Neger", „Wilde", „Mohren", „Kannibalen", „Hottentotten". Afrika selbst erscheint als ödes Land mit ein paar vereinzelten Palmen:

„Heiss drückt hier der Sonne Hauch ...
Und langweilig ist es auch."
(*Globis Weltreise*, 1935, S. 72)

216

Die Stelle, an der Globi im Urwaldbuch zum erstenmal Menschen, Afrikaner, sieht, wird so eingeleitet:

„Neger hat er just erblickt,
Und die Lage wird verzwickt." (S. 50)

Mit anderen Worten: „Neger" bedeuten Schwierigkeiten, Gefahr.
Und so werden die „Neger" dann geschildert: sie sind eine „wilde Schar", „ganz erfüllt von Kampfgelüsten" und empfangen Globi „mit Lärm und lautem Krache". Das alte Grammophon allerdings, das ihnen Globi zum Geschenk mitbringt, stimmt sie, die „erst ergrimmt" waren, sogleich „friedlicher". Alles in allem das Bild von unberechenbaren, launischen, kampfeslüsternen, aber auch dümmlich-freundlichen, kindlichen Menschen. Ihr Dorf nennt der Autor einen „Neger-Kral", und man kann dorthin nur auf krummen und schmalen Pfaden gelangen. Die Namen der Afrikaner — Alibebra, Barabu, Bambadu, Zulibar, Zulirubi — klingen lächerlich. In *Globi und Käpten Pum ...* tritt ein „Häuptling Kakadu" auf, der Globi und seinem Freund aus der Patsche hilft, aber die Gefahr, dass er die beiden „mit Haut und Haar frisst", erscheint als durchaus möglich (S. 92) (2).
In *Globi im Urwald* sind die Tiere wichtiger als die Menschen. Die Affen benehmen sich freundlicher und hilfsbereiter als jene, denen sie in ihren Bewe-

gungen und in ihrem Tun gleichen. Affen und Kinder werden einander praktisch gleichgesetzt. Auf einem Bild lässt sich Globi fotografieren, links ein afrikanisches Kind, rechts ein Affenkind:

Und auch hier im Urwaldleben
Wird das Jungvolk mich umgeben;
Alle lieben Negerlein
Sollen mir willkommen sein.»

(S. 60)

Asiaten, Indianern, Eskimos geht es nicht besser als den Afrikanern. Da trachten die „verruchten Beduinen" Globi nach dem Leben, hakennasige „Rothäute" lauern ihm auf, Mexikaner, zähnefletschende „Bösewichter", sind hinter ihm her, eisbärenhafte Eskimos erschrecken ihn:

Überwältigt von den Braunen,
Die geheime Worte raunen,
Tut nun Globi voll Verdruss
Notgedrungen, was er muss.

Die verruchten Beduinen,
Welche nach und nach erschienen,
Raten jetzt in Wut und Groll,
Wie man Globi töten soll.

(*Schatz-Insel*, S. 51)

218

(Globi bei den Indianern, S. 69)

(Globi und Käpten Pum ..., S. 75)

(Globis Weltreise, S. 57)

Die gleichen stereotypen diskriminierenden Darstellungen von Menschen anderer Rassen finden sich auch in einer weiteren exklusiv-schweizerischen Bilderbuch-Serie, den *Ringgi und Zofi*-Büchern des Verlagshauses „Ringier" in Zofingen. Dazu zwei Bildbeispiele aus *Ringgi und Zofi am Amazonas* und *Reise um die Welt:*

Schon sitzen sie im Suppentopf,
doch Ringgi wahrt den kühlen Kopf,
er sagt zum Häuptling: «Eine Schande
ist Gast zu sein wohl hierzulande!»

Die Negerpolizei ist schwer
bewaffnet hinter Ringgi her,
indem sie nämlich einfach glaubt,
das Kindlein hätte er geraubt.

Ringgi, der Werbe-Clown der „Ringier"-Presse,
auch er eindeutig ein Schweizer oder doch einer
der unsrigen, unternimmt „Forschungs"- und
Abenteuerreisen in fremde Länder, zusammen
mit seinem Hündchen Zofi. Immer ist Ringgi der
unbestrittene Held. Die Indianer werden als „Wilde" und als „Horde" betitelt und als aggressive,
dumme, ängstliche Menschen dargestellt. Die Eskimos sehen aus wie drollige Eisbären, bei den
„Sudannegern" „wird gesungen und gelacht bis
tief hinein in alle Nacht".

„Neuerungen im Indianerdorf"

Sitten und Bräuche anderer Völker werden als alt
und unmodern dargestellt, ihre Glaubensbe-
kenntnisse erscheinen fast immer als Aberglaube
und Zauber. Als Globi in Istanbul eine Moschee
besuchen will, heisst es zum Beispiel:

„Ernsthaft pflegen diese Leute
Manchen alten Brauch noch heute.
Ja, vor ihrem Gotteshaus
Ziehn sie gar die Schuhe aus!"
(*Globis Weltreise*, S. 8)

Indianerinnen, die ihre Babies auf dem Rücken tragen, was für kleine Kinder durch den steten Körperkontakt mit der Mutter sehr gut ist, wird diese „unmoderne" Betreuung von Globi ausgeredet:

Kinder Huckepack zu tragen
Macht doch allzu grosse Plagen.
Welch ein Rückstand hier im Kaff!
Globi sieht es und ist baff.

Sofort fängt er an zu sinnen,
Wie den Indianerinnen
Durch geschickte Bastelei
Gut und rasch zu helfen sei.

Mit dem Hammer und dem Beile
Wird mit Eifer und in Eile
Nun ein Fahrgestell gemacht,
Das ein Kleinzelt überdacht.

Seht die Mutter mit dem Wagen,
Wie sie schmunzelt voll Behagen!
Ja, das Globische System
Ist modern und sehr bequem.

Neuerungen im Indianer-Dorf

(*Globi und Käpten Pum ...*, S. 52/53)

Häuptling Zulibar demonstriert in *Freund Globi im Urwald* Unkenntnis und Aberglauben: als Globi zum Spass auf das „Götzenbild" springt, das ihm gleicht, fällt der Häuptling vor ihm auf die Knie. Die entsprechende Stelle lautet:

„Thronend auf geschnitzten Klötzen,
Spielt er nun den Obergötzen,
Was den Häuptling unbedingt
Völlig aus der Fassung bringt."

„'Globi', ruft den Mohr im Wahne,
'Unser Schutzgeist ist Dein Ahne. –
Herrsche denn, du edler Spross,
Über meinen Kriegertross!'" (S. 56)

Auch der rituelle Tanz der Afrikaner wird ins Lächerliche verzerrt. Etwa da, wo Globi auf seiner „Weltreise" auf „Guineaner" trifft, die sich „wild, geheimnisvoll und lang" nach „Bum-bum und Trommelklang" dem „Duk-Duk-Tanz" mit verrenkten Gliedern, seltsamen Kopfbedeckungen und langen Bananenblätterröcken hingeben. Globi kann's natürlich noch besser als sie, macht zum Spass mit und wird von den „schwarzen Männern" ehrfurchtsvoll zum König ernannt.

(*Globis Weltreise*, S. 29)

222

„Lasst mich diesen Feind skalpieren"

Bei der Beschreibung der Indianerkulturen — vor allem im Band *Globi bei den Indianern* — wimmelt es nur so von Halb- und Teilwahrheiten, von Vorurteilen, Irrtümern und Verzerrungen. Diese sind umso schlimmer als diesem Buch mit Hilfe von kleingedruckten Sachanmerkungen ein historisch-wissenschaftlicher Anstrich gegeben wird. Es scheint aber fast, als hätten die Autoren (Lips/Bruggmann) ihre Informationen ausschliesslich aus Coopers *Lederstrumpf* bezogen, der in den Sachinformationen auch immer wieder zitiert wird. Dazu ein paar Beispiele:

In den Globibüchern — wie übrigens in vielen anderen Kinderbüchern — werden die Prärieindianer als *die* Indianer schlechthin ausgegeben. Dass es noch viele andere Indianervölker gab und gibt, die einen ganz anderen Lebensstil haben, wird verschwiegen. „Rothäute" ist im Globibuch ein Synonym für Indianer, dabei waren die allerwenigsten Indianer Rothäute, nämlich nur jene, die sich im Krieg die normalerweise olivbraunen Gesichter mit Zinnoberfarbe bemalten, um den Feind über das Alter der Krieger hinwegzutäuschen. Auch das „Tipi", das oben spitz zulaufende Zelt, ist nicht einfach *die* Behausung *der* Indianer, sondern lediglich gewisser Völker.

Die Kultur der Indianer wird auf Schritt und Tritt verunglimpft: wenn sie tanzen, „heulen" sie dazu und vollführen „wilde Sprünge". Die „Büffelhaut, wo man wilde Zeichen schaut" (S. 100), in der Anmerkung als „geheime Bilderschriften" der Indianer beschrieben, könnte sich auf die Kunst der Algokin beziehen, „Zeichen in Rinde und Holz einzuritzen und ihnen Wortbedeutung zu verleihen". (3)

Und natürlich wird an dem hartnäckigen Märchen festgehalten, wonach die Indianer ihren Feinden bei lebendigem Leib die Kopfhaut abgerissen hätten. Die entsprechende Stelle im Globibuch lautet so:

„Lasst mich diesen Feind skalpieren,
Denn sein Haarschopf soll mich zieren,
Ruft der Krieger 'Eisenfaust',
Dass es unserm Freunde graust.

Doch beim nähern Untersuchen
Fängt der Böse an zu fluchen!
Wütend zischt er: 'Seht doch mal,
Dieser Schädel ist ja kahl!'" (S. 18)

Globi entgeht also der Skalpiererei, wird dafür an den Marterpfahl gebunden, wo die „Rothautbanden" dann zum Spass mit Pfeilen auf ihn schiessen (S. 18—21) und ihn verhöhnen. Dazu Eva Lips: „Das Skalpieren wurde nur am toten Feind vollzogen. Es war durchaus nicht allen Indianern bekannt. Ursprünglich war es eine Erinnerung an den uralten Glauben, dass Zauberkräfte im menschlichen Kopf vorhanden seien. Der Sieger versuchte, sich diese Zauberkraft durch Mitnahme eines Stückes Kopfhaut nutzbar zu machen. Die

Mitglieder der grossen Athapaskengruppe haben niemals skalpiert, ebenso die Eskimo nicht, auch nicht die Indianer im Osten und im Westen an den Ozeanen. Erst von den Europäern wurde die alte Zaubersitte künstlich angereizt, mit Geldprämien angefeuert, vor allem bei den Dakota, den Irokesen und einigen ihrer Nachbarn." (4)

„Die Rothäute" des Globibuches haben es stets eilig, „das Kriegsbeil auszugraben", Feinde an den Marterpfahl zu binden und zu skalpieren. Daneben reiten sie durch die Prärie, jagen Büffel, springen im Kreis herum in tollen Freudentänzen und schlagen das Tam-Tam (sic!). Seine Freundschaft mit den Osage verdankt Globi lediglich der Tatsache, dass es ihm wieder — wie im „Land der Mohren" — gelingt, sich als „Sohn des Adlers" und später als Totemfigur auszugeben. Überhaupt spielen „Medizinmänner" und „Zaubermänner", die mit fürchterlichen Grimassen „Götzen beschwören", eine grosse Rolle. Den blutrünstigen Texten entsprechen die Illustrationen: die Indianer werden durchwegs mit scharfen Hakennasen, meist rollenden Augen und straff herabhängenen Haaren gezeichnet.

Völlig daneben geraten ist schliesslich die Sache mit dem Totempfahl, den die Osage am Schluss des Buches errichten (dass die Globifigur als „Totem" der Osage obenauf thront, sei nur am Rand erwähnt), denn Totempfähle gibt es „nur in British Columbia und sonst nirgendwo auf der Welt." (5)

Auch die „Bleichgesichter" spielen im Globibuch eine ziemlich schäbige Rolle: sie bauen die Eisenbahn, vertreiben deswegen die Indianer und ihre Büffelherden aus deren Jagdgebieten und schiessen gar „wie toll, auf den Trupp von 'Donnergroll'", der sich mit friedlichen Absichten den Weissen nähert. Umso strahlender hebt sich Globi (der Schweizer!) von „Rothäuten" und amerikanischen „Bleichgesichtern" ab, denen er in jeder Beziehung überlegen ist.

Ausgerechnet in diesem Globibuch, wo immer wieder von Hass und Rache, Kampf und Mord die Rede ist, steht auf der letzten Verlagsseite:

„Jean Paul erklärt in seiner Erziehungslehre 'Levana': 'Ich meine, die Kinder sollen das Paradies der Heiterkeit bewohnen wie das erste Elternpaar.' — Dieser treffliche Gedanke war, ist und bleibt uns wegleitend bei der Gestaltung der Jugendschriften."

Was für eine seltsame Vorstellung von einem Paradies der Heiterkeit!

Globi als „Entwicklungshelfer" und falscher Moralist

Neben den dümmlichen Mohren, bösen braunen Beduinen und rachelüsternen Rothäuten, zu denen sich auch manche weisse Bösewichter gesellen, erscheint Globi, der Schweizer, als überlegener Tausendsassa, der mit Hilfe westlicher Technik und dank seiner Schläue und Geschicklichkeit die Schrecknisse der unbekannten Länder und ihrer zurückgebliebenen Völker meistert. Globi ist Träger und Überbringer moderner Technik, und die unwissenden „Neger" oder die Eskimos staunen, wie Globi alles besser macht.

(*Globi und Käpten Pum ...*, S. 77)

Dabei stehen in der Wertskala der Autoren die Afrikaner eindeutig an unterster Stelle. Sie tragen durchwegs den Bananenrock, haben kaum menschliche Züge, nagen Knochen ab, ihre einzige Kulturleistung ist das Tanzen, das sie aber immer „wie die Wilden" betreiben. „Afrika" oder das „Land der Mohren" besteht aus Palmen, Wald, Bambusrohr, Wüste, Flüssen mit Krokodilen. Sogar der Löwe, den Globi gegen Ende seiner „Weltreise" im Hoggargebirge fängt, denkt beim Zuschnappen der Schiebetür seines Gefängnisses erleichtert: „Hab' ich Glück: s'geht in die Schweiz"! (S. 78)

Die Indianer entsprechen den Vorstellungen von den „grausamen" und den „edlen Wilden". Sie tragen manierliche Hosen, ihre Gesichtszüge sind menschlicher, ihnen wird Tapferkeit zugebilligt, sie können reiten, malen; sie sind zwar auch abergläubisch, aber ihre Zeremonien erscheinen bereits differenzierter. Bei den Indianern kann Globi ruhig „Ehrenhäuptling" werden, das ist keine so arge Degradierung; bei den „Negern" hingegen wird er zum „König" und „Vizekönig" ernannt.

Ausführlicher kommen neben Indianern und Afrikanern nur noch die Beduinen dran, die arabischen „Wüstensöhne", an denen kein guter Faden bleibt. Vertreter anderer Rassen — Chinesen, Inder, Mexikaner — treten nur als Einzelfiguren sporadisch auf, ihre Darstellung entspricht den gängigen Klischees. Stereotyp werden aber auch Europäer anderer Länder geschildert, Spanier, Franzosen etwa, sowie Amerikaner.

Weil die „Neger", die „Rothäute", die Eskimos so dumm, so unwissend und abergläubisch sind, durchschauen sie auch Globis Streiche, mit denen er sich über sie und ihre religiösen Vorstellungen lustig macht, nicht, ja sie feiern ihn sogar mit Ehrentiteln. Für die Autoren ist auch nichts dabei, dass Globi diese Menschen belügt und betrügt, um zu seinem Vorteil zu kommen. Dem Häuptling Kakadu, dessen Hilfe er dringend benötigt, weil die Piraten draussen auf See Globis Schiff abschleppen wollen, schwindelt er einfach vor, die Piraten hätten es auf Kakadus Volk abgesehen. Und Häuptling Kakadu schickt seine Flotte, besiegt die Piraten, und „die wilde Rotte" schleppt

Globis Schiff erst noch „freudig" an den Strand. Einer „Amme" klaut er kurzerhand den Säugling aus dem Rücktuch, um ins „Beduinendorf" zu gelangen. (*Schatz-Insel*, S. 62/63)

Globi, der „glaubt, dass jedem Einfall eine Wirklichkeit entspreche, und hofft, dass seine Kraft zu dem gesteckten Ziele führe" (Einleitung zu *Globi und Käpten Pum* ...) ist aber auch ein biederer Moralist, ein Kinderfreund und ein Retter aus der Not. Dass er dabei auch einem Trapper das Fallenstellen ausredet, zeigt im Grunde nur, wie lieb der Globi doch ist. *(Globi im Wilden Westen)*

Eigentlich ebenbürtig sind ihm nur die anderen Schweizer der Globibücher, zum Beispiel Käpten Pum, der brave Losverkäufer und zuverlässige Kamerad, oder Forscher Bührer, der friedliche, tapfere, begabte, mutige Gelehrte, Gegenstück zu den „sorglos heiteren", „bösen", „verruchten" „Räuberhorden" der „Wüstensöhne":

Bührer aus dem Schweizerland
Lebt allein am Wüstenrand,
Um hier Forschung zu betreiben
Und in Büchern zu beschreiben,
Was er in gar heissen Stunden
Da und dort im Sand gefunden.
Mutig und mit Geisteskraft
Dient er so der Wissenschaft.

(*Schatz-Insel*, S. 4)

Schwache, hilflose Frauen und Gewalt als Lösung

Frauen haben in dieser Männerwelt nichts zu suchen. Sie treten allenfalls ganz vereinzelt als Hausfrauen und Mütter auf oder als kleine Mädchen unter den Kindern. Die Frauendarstellungen entsprechen überall dem Klischee von den Schwachen, Ängstlichen, die sich nicht zu helfen wissen und die auf Gedeih und Verderb von den Männern abhängen. Auf den über hundert Seiten von *Globi bei den Indianern* gibt es beispielsweise ein einziges Bild mit einer Frau: sie sitzt erschreckt neben ihrem Mann im Bett, während draussen der Feind zum Tipi schleicht:

(*Globi bei den Indianern,* S. 91)

Globi trägt sehr viele Züge des „autoritären Charakters" im Sinne Horkheimers und Adornos (6): er ist bieder, sorgt für Disziplin, für Recht und Ordnung, er kämpft sich auf Kosten anderer durch, er ist voller Schadenfreude und voller Vorurteile, er hat das Sagen. Als Vater und Bruder — in anderen als den hier besprochenen Büchern —

ist er der unbestrittene Chef. Und er ist auch jäh-
zornig, schlägt schnell und gern drein. Immer
wieder werden Konflikte mit Gewalt gelöst.

(*Globi und Käpten Pum ...*,
S. 17)

(*Globi und Käpten Pum ...*,
S.41)

(*Schatz-Insel*, S. 71)

(*Globi bei den Indianern*,
S. 39)

Alles in allem ist die Globiwelt eine paternalistische, chauvinistische, rassistische, sexistische und
ziemlich gewalttätige Welt.
Gewiss, man mag einwenden, dass diese Bücher
vor dreissig und mehr Jahren geschrieben wurden.
Sie sind aber alle in den siebziger Jahren in der gleichen Form oder nur wenig abgeändert neu publi-

ziert worden. Nicht verändert wurden auch die geradezu fürchterlichen Buchumschläge einiger früher Globibücher. Bei *Globis Weltreise* ist Globi von Tieren und einem Negerlein umgeben, das letztere im Bastrock und mit kaum menschlichem Gesicht. Auf der hinteren Umschlagseite sind gleich Menschen von vier Kontinenten vertreten: Globi, der Europäer, in der Mitte, links eine hakennasige „Rothaut" und ein gelber, grinsender Chinese, rechts ein colttragender Mann aus dem Wilden Westen und ein Neger mit Bananenrock, Fuss- und Halsspangen und einem Gesicht, das einem Gorilla ähnlicher ist als einem Menschen.

Und auch in dem neuen, 1980 erschienenen Globibuch *Globi im Wilden Westen* sind Menschen anderer Rassen nach alten Klischees gezeichnet:

In New Yorks belebten Gassen
Sieht man Menschen aller Rassen,
Weil's in einer Hafenstadt
Schiffe aller Länder hat.

(S. 7)

Globi bleibt der tolle Kerl, der mit List und mit seinem guten Herzen und mit Hilfe der Tiere schliesslich obenauf schwimmt. Geschossen wird weiterhin, und weiterhin geht's einander „an den Kragen". Die Frauen sind immer noch „schwach und zart", dürfen kochen, neben dem Mann stehen und bleiben im übrigen im Hintergrund.

Soll man Kindern die Globibücher wegnehmen? Gewiss nicht. Verbotene Bücher sind die interessantesten. Kindern, die in einer toleranten Umgebung aufwachsen und von freundlichen Menschen erzogen werden, können auch schlechte Bücher kaum etwas anhaben. Im besten Fall kann ein solches Buch auch Anlass zu einem guten Gespräch geben. Aber wieviele Eltern reden schon mit ihren Kindern über deren Lektüre? Und da mag dann von den Schilderungen anderer Kulturen und andersrassiger Menschen doch manches hängen bleiben. Vorurteile entstehen oder werden bestärkt.

Das müsste nicht so bleiben. Bildgeschichten brauchen weder Menschen anderer Rassen und anderer Kulturen noch Frauen noch Schwächere zu beleidigen, um lustig zu sein. Es gibt nicht nur Humor auf Kosten anderer und man könnte sich bessere Antworten denken als Dreinschlagen, wenn man sich nicht mehr versteht. Und vor allem gibt es eine Wirklichkeit, die ganz anders ist, als sie im Globibuch erscheint.

Anmerkungen:

1) In der Bundesrepublik werden die Globibücher zum ersten Mal ab Januar 1982 vom Carlsen-Verlag ausgeliefert, der auch die skandinavischen Länder und Holland bedienen will; allerdings in kleinerem Format und mit einem veränderten Prosatext. Später soll auch eine andere Produktion des Globi-Verlags, die „Papa-Moll-Abenteuer"-Serie vom Carlsen-Verlag zur Auslieferung in der BRD und den genannten Län-

dern übernommen werden. Die Globi-Taschenbücher sind mangels Absatz eingegangen, die Malbüchlein erscheinen nur in der Schweiz. Eine weitere Globi-Serie, die *Globericks*, Comics von Janosch, liefen in der Schweiz schlecht, während die beiden vom Verlag Herold in der BRD herausgegebenen *Globericks*-Sammelbände nach Auskunft des Globi-Verlags guten Absatz finden. Von den weiteren Produktionen des Globi-Verlags sind die *Bunten Bände für Kinderhände* mangels Interesse eingegangen, *Bill und Beth reisen um die Welt*, 64 farbige Bildgeschichten, erscheinen nur in der Schweiz, während die „farbigen Bilderbücher" von Janosch in der BRD vom Parabel-Verlag vertrieben werden. 1982 will der Globi-Verlag mit zwei neuen Serien aufwarten.

2) In der letzten bearbeiteten Neuauflage von *Globis Weltreise* aus dem Jahr 1978 fehlen die vier schlimmsten Bildfolgen der Auflage von 1970: Globi bei den „Menschenfressern" Tasmaniens S. 24/25, „Bei den Hottentotten Afrikas" S. 72/73, „Globi am Marterpfahl der Zulu-Kaffern" S. 74/75 und „Als Götze im Reich der Betschuanen„ S. 76/77. Unverständlich ist, warum eine weitere, arge Bildfolge – Globi „Als König der Duk-Duk-Tänzer" bei den „schwarzen Männern" Guineas – stehen blieb. Alle diese Bildfolgen kann man sich in Text und Bild rassistischer gar nicht denken.

3) Eva Lips, *Sie alle heissen Indianer*, Kinderbuchverlag, Berlin 1975, S. 176.

4) Eva Lips, *Sie alle heissen Indianer*, S. 8.

5) Eva Lips, *Sie alle heissen Indianer*, S. 233.

6) Theodor W. Adorno, *Studien zum autoritären Charakter*, Suhrkamp TB 107, Frankfurt, 1973; Horkheimer/Adorno, *Über das Vorurteil*, in: Soziologica II, Reden und Vorträge, Frankfurter Beiträge zur Soziologie, Europäische Verlagsanstalt, Frankfurt, 1962.

Der edle Wilde auf dem Kriegspfad

Indianerbilder für die deutsche Jugend

Von Hartmut Lutz

Im folgenden Papier wird versucht, anhand historischer Vergleiche und einzelner Inhaltsanalysen Kriterien zur Beurteilung des rassistischen Inhalts und der ideologischen Funktion deutscher Indianerbücher (die Studie bezieht sich nur auf nordamerikanische Indianer) zu gewinnen. Die Untersuchung folgt dabei einem historisch dimensionierten kommunikationstheoretischen Modell, dessen grundsätzliche Frage nach Sender, Botschaft und Empfänger, also „Wer sagt was zu wem?", hierbei etwa folgendermassen erweitert wird:

„*Wer* sagt — unter welchen historischen Bedingungen und ideologischen Einflüssen — *was* — in welcher Form, aus welchen Gründen und mit welchen Absichten — zu *wem* — mit welchen Konsequenzen?"

Obgleich die letzte Frage — hier: welche rassistischen Vorurteile werden bestärkt?, wem nützen sie?; welche Einstellungen und Handlungen folgen? — in Bezug auf Jugend- und Schulbücher besonders wichtig ist, soll hier auch der erste Teil des Komplexes — Entstehung und Entwicklung —

verstärkt mit einbezogen werden, da Indianerdarstellungen innerhalb der deutschen Kinder- und Jugendliteratur eine Sonderstellung einnehmen.

Spätestens seit Karl May (1842–1912), dessen Werke in über 25 Millionen Exemplaren verkauft wurden, stellen „Indianerbücher" die am meisten verbreitete deutsche Jugendliteratur dar. Sie haben mit Sicherheit als Ideologievermittler nachhaltigeren Einfluss gehabt als Bücher über andere ethnische Gruppen und ihre Kulturen. Deutsche fühlen sich allgemein nordamerikanischen Indianern emotional näher als irgendeiner anderen nichteuropäischen Rasse, (1) – kein Wunder, dass sie bei uns häufiger und weniger negativ dargestellt werden als etwa Afrikaner oder Asiaten. Wie und weshalb es zu diesem Phänomen der deutschen Indianertümelei (2) kommen konnte, ist bisher von wissenschaftlicher Seite noch nicht hinreichend erklärt worden. Trotzdem soll hier zunächst versucht werden, zumindest ansatzweise, jene historischen und literarischen Faktoren aufzuzeigen, die die Herausbildung der deutschen Indianerbegeisterung begünstigt haben mögen.

Sozialgeschichtlicher Hintergrund: keine Bedrohung für die Deutschen

Für die Herausbildung eines – vordergründig – positiven Indianerbildes erscheint politisch wichtig, dass die Urbevölkerung Nordamerikas zu keiner Zeit als ökonomische Konkurrenz oder militärische Bedrohung deutscher Staaten betrachtet werden konnte. Im Gegensatz zu England und den USA waren deutsche Staaten nicht unmittelbar an der Eroberung Nordamerikas beteiligt. Da somit hierzulande kein unmittelbares ökonomisches Interesse an der Ausrottung der nordamerikanischen Urbevölkerung bestand, bedurfte es auch nicht jener Rechtfertigungsideologien zum Indianermord, wie sie die englischen Kolonisten oder die Amerikaner in ihrer Literatur entwickelten und propagierten. (3) Während der Kolonialimperialismus des deutschen Kaiserreiches durch entsprechende rassistische Jugendliteratur über Afrika und Asien ideologisch flankiert wurde (Herero- bzw. Boxeraufstand) (4), gab es in Deutschland nie zuvor oder danach eine politische Situation, die eine antiindianische Literatur bedingt hätte. Für das Lied „Ten Little Indians" bestand kein Bedarf, und so wurde daraus „Zehn Kleine Negerlein", denn ein „Indianerproblem" kannte man nicht. Informationen über nordamerikanische Indianer trafen in Deutschland zunächst auf eine politisch-ideologische tabula rasa, die erst allmählich durch Übersetzungen amerikanischer Literatur und durch deutsche Bücher ausgefüllt wurde. Dabei übernahm man u.a. auch amerikanische rassistische Klischeevorstellungen, doch hatten sie in Deutschland zunächst keine erkennbare ideologische Funktion, so dass sich im Vergleich zur amerikanischen Literatur insgesamt mehr positive Indianerdarstellungen finden, die jedoch in ihrer romantischen Verkitschung nicht minder rassistisch sind als die amerikanischen.

Für die Herausbildung eines stark romantisierten Bildes von den amerikanischen Ureinwohnern waren schliesslich nicht nur Zivilisationsmüdigkeit und Verdrossenheit innerhalb eines, die versprochenen bürgerlichen Freiheiten nicht gewährenden Deutschlands wichtig, sondern ebenso die Tatsache, dass das deutsche Publikum fast ausnahmslos erst aus zweiter Hand informiert wurde. Während englische und amerikanische Öffentlichkeit immer wieder durch Pressemitteilungen, Augenzeugenberichte und Regierungsverlautbarungen auf das Thema stiess, bildeten deutsche Leserinnen und Leser ihre Vorstellungen über die „Rothäute" — abgesehen von wenigen Reise- und Forschungsberichten — fast ausnahmslos aufgrund der Lektüre von Texten mit frei erfundener Handlung.

Somit war deutschen Textproduzenten und Lesern mehr Spielraum für eigene phantastische Projektionen gegeben, scheinbar jenseits aller politischen und ökonomischen Tatsachen.

Literaturgeschichtlicher Hintergrund: Indianerbilder aus zweiter Hand

Die räumlich-zeitliche Ferne zur „Frontier", der Grenze zum „Wilden Westen", das politisch-ökonomische Nicht-Betroffensein und der Mangel an aktuellen dokumentarischen Informationen bedingten in Deutschland ein stark literarisiertes Verhältnis zur amerikanischen Urbevölkerung. Dies gilt sowohl für Texte für Erwachsene, als auch für die Jugendliteratur. (Bis heute hat sich daran kaum etwas geändert, da auch die meisten Filme auf literarische Vorbilder zurückgehen.) Um heutige Jugendbücher über Indianer historisch einordnen zu können, muss diese literarische Tradition ebenso wahrgenommen werden, wie die oben genannten politischen Hintergründe, die sie bedingten. Zunächst ist festzuhalten, dass die Autoren deutscher Indianerbücher ihre Informationen zumeist aus anderen Büchern bezogen und weder Menschen noch Schauplätze ihrer Romane aus eigener Anschauung kannten. Für Indianerdarstellungen in der amerikanischen Literatur gilt allgemein, dass sie desto negativer sind, je näher geographisch und zeitlich die Verfasser sich an der „Frontier" befanden, wogegen der literarisch ausgedrückte Indianerhass deutlich abnahm, je weiter die Autoren von der tatsächlichen, zumeist feindlichen Berührung mit den Indianern entfernt waren. (5) Diese Beobachtung gilt erst recht für deutsche Indianerdarstellungen.

Die Frage, welche Texte vor Karl May das deutsche Indianerbild am nachhaltigsten geprägt haben, brauche ich nur ansatzweise zu beantworten. Entscheidend war der Zeitraum zwischen 1820 und 1860, also die Biedermeierzeit. In diesem

Zeitraum erschienen nicht nur sämtliche Leder-strumpfgeschichten James Fenimore Coopers in deutscher Übersetzung (1856 erste Gesamtausga-be), sondern auch eine Fülle anderer Abenteuer-romane, Erzählungen und Tatsachenberichte, die dem Publikum Informationen über die amerikani-sche Urbevölkerung näherbrachten. Der entflo-hene Mönch Karl Postl, alias Charles Sealsfield (1793—1864), bereiste zwischen 1824 und 1853 mehrfach die USA und publizierte in englischer und deutscher Sprache, wobei er eindeutig für die Indianer Partei ergriff. Noch nachhaltiger haben die Reiseberichte des Prinzen Maximilian zu Wied (1782—1867) mit den hervorragenden graphischen Werken von Karl Bodmer (1809—1893) gewirkt, die 1839/1841 erstmals erschienen. 1851 erschien dann auch das Werk des amerikanischen Indianer-malers und -forschers George Catlin (1796—1872). Allen Werken ist gemeinsam, dass sie die Indianer als edle Wilde darstellen, die zum Aus-sterben verdammt sind, da sie sich angesichts der Ausdehnung des weissen Amerikas nach Westen nicht behaupten können.

Ausserdem fällt auf, dass fast ausschliesslich Prä-rievölker, besonders Mandan, Hidatsa, und ver-schiedene Dakota-Völker dargestellt werden. Während der äussere Eindruck der Indianer also stark von den Prärievölkerkulturen geprägt wur-de, die zu jener Zeit gerade bekämpft wurden, geht die psychologische Charakterisierung india-nischer Menschen hauptsächlich auf Cooper zurück, der Indianer gleichzeitig als edle Wilde (Chingachgook, Uncas) als auch als blutrünstige Bestien (Mingos, Magua) darstellte. (6) In deutschen Indianerdarstellungen finden sich zwar insgesamt mehr „edle" Indianer als in amerikanischen Texten, und der Prototyp des „dumb Indian" (des stumpfen, blöden Indianers) fehlt hier fast ganz. Aber daneben werden die Indianer immer wieder als blutrünstig, unbezähmbar und heimtückisch geschildert, besonders dann, wenn sie gegen Weisse kämpfen. (7) Dass die deutsche Indianerliteratur „aus zweiter Hand" entstand, zeigt sich deutlich in S. Wörishöffers (1838—1890) *Der letzte Kriegspfad* (1880), worin Elemente von George Catlins Abenteuerreisen mit Coopers Lederstrumpfgeschichten verbunden werden. Der Einfluss Catlins lässt sich bis in die zeitgenössischen Illustrationen verfolgen, und der Text übernimmt manches aus *The Last of the Mohicans*. (8)

Kaum weniger „aus zweiter Hand" ist das Werk Karl Mays, dessen Winnetou-Bände 1892 erschienen, als man in Amerika gerade den letzten Widerstand des Apachen-Helden Geronimo gebrochen hatte. Die Lektüre der Karl May Bücher gehört in Deutschland zum Allgemeinbildungsgut, und nichts hat das deutsche Indianerbild nachhaltiger geprägt als seine Werke. In ihnen folgt Karl May der seit Cooper bewährten Konstellation: Weisser Mann (Natty Bumpo/Old Shatterhand) durchstreift mit edlem Wilden (Chingachgook/Winnetou) den Westen und kämpft für Recht und Ordnung und für den Sieg der weissen Zivilisation. Das Phänomen Karl May, die Hartnäckigkeit, mit der sich seine Bücher halten, ist bisher verschiedentlich von tiefenpsychologischer Seite und ideologiekritisch erklärt worden. (9) Die „Gesetze" des Kinder- und Jugendbuchmarktes, denen zufolge das Ewig-Gestrige immer wieder produziert und gekauft wird, steuern das ihrige dazu bei, die Bücher weiterhin zu verbreiten.

Während die bei Karl May vertexteten „Fluchtphantasien und bürgerlich-mittelständischen Wertvorstellungen" (10) innerhalb des Kaiserreiches herrschaftsstabilisierendes Tagträumen begünstigten (11), bedurfte es im Faschismus in Deutschland noch anderer Indianerbilder, um die Jugendliteratur in den Dienst der Ideologie zu stellen. Die Tecumseh-Bücher (12) von Fritz Steuben (1898), von 1930 bis 1938 erschienen, zeichnen ebenfalls das Bild einer edlen, geradezu übermenschlichen Rothaut, deren Stolz, Tapferkeit, Zähigkeit und Beharrlichkeit Ideale verkörperten, die wenige Jahre später Hitler für die deutschen Jungen forderte: „Zäh wie Leder, flink wie Windhunde und hart wie Kruppstahl."

Tecumsehs Traum eines panindianischen Widerstandes gegen das weitere Vordringen der Weissen, sein Bemühen, alle Menschen roter Rasse zu vereinigen, werden immer wieder so dargestellt, dass die Parallele zu Hitlers Deutschtum und Rassenpolitik leicht herzustellen war. Nach dem Ende des Hitlerfaschismus in Deutschland ist die Situation geradezu schizophren geworden. Einerseits halten sich hartnäckig die traditionellen Indianerbücher auf dem Kinder- und Jugendbuchmarkt — Cooper erscheint in gekürzten Fassungen; Karl Mays Indianerbücher werden laufend weiterverkauft, und Steubens Tecumseh-Bücher sind gerade in gekürzter und überarbeiteter Fassung neu erschienen; hinzu kommen Wiederauflagen noch älterer Titel —, andererseits sind aber auch, gerade in den letzten Jahren, mehrere Titel erschienen, die rassistische Klischees zu überwinden suchen und verstärkt auch die heutige Situation der Indianer darstellen. Seit Anfang der siebziger Jahre läuft in der Bundesrepublik eine regelrechte „Indianerwelle", die erst durch die Demontage des übertrieben positiven USA-Bildes als Resultat des Vietnamkrieges und durch die Aktionen des „American Indian Movement", welche die Weltöffentlichkeit auf die Misere der Indianer aufmerksam machten, möglich wurde, und die literarisch durch Dee Browns Bestseller *Bury My Heart at Wounded Knee* eingeleitet worden ist. (13)

„Winnetou" vor „Sitting Bull"

Abgesehen von den erwähnten Karl-May-Analysen ist bisher in der Bundesrepublik noch keine Gesamtuntersuchung der vorhandenen Indianerbücher für Kinder und Jugendliche unter ideolo-

243

giekritischen, antirassistischen Gesichtspunkten erschienen. Dies liegt nicht zuletzt daran, dass es keine dem „Council on Interracial Books for Children" vergleichbare Organisation gibt, die sich systematisch mit diesem Problem beschäftigen könnte. (14) Dementsprechend gibt es auch keine umfassenden empirischen Untersuchungen darüber, welchen Einfluss rassistische Indianerbücher (und -filme) auf deutsche Kinder und Jugendliche haben. (15) Die wenigen zerstreuten Forschungsbeiträge bestätigen die von Becker aufgestellte „stereotype Topographie: Prärie, Pferde, Büffel, Zelte, Häuptlinge, Federschmuck, Medizinmann, Cowboys, Ausrottung durch die Weissen." (16)

1977 wurden 12−14jährige Schülerinnen und Schüler im Osnabrücker Raum bezüglich ihrer Kenntnisse über Indianer befragt. (17) In einem Teil des Fragebogens sollten die Kinder Eigenschaften ankreuzen, die sie den Indianern zuschreiben würden. Eine kurze Durchsicht der vorliegenden Fragebögen ergibt als Tendenz, dass zwar mehr positive als negative Eigenschaften angekreuzt wurden, das Bild aber insgesamt relativ ausgewogen ist, d.h. das Indianerbild weist keine eindeutig negativen oder positiven Extreme auf. Betrachtet man jedoch die Bilder, welche die Schülerinnen und Schüler zeichneten, so fällt auf, wie sehr die dargestellten Indianerinnen und Indianer fast ausnahmslos dem oben genannten Stereotyp entsprechen: Federn, Fransen, Kriegsbemalung, lange Haare, Pferde, Zelte, Waffen.

Auf die Frage „Woher weisst du etwas über Indianer?" gaben 174 Befragte aus sechsten Klassen (12/13 Jahre) an Orientierungsstufen 166 mal Fernsehen/Filme, 163 mal Bücher/Lesen, 20 mal Comics/Heftchen, 14 mal Platten/Cassetten und je 11 mal „Was man so hört" bzw. „Zeitungen" an. Da die Antworten produktiv geleistet wurden — ohne Vorgaben — war nicht immer erkenntlich, inwieweit „Bücher" und „Heftchen" getrennt bzw. gesondert angegeben wurden. Indianerbilder (4 mal), Radiosendungen (4 mal) und Erzählungen der Eltern (3 mal) üben offensichtlich weniger Einfluss auf die Vermittlung von Indianerbildern aus. 17 der Befragten fügten ihren Antworten unaufgefordert den Namen Karl May (im Zusammenhang mit Büchern oder Filmen) hinzu. Der Eindruck, dass Karl May das deutsche Indianerbild auch heute noch nachhaltig prägt, wird hierdurch bestätigt. Diesem Ergebnis entspricht auch ein weiterer produktiver Teil des Fragebogens.

Auf die Aufforderung „Nenne, wenn möglich, einige berühmte Häuptlinge", wurde am häufigsten der Karl-May-Apache Winnetou (80 mal) vor Sitting Bull (72 mal), Crazy Horse (10 mal) und Geronimo (5 mal) genannt; der Comic-Häuptling „Silberpfeil" wurde ebenfalls 10 mal angegeben. Nach Indianerstämmen befragt, wurden 152 mal die Apache (Winnetous Volk) genannt, gefolgt von den Sioux (147 mal), den — ebenfalls bei Karl May vorkommenden — Comanche (86 mal) und den von Cooper her bekannten Mohikanern (60 mal). Hier bestätigt sich, dass das deutsche Indianerbild vornehmlich literarisch und weniger durch unmittelbare historisch-politische Berichte geprägt ist.

Gleichzeitig machen diese vorläufigen Ergebnisse deutlich, dass eine Untersuchung rassistischer Vorurteile gegenüber Indianern sich nicht auf Kinder- und Jugendbücher beschränken darf, sondern Filme — besonders Fernsehsendungen — einbeziehen muss.

Deutsche Nachkriegs-Indianerbücher

Von einer eigenen Untersuchung von 59 Titeln deutscher Nachkriegs-Indianerbücher für Kinder und Jugendliche, die Steubens Tecumsehbände zwar mit einschloss, Karl Mays Werke jedoch ausliess, werden hier zunächst die Gesamtergebnisse zusammengefasst, und im anschliessenden Teil exemplarisch einige Texte vorgestellt. (18) Die Bücher wurden nach folgenden Gesichtspunkten inhaltlich untersucht: Geschichtsbezug, kulturelle und geographische Authentizität, Ideologievermittlung, literarische Typologien.

Zusammenfassend ergaben sich daraus folgende Schlüsse: Die Mehrzahl aller Titel sind Abenteuerbücher, die in der Vergangenheit oder einem historisch umbestimmbaren „Irgendwann" angelegt sind; neuere Bücher beziehen zunehmend die heutige soziale Lage der Indianer mit ein. Nur fünf der untersuchten Titel handeln in einer unspezifischen, irgendwie „indianischen" stereotypen Kultur; vierzig sind auf eine bestimmte indianische Nation bezogen, vierzehn weitere beschäftigen sich mit mehreren Nationen. Am häufigsten werden Prärievölker beschrieben, deren Kulturen äusserlich am ehesten die Merkmale der eben erwähnten „stereotypen Topographie" von Becker aufweisen; es folgen Indianer des nordöstlichen Waldlandes, des Südwestens und andere Völker.

Die am ehesten feststellbare ideologische Funktion der Indianerbücher ist das tagträumerische Entfliehen aus einer kinderunfreundlichen, individuelle Freiheiten und Möglichkeiten zur Selbstentfaltung einschränkenden gesellschaftlichen Realität. Jedoch auch im Reich vieler Indianerabenteuer tauchen die kleinbürgerlichen Wertvorstellungen und autoritäre Denkstrukturen wieder auf, denen die Kinder und Jugendlichen alltäglich ausgesetzt sind (vgl. Textbeispiele). Somit ist die Funktion der gesichteten Bücher in der Mehrheit eine stabilisierend-affirmative.

Erfreulicherweise nimmt jedoch die Zahl derjenigen Bücher zu, welche die Situation der Indianer gestern und heute nicht unkritisch widerspiegeln, sondern diese erklären helfen als Produkt bestimmter gesellschaftlicher und ökonomischer Gegebenheiten, und die den Lesern das Nachdenken über ihren eigenen Alltag nahelegen und zu verändernder Praxis überleiten. Dies gilt besonders für Bücher, die in den letzten Jahren von bundesdeutschen und DDR-Verfasserinnen und Verfassern geschrieben wurden. Ältere Titel, Übersetzungen aus dem amerikanischen und die meisten Bücher für die untersten Lesejahrgänge verbreiten jedoch weiterhin die alten rassistischen Stereotypen.

Die Vorbilder: Karl May, Cooper, Bodmer, Catlin

Die bei Cooper auftauchenden Klischees (Beispiele 1 und 2) finden sich bei Marl May wieder (Beispiel 3). Karl Mays Beschreibungen von Apachen und ihren Nachbarn sind äusserlich stark geprägt von zeitgenössischen Abbildungen Karl Bodmers (Beispiel 4) und George Catlins (Beispiel 5). Bodmer und Catlin besuchten jedoch Prärievölker, und ihre Bilder haben mit dem Aussehen wirklicher Apachen nichts zu tun. Zur einseitigen, auf die Prärieindianer ausgerichteten Prägung deutscher Indianervorstellungen trugen auch Buchillustrationen bei, die ebenfalls auf George Catlins Indie Prärieindianer ausgerichteten Prägung deutscher Indianervorstellungen trugen auch Buchillustrationen bei, die ebenfalls auf George Catlins Indianerbilder zurückgehen.

Bei Cooper tauchen nebeneinander beide Indianerklischees — rote Bestien und rote Edelleute — auf:

Beispiel 1:

„Auf das Zeichen hin brachen über zweitausend rasende Wilde aus dem Wald hervor und warfen sich von ihren Instinkten getrieben über die verhängnisvolle Ebene. Wir werden uns bei den widerwärtigen Greueln nicht aufhalten, die dann folgten. Der Tod war überall, in seiner grauenerregendsten und abscheulichsten Form. Widerstand machte die Mörder nur noch gereizter, die auch dann noch nicht von ihren rasenden Hieben abliessen, wenn ihre Opfer schon längst nicht mehr die Macht ihrer Peiniger spüren konnten. Der Strom des Blutes liesse sich nur mit einem überfliessenden Strudel vergleichen; und als sein Anblick die Eingeborenen zu immer grösserem Wahnsinn anstachelte, knieten sich viele von ihnen sogar hin und tranken zügellos, triumphierend und höllisch von der roten Flut." (Übers. d. Verf.) (19)

Beispiel 2:

„Der Ersterwähnte (Chingachgook) sass so am Ende eines Baumstammes, dass seine Haltung ihm die Unterstreichung seiner ernsten Redeweise durch die ruhigen aber ausdruckstarken Gebärden eines Indianers im Gespräch erlaubte. Sein fast nackter Körper zeigte ein erschreckendes Abbild des Todes, das sich aus weisser und schwarzer Farbe zusammensetzte. Sein Kopf, der bis auf die wohlbekannte, die Tapferkeit des Trägers ausweisende Skalp-Locke glatt rasiert war, trug keinen Schmuck ausser einer einzigen Adlerfeder, die sich quer über seinen Schädel bis zur linken Schulter neigte. Ein Tomahawk und ein Skalpmesser englischer Herstellung staken in seinem Gürtel, während über seinem nackten, sehnigen Knie lässig eine jener kurzen Militärflinten lehnte, mit welchen die Weissen ihre wilden Verbündeten auszurüsten pflegen. Der mächtige Brustkasten, die muskulösen Gliedmassen und das ernste Antlitz dieses Kriegers schienen anzudeuten, dass er den Höhepunkt seiner Tage erreicht hatte, ohne dass Zeichen des Verfalls seine Männlichkeit geschwächt hätten." (Übers. d. Verf.) (20)

Karl Mays Winnetou und sein Vater sind nicht weniger edel als Coopers Uncas und Chingachgook.

Beispiel 3:
„Es waren Indianer, und zwar Vater und Sohn, wie man auf den ersten Blick erkennen musste.
Der ältere war von etwas mehr als mittlerer Gestalt, dabei sehr kräftig gebaut. Seine Haltung zeigte etwas wirklich Edles, und aus seinen Bewegungen konnte man auf grosse körperliche Gewandtheit schliessen. (...)
Der jüngere war genauso gekleidet wie sein Vater, nur dass sein Anzug zierlicher gefertigt war. Seine Mokassins waren mit Stachelschweinsborsten und die Nähte seine Leggins und des Jagdrocks mit feinen, roten Zierstichen geschmückt. Auch er trug den Medizinbeutel am Hals und das Kalumet dazu. Seine Bewaffnung bestand wie bei seinem Vater aus einem Messer und einem Doppelgewehr. Er trug ebenfalls den Kopf unbedeckt und hatte das Haar zu einem helmartigen Schopf aufgebunden, durchflochten mit einer Klapperschlangenhaut, aber ohne es mit einer Feder zu schmücken. Es war so lang, dass es dann noch reich und schwer auf den Rücken niederfiel. Gewiss hätte ihm manche Dame um diesen herrlichen, blauschimmernden Schmuck beneidet. Sein Gesicht war fast noch edler als das seines Vaters und die Farbe ein mattes Hellbraun mit einem leisen Bronzehauch. Er stand, wie ich jetzt erriet und später erfuhr, mit mir ungefähr im gleichen Alter und machte schon heute, da ich ihn zum erstenmal erblickte, einen tiefen Eindruck auf mich. Ich fühlte, dass er ein guter Mensch sei und aussergewöhnliche Begabung besitzen müsse. Wir betrachteten einander mit einem langen, forschenden Blick, und dann glaubte ich zu bemerken, dass in seinen ernsten, dunklen Augen, die einen samtartigen Glanz hatten, für einen kurzen Augenblick ein freundliches Licht aufleuchtete, wie ein Gruss, den die Sonne durch eine Wolkenöffnung auf die Erde sendet." (21)

Hier verbinden sich bei Karl May kitschige Vorstellungen vom Edlen Wilden mit seinen eigenen, unreflektierten homoerotischen und ich-erhöhenden Wünschen in sentimental-schwülstiger Weise. Er beschreibt den Apachenhäuptling in einer Kleidung, die am ehesten auf die Prärievölker zutreffen würde, wie Karl Bodmer sie abbildete.

Beispiel 4:
Die obige Darstellung, „Schwarzfuss-Indianer nach der Schlacht", von Karl Bodmer versinnbild-

licht deutsche Vorstellungen von Indianern schlechthin: tollkühner Reiter in Hirschlederkleidung, bewaffnet, langhaarig und „gefiedert". Diese und ähnliche Darstellungen haben mit Sicherheit Karl Mays Indianerbild bestimmt. Winnetou wird ähnlich dargestellt wie der oben gezeigte Schwarzfuss-Indianer; er trägt seine Haare „zu einem helmartigen Schopf aufgebunden" wie der im Hintergrund links schwach erkennbare andere Reiter. (22)

Die nachhaltige Prägung deutscher Indianervorstellungen durch zeitgenössische Indianerdarstellungen lässt sich in Buchillustrationen nachweisen. Das folgende Beispiel zeigt, dass die zeitgenössischen Illustrationen von Sophie Wörishöffers *Auf dem Kriegspfad* (23) sich nach Vorlagen aus George Catlins *Die Indianer Nordamerikas* richtet. (24)

Beispiel 5:
Diese zeitgenössische Buchillustration aus Sophie Wörishöffers *Auf dem Kriegspfad* (1880) kombiniert die beiden Catlin-Vorlagen „Der Büffeltanz" und „Ein Medizinmann oder Krankheitsbeschwörer". Die Büffeltänzer umringen mit dramatischen Gesten den „Medizinmann" in der Mitte des Bildes.

Ein Medizinmann oder Krankheitsbeschwörer

Der Büffeltanz

Historisches: Zum Untergang verdammt

Die meisten untersuchten Titel tragen nichts dazu bei, den Rezipienten Einsicht in geschichtliche Zusammenhänge zu vermitteln. Viele Titel, besonders diejenigen, die für kleinere und ganz kleine Kinder gedacht sind, handeln im unbestimmbaren „Irgendwann", zumeist dann auch im ebenso unbestimmbaren „Irgendwo". Viele Bücher verbreiten auch die bereits von Karl May vertretene Ansicht (Beispiel 6), das Schicksal habe die Indianer zum Untergang verdammt. Statt Indianer als Opfer eines die Menschenwürde verachtenden, auf Expansion und privaten Profit ausgerichteten Systems darzustellen, werden sie als Opfer eines naturwüchsigen, übermächtigen Schicksals (Beispiele 7 und 8) beschrieben. Konfliktlösungsstrategien werden nicht gezeigt, stattdessen wird an den „guten Willen" appelliert (Beispiele 9, 10 und 11). Häufig wird Geschichte auch verfälscht, um zu einem „Happy End" zu kommen, so dass die Situation der Indianer heute — wenn sie überhaupt angesprochen wird — zu rosig erscheint (Beispiele 12 und 13). Nur wenige Jugendbücher zeigen geschichtliche Kontinuität und machen klar, dass der Imperialismus weiter existiert, wenn die Erscheinungsformen sich auch geändert haben mögen (Beispiel 14).

Beispiel 6: Die „Mär" von der sterbenden Rasse.
„Dieser Sterbende liess sich dem Entwicklungsgang seiner Umwelt nicht anpassen, weil er ein Charakter war. Musste

er deshalb getötet, konnte er nicht gerettet werden? Man gewährt dem Bison, damit er nicht ausstirbt, eine Zufluchtsstätte oben im Nationalpark vom Wyoming. Weshalb bietet man nicht auch dem einstigen, rechtmässigen Herrn des Landes einen Platz, wo er sicher wohnen und geistig wachsen kann?
Doch was nützen solche Fragen angesichts des Todes, der nicht abzuwenden ist! Was können Vorwürfe helfen, wo überhaupt nicht mehr zu helfen ist! Ich kann nur klagen, aber nichts ändern; ich kann nur trauern, doch keinen Toten ins Leben zurückrufen. Ich? Ja, ich! Habe ich doch die Roten kennengelernt während einer Reihe von Jahren, unter ihnen einen, der hell, hoch und herrlich in meinem Herzen, in meinen Gedanken wohnt." (25)

Beispiel 7: Die „Mär" von der zerstörten Kultur.
„Dieses WAS IST DAS-Buch berichtet über die Geschichte der Indianer Nordamerikas (...) Es ist eine dramatische, ja tragische Geschichte, die das Glück, die Kämpfe und die Leiden dieser Menschen darstellt. Durch das Eindringen des Weissen Mannes wurde die eigenständige Welt der Indianer, ihre Freiheit und Kultur zerstört, verändert und schliesslich unwiderruflich vernichtet." (26)

Das Buch erschien unter dem Titel *North American Indians* bereits 1965 bei Wonder Books, Grosset & Dunlap, New York. Viele Namen im Impressum, wie „Wissenschaftliche Überwachung durch Dr. Paul E. Blackwood", suggerieren ein Niveau, welches weder Text noch Illustrationen erreichen. Indianer sind Museumsstücke, ihr Untergang wird bedauert, über die Gegenwart erfährt man nichts. In Wirklichkeit haben Kultur und Traditionen der Ureinwohner Amerikas — oft im Untergrund — überlebt und sie sind in jüngster Zeit wieder entdeckt und praktiziert worden, zum Beispiel in den „Indian Survival Schools", den indianischen Überlebensschulen. Auch die indianische Bevölkerung Nordamerikas umfasst heute wiederum soviele Menschen wie zur Zeit, als die Pilgerväter Plymouth Rock erreichten (1−2 Millionen).

Beispiel 8: Krieg als Naturkatastrophe.
„… Denn ein neuer Krieg würde unweigerlich den Untergang seines (Red Clouds) Volkes bedeuten.
Und fast ein Jahr lang scheint es tatsächlich so, als solle das Kriegsbeil für immer begraben bleiben. Aber während die Dakota und Cheyenne ihre Feste feiern, tanzen und singen, jagen und Reiterspiele abhalten, steigen am Horizont dunkle Gewitterwolken auf, und bereits jetzt zeichnen sich in der Ferne undeutlich und verschwommen die Umrisse der nahenden Katastrophe ab.
In erschreckend kurzer Zeit verschwinden die Büffel von den Prärien …" (27)

Das Buch erschien ursprünglich 1970 im Union Verlag, Stuttgart. Mit einem Vorwort der DDR-Indianerbuchautorin Liselotte Welskopf-Henrich versehen, geriet es 1971 auf die Auswahlliste zum Deutschen Jugendbuchpreis. Es schildert den Widerstand der Sioux-Völker und Apachen und folgt dabei den tatsächlichen historischen Vorkommnissen. Trotz aller verbal ausgedrückten Indianersympathien bleiben die Schilderungen im rassistischen Klischee stecken.

Beispiel 9: So leicht schliesst man Frieden.

„Der Indianermann schwieg. Die kleine Indianerjunge hatte seinen Vater gehört. Sein Vater hatte wie ein grosser Häuptling gesprochen. Sein Vater hatte wie ein kluger und weiser Indianer gesprochen, der nicht will, dass die Indianer untereinander Feinde bleiben.

Der Häuptling aus dem Dorf stand auch auf. Er sagte: 'Es ist gut. Die Feinde sollen Frieden schwören. Wir wollen keine Rache an ihnen nehmen. Die Feinde sollen jetzt sagen, ob sie Frieden schwören und unsere Freunde werden wollen.'

Die Feinde schwiegen zuerst, dann rief der feindliche Häuptling: 'Ihr habt uns gefangen, aber nicht getötet. Ihr habt uns besiegt, nun wollt ihr unsere Freunde sein. Es ist gut so. Wir schwören den Frieden. Wir wollen ein neues Dorf bauen und eure Freunde werden." (28)

Beispiel 10: „Da schämten sich die weissen Männer" oder: Wenn Mädchen weinen ...

„'Was ihr getan habt, war hässlich!' rief sie.
'Der Bär ist mein Freund. Er ist ein Stück meines Herzens.'
Und dann konnte sie plötzlich nicht mehr anders — sie musste weinen. Da schämten sich die weissen Männer. Sie wendeten ihre Pferde und ritten davon. Und als Wandernder Mond mit seinen Männern kam, war schon alles in Ordnung." (29)

Ursprünglich in zwei Geschichten bei Bertelsmann 1969 und 1971 erschienen; die stereotype Indianertopographie dieser Kind-Tier Geschichten dient als exotische Staffage zur Vermittlung kleinbürgerlicher Harmonie- und Ordnungsvorstellungen.

Beispiel 11: Die Moral der Geschichte(n).

„Im Zusammentreffen verschiedener Kulturen und Rassen ergeben sich auch heute noch brennende Probleme. Die Geschichte der Indianer gibt uns zu bedenken, ob nicht solche

Probleme in gegenseitigem menschlichen Verstehen besser zu lösen sind als nach dem primitiven Freund-Feind-Schema." (30)

Beispiel 12: „Happy End".
„Die Indianerkinder konnten in Missionsschulen gehen. Auch Fliegender Stern und Grasvogel lernten lesen und schreiben. Die Buchstaben in den Büchern waren nun keine Zauberzeichen mehr für sie. Grasvogel wurde später Lehrer an einer Schule für Indianerkinder und Fliegender Stern wurde Pferdezüchter. Sie lernten wie Weisse zu leben, aber sie vergassen nicht, wie sie als Jungen noch durch die Wildnis gezogen waren und mit ihren Vätern Büffel gejagt hatten." (31)

Ursula Wölfel hat auch Drabschs *Indianergeschichte* mit zu verantworten. Sie bemüht sich um realistische Darstellung und folgt dabei der Büffelkind-Langspeer-„Autobiographie" (vgl. Fussnote 1). Somit ist das Blackfoot-Milieu „authentisch" geschildert, doch stellt sich Geschichte als Verkettung von Einzelschicksalen dar. Der Konflikt mit den Weissen wird von zwei Indianerkindern mit Hilfe eines gutmütigen Arztes gelöst. Der zitierte Epilog straft die Wirklichkeit Lügen: Büffelkind-Langspeer endete im Suff durch Selbstmord; Indianerkinder wurden gegen ihren Willen und den ihrer Eltern in Schulen gezwungen; meist bleiben und blieben sie arbeitslos. Diese Mischung aus ethnologischen Fakten mit historisch-ideologischen Fiktionen erscheint besonders gefährlich.

Beispiel 13: Es geht den Indianern ja so gut!

„Rund achtzig Jahre sind bis heute vergangen seit den letzten Indianerkämpfen, und der Wilde Westen ist zur Legende geworden. Er unterscheidet sich nicht mehr von anderen Gebieten der Vereinigten Staaten. Die Rothäute, die den Marterpfahl umtanzten und den Bleichgesichtern die Skalps abzogen, gehören der Geschichte an. Ihre Nachkommen aber leben. Sie haben sich angepasst und sind ein Teil der Bevölkerung geworden wie jeder andere. Die Indianer sind heute Schneider ebensogut wie Schuster, Schlosser ebensogut wie Flieger. Indianische Ärzte oder Professoren unterscheiden sich, von rassischen Merkmalen abgesehen, in nichts von ihren weissen Kollegen. Der indianische Jazzmusiker Jack Teagarden hat grossen Ruhm und internationale Anerkennung erlangt. Enkel einst gefürchteter Häuptlinge studieren Philologie und Medizin, werden Schauspieler und Lehrer. So ist das Volk der Jäger und Krieger zwar ausgestorben, aber die den Weissen angeglichenen Überbleibsel der roten Rasse haben sich vermehrt, denn ihre Lebensbedingungen sind nicht mehr so hart wie früher. Die Zeit der Gemetzel ist vorbei, die hygienischen Verhältnisse sind mit denen von früher überhaupt nicht zu vergleichen. Insgesamt leben heute in den Reservationen etwa 300'000 Indianer. Sie sind Handwerker, Bauern oder Viehzüchter, einige sind sogar durch Erdölvorkommen auf ihrem Land recht wohlhabend geworden. Freilich sind es vorwiegend die alten Menschen, die in den Reservationen zurückgeblieben sind. Sie erinnern sich noch gerne an die Vergangenheit und die Freiheit der Prärie, ihre Söhne und Enkel halten nichts mehr von diesen Geschichten. Die junge Generation kämpft mit ungeheurem Fleiss und Verbissenheit um die Gleichberechtigung mit den Weissen auf allen Gebieten des Lebens. Diese Indianer sind fest entschlossen, mit der Entwicklung Schritt zu halten. So ziehen sie in die grossen Städte, um sich so viel Wissen wie möglich anzueignen, und die Regierung bemüht sich, ihnen den Übergang in eine neue Zeit, in eine andere, fremde Kultur zu erleichtern." (32)

Angesichts der tatsächlichen Situation der Indianer heute, besonders der traditionellen Kreise, ist dieser Zynismus kaum zu überbieten.

Beispiel 14: Kontinuität der Geschichte: My Lai und Wounded Knee.
„'Schreiben Sie sich eines hinter die Ohren: Waffengewalt ist noch immer das wirksamste Mittel, um den Frieden zu erreichen und zu erhalten.' Das Jojo surrte fast waagrecht nach vorn. 'Schon vor hundert Jahren wussten unsere Väter, weshalb sie ihre wichtigste Waffe, den Colt 45, 'Friedensstifter' nannten.'
Der Major stockte, und seine Hand vergass diesmal, das Jojo auszuwerfen. Was starrte ihn der Junge so an? Zweifellos ein Indianer, das konnte McMurphy auch durch die Sonnenbrille klar erkennen: der Gesichtsschnitt, die Wangenpartie, die Nase und dann der Blick …
Der Junge sass keine fünf Schritte von ihm entfernt. Seltsam, fuhr es McMurphy durch den Kopf, da stand er und erzählte vom alten Westen, sprach vom 'Friedensstifter', und vor ihm hockte ein waschechter Indianer in der Uniform eines US-Soldaten.
Der Major gab sich einen Ruck und dem Jojo einen so unnachahmlichen Rechtsstipp, dass sich die enttäuschten Gesichter der Soldaten wieder aufhellten. 'Je härter wir zuschlagen', schloss er etwas übereilt, 'desto eher wird dieses Land wieder o.k. sein, und wir können nach Hause zurück. Ich danke Ihnen." (33)

Die Erzählung verknüpft zwei Zeitebenen — Vietnamkrieg und amerikanischen Bürgerkrieg — miteinander und stellt Bezüge her zwischen der damaligen Indianerpolitik und dem Geschehen in Vietnam. Das in der rororo-Rotfuchs-Reihe erschienene Buch gehört mit anderen Rotfuchs-Bänden (34) zu den erfreulichen Neuerscheinungen der letzten Jahre.

„Menschliches": Rassismus, Sexismus und Ordnung

Den meisten der untersuchten Kinder- und Jugendbuchtiteln gelingt es nicht, Indianer als Menschen anderer Rasse und Kultur glaubhaft darzustellen (eine leuchtende Ausnahme ist Anna Jürgens *Blauvogel*, Beispiel 20). Zwar geben insbesondere „Sach"bücher vor, Klischeevorstellungen zu widerlegen, doch sind sie oft bereits in der Fragestellung so rassistisch, dass es kaum noch der „Aufklärung" bedarf, um rassistische Vorurteile gegenüber blutrünstigen (Beispiel 15) oder triebhaften (Beispiel 16) Wilden vollends zu bestätigen. Häufig wird die amorph-indianische, stereotype Topographie lediglich zum Vehikel kleinbürgerlicher Ordnungs- (Beispiel 18) und Familienvorstellungen (Beispiele 19 und 20).

Beispiel 15: Indianer als kriegslüsterne Sadisten.
„Liebten die Indianer den Krieg?
Ja, und wie! Für den Prärieindianer war Krieg das wichtigste im Leben. Die Jagd sah er als harte Arbeit an, Krieg dagegen — der machte das Leben erst lebenswert. Je toller der Krieg, desto besser. Allein im Krieg konnte er Karriere machen. Kriegserfolge waren die einzige Chance, es im Leben zu etwas zu bringen, angesehen, berühmt und wohlhabend zu werden. Krieg führte man als ein tödliches Spiel, als Sport und Zeitvertreib. Gründe gab es genug: Rache, Trophäen, um Pferde zu stehlen, um Ruhm, Auszeichnungen oder einen Namen zu gewinnen, oder um nachbarliche Stämme von den eigenen Jagdgründen fernzuhalten. Ohne Heldentaten im Kriege fand kein Mann im Stamme Anerkennung

und Bewunderung. Wollte etwa ein junger Mann ohne Kriegserfahrung einem Mädchen den Hof machen, dann schlug es einen weiten Bogen um ihn und sagte: 'Halte mich nicht auf! Wann gedenkst du deinen ersten Feind aufzuhalten …?'"

„Waren die Indianer besonders grausam?
In der Tat: Indianerkriege zeichneten sich durch eine endlose Kette von entsetzlichen Greueltaten aus — aber wir stehen da nicht besser da. Sie waren keinesweg barbarischer als der Dreissigjährige Krieg oder die Bauernkriege. Vielmehr führten sich die Weissen als die denkbar schlechtesten Vorbilder auf: Sie richteten unter der indianischen Urbevölkerung unbeschreibliche Schandtaten an, wüteten bisweilen noch schlimmer als die wildeste Rothaut. Die Indianer zahlten mit gleicher Münze zurück und zeigten sich als gelehrige Schüler." (35)

Wolfgang Breu hat mehrere Indianer-Sachbücher für den Franz Schneider Verlag verfasst (36), die alle darauf abzielen, exotische Sensationen zu vermitteln. Sie sind unsorgfältig zusammengeschriebene, vielfach schlecht illustrierte Billigprodukte, die, auf der Indianerwelle mitschwimmend, den Markt überfluten. Zwar wird immer wieder moralisierend darauf hingewiesen, wie schlecht die Weissen die Indianer behandelten, trotzdem gelingt es nicht, indianische Verhaltensweisen menschlich glaubhaft werden zu lassen. Häufig finden sich auch falsche Informationen, bzw. ungenaue Verallgemeinerungen. So hatte „Krieg" für die Präindianer eine ganz andere Bedeutung und zielte im allgemeinen nicht auf die Vernichtung (Tötung) der Gegner ab. Bezüge zur Gegenwart werden vermieden, stattdessen der Verweis

Sitting Bull, ein intelligenter Indianerhäuptling

auf den Dreissigjährigen Krieg und den Bauernkrieg. Die Grausamkeit moderner Waffentechnik oder der Vernichtungsmaschinerie von Auschwitz und Belsen werden tunlichst nicht erwähnt. Wozu dann überhaupt der Vergleich?

In Breus Indianerenzyklopädie sind „Sitting Bull" zweieinhalb Seiten gewidmet. Breu erklärt weder, weshalb „Sitting Bull" als spiritueller Führer nicht am Kampf gegen Custer aktiv teilnahm, noch wieso er ins Exil gehen musste. Über die Ermordung „Sitting Bulls" wird ungenau und dadurch verfälschend berichtet: „Als er … verhaftet werden sollte, widersetzte er sich natürlich und wurde in einem Handgemenge erschossen." Somit können die Leserinnen und Leser folgern: „Selbst Schuld, warum leistete er auch Widerstand gegen die Staatsgewalt!" Immer wieder betont Breu die Intelligenz des grossen Indianers, „dass er sogar seinen Namenszug schreiben lernte." Die Bildunterschrift ist chauvinistisch: ein Weisser verteilt Zensuren — „Sitting Bull" ist *ein* intelligenter Indianerhäuptling. Es entsteht der Eindruck, dass alle anderen nicht intelligent waren. Angesichts der andersgearteten, spirituellen Weisheit indianischer Medizinmänner ist der ohnehin umstrittene Intelligenzbegriff doppelt fragwürdig.

Beispiel 16: Die Macht des Blutes.

„Das Umherziehen lag den Sioux, Cheyenne, Arapahoe, Kiowa, Comanchen und Apachen im Blut, und nichts widersprach mehr ihrem innersten Wesen als ein fester Wohnsitz. Sie wanderten aber keineswegs nur deshalb, weil es ih-

nen Spass machte, sondern sie zogen den grossen Büffelherden nach, die für sie die Grundlage ihres Daseins waren.
Trotzdem waren für die Indianer die Jagd, die gefahrvolle
Wanderung, das Abenteuer und gelegentlich ein Kriegszug
gegen einen feindlichen Stamm mindestens so wichtig wie
Essen und Trinken.
… Es ist klar, dass dieser ganz und gar der Natur des Indianers entsprechende Trieb sich nicht von heute auf morgen
unterdrücken und ersticken lässt." (37)
„Aber die Rothäute können sich noch nicht damit abfinden,
den Rest ihres Lebens in den Reservationen zu verbringen
und tatenlos die Hände in den Schoss zu legen. Ihr wildes
Blut treibt sie hinaus auf die Jagd, auf den Kriegspfad gegen
die verhassten Bleichgesichter." (38)

Abgesehen davon, dass das erste Zitat sich selbst
widerspricht — ist das Umherziehen nun materielle Notwendigkeit oder Diktat des Blutes? —, entsteht insgesamt der Eindruck, als seien die Indianer Opfer eigener Triebe. Wenn Misch sich schon
nicht der Auffassung, dass das Sein das Bewusstsein bestimmt (bei traditionellen Indianern scheinen beide Bereiche vereint) anschliessen kann, so
folgt daraus trotzdem nicht, dass bei den Indianern das Unterbewusstsein (Blut, Triebe) das Sein
bestimmt. „Indianer als triebgesteuerte Lebewesen" leitet den nächsten Schritt ein: „Indianer sind
wie Tiere".

Beispiel 17: Indianer als Saubermänner.
„Die Männer räumten brummend den Schnee fort, in dem
der Wigwam zu verschwinden drohte …
Abends, wenn die Männer von der Jagd heimkamen … stellten sie ihre Waffen vorm Wigwam ab. Pfeil und Bogen,
Tomahawk und Wurfspeer. Und ihre Schuhe, die Mokassins, liessen sie auch draussen." (39)

Hier wird wiederum deutlich, dass die stereotype Indianertopographie, die auch in den Illustrationen eingehalten wird (40), lediglich den exotischen Hintergrund liefert, der die Vermittlung kleinbürgerlicher Ordnungs- und Sauberkeitsvorstellungen geniessbarer machen soll.

Beispiel 18: „Soyi war wie alle kleinen Mädchen ..."
„Soyi war wie alle kleinen Mädchen. Sie sammelte Federn und Muscheln und schmückte sich damit. Rote und blaue Beeren fädelte sie auf Büffelsehnen zu langen Halsketten auf. Sie sass mitten unter ihren Kleinen Leuten, ihrer Puppenfamilie." (41)

Käthe Recheis hat verschiedene Kinderbücher, auch über Indianer (42), veröffentlicht. Dieser Titel, *Sinopah,* geriet auf die Auswahlliste des Deutschen Jugendbuchpreises, die Verfasserin erhielt zweimal den österreichischen Staatspreis für Kinderliteratur. Zwar wird im Klappentext von *Die Hunde Wakondas* auf die völkerkundlichen Studien der Verfasserin verwiesen, doch ist zumindest in *Sinopah* die indianische Umgebung nur Staffage. In *Wakonda* lässt sich jedoch ein bedeutender Fortschritt, hin auf eine den Indianern gerechter werdende Einstellung feststellen, jedoch wird dort Geschichtliches verfälscht: dass die Dakotas Pferde erhielten wird als Einzelleistung eines Indianerjungen dargestellt, nicht als Resultat eines langwierigen Austauschprozesses zwischen den indianischen Völkern. Das sexistische Vorurteil, „Mädchen sind eitel und spielen mit Puppen" findet sich übrigens nicht nur bei ihr.

Beispiel 19: „… sagte der Mann … Und die Frau nickte …"
„Als die Sonne wieder aufging, und die Indianerfrau erwachte, sagte der Mann zu ihr: 'Wir wollen hier wohnen!' Und die Frau nickte. Und da war es beschlossen, dass sie hier ein Haus bauen würden." (43)

Beispiel 20: Die Welt der Irokesen — die Welt der Siedler.
„Blauvogel half der Mutter; neben ihm arbeiteten Malia und Tante Rotauge, dann kam Rehkalb mit Tante Weisseiche und so Gruppe für Gruppe über die ganze, weite Dorfmark hinweg. Mittagsonne zeigte dem Jungen, wie man die Haue führen musste.
'Du häufelst jetzt ein wenig Erde auf — nicht so viel — nur eine Hand hoch wie ein kleiner, flacher Maulwurfshügel. Ja, so ist es richtig. Nun machst du einen grossen Schritt und scharrst wieder einen solchen Hügel zusammen. So geht es dann immer weiter vorwärts. Achte nur auf den richtigen Abstand nach rechts und links.'
Damit kniete die Mutter hin und öffnete die drei mitgebrachten Lederbeutel. Dem ersten entnahm sie sechs Maiskörner, drückte sie mit dem Daumen in die Erde des Hügelchens und strich die Krume glatt. Danach holte sie aus dem zweiten Beutel vier oder fünf Bohnen und versenkte sie innerhalb des Maiskörnerkreises in den Boden. Aussen am Rande der gehäufelten Erde pflanzte die Mutter einige Kürbiskerne.
'Warum tust du denn das?' wollte Blauvogel wissen.
'Wir stecken immer unsere Lebenserhalter zusammen in die Erde. Wenn die Maishalme heranwachsen, können die Bohnen daran emporklettern. Die Kürbisse ranken sich in die freien Vierecke zwischen den Hügeln und halten mit ihren breiten Blättern im Hochsommer die Feuchtigkeit fest, damit der Boden nicht so ausdörrt. So helfen sich unsere Lebenserhalter gegenseitig, und deshalb müssen sie immer zusammen auf einem Acker wachsen.'" (44)
„Noch halb schlafend folgte der Junge dem Bruder zum Waldrand. Den fremden Mann, den Andres sich zur Hilfe genommen hatte, bemerkte er kaum, denn ihm lag noch die Strapaze des wochenlangen Marsches in den Knochen.

Zu dritt machten sie sich an die Arbeit. Die vorderste Linie der Bäume, die sich wie eine Reihe Säulen reckte, war bereits hüfthoch über dem Boden angehackt. Tiefe Kerben blitzten in dem dunklen Braun der Stämme. 'Heute hauen wir den Sturzbaum', sagte Andres und deutete auf eine mächtige Buche, die drei Mann nicht umspannen konnten. 'Wir müssen sie so fällen, dass sie alle anderen mitreisst.'
Bald klopften die Äxte ihren regelmässigen Takt. Aber der Junge vermochte nicht mitzuhalten. Er kannte solche schwere Arbeit nicht; das Hauen der dürren Feueräste war ein Kinderspiel gegen dieses Schlagen von lebendigem, zähem Stammholz. Dazu lag der Stiel der Axt nicht richtig in seiner Hand und zerriss ihm fast den Handteller. In Fruchtbare Erde schnitzte jeder seinen Axtstiel so lange, bis er im Griff genau passte.
Ermahnungen hagelten auf den Jungen hernieder: 'Du musst besser zuhauen', 'Du fasst den Stiel nicht richtig', 'Du stellst dich aber ungeschickt an.' Andres machte ein unzufriedenes Gesicht und brummte einige Male: 'Du hast ja gar nichts gelernt; ein Grenzer muss doch mit der Axt umgehen können.'
Am Spätnachmittag begann der Stamm zu krachen, ein Zittern lief bis in die äussersten Spitzen der Zweige, langsam neigte sich der Baum und sank in die Krone des nächsten. Das Dröhnen pflanzte sich durch die ganze Reihe fort, splitternd und krachend hakten sich die Buchen ineinander und rissen sich gegenseitig eine nach der anderen zu Boden." (45)

Anna Jürgen (Pseudonym von Anna Müller-Tannewitz) schrieb dieses Buch bereits in den letzten Monaten des Zweiten Weltkrieges. Es wurde 1949 im Berliner Verlag Neues Leben veröffentlicht und hat seitdem verschiedene Auflagen und Ausgaben erlebt. Diese Geschichte schildert die Adoption eines neuenglischen Jungen seitens einer irokesischen Familie, seine Rückgabe an die Weissen und seine schliessliche Flucht zurück zu den Indianern. Anhand konkreter Situationen sagt dieses hervorragende Buch mehr über die unterschiedlichen Kulturen als alle Sachbücher.

Schlussfolgerungen

Die angeführten Beispiele bestätigen die in der Gesamtuntersuchung festgestellten Ergebnisse: immer noch haben Karl Mays Indianerdarstellungen den nachhaltigsten Einfluss (46). Die Mehrzahl der untersuchten Texte (47) folgt einer stereotypen Topographie (48), die hier kurz dargestellt wird.

Äussere Erscheinung

Indianer haben rötlichbraune, ziemlich helle Haut, Hakennasen, breite Backenknochen, dunkle Augen und blauschwarze Haare, die sie lang tragen. Sie tragen Federkopfschmuck, Mokassins und Fransenkleidung. Sie sind mit (Skalp-)Messern, Tomahawks, Pfeilen und Bögen, Speeren und Gewehren bewaffnet, reiten auf Mustangs und leben unstet in Zelten.

Charaktereigenschaften

Indianer sind unzivilisierte Wilde. Im Frieden und als Freunde einzelner Weisser sind sie edel, ausserordentlich tapfer, mutig, ehrlich, treu und schweigsam. Werden sie jedoch gereizt, so schlägt ihr wildes Blut um in Mordlust, Blutgier, unvorstellbare Grausamkeit und Rachsucht bis zur Selbstvernichtung. Indianische Männer sind ziemlich faul; sie jagen und kämpfen nur. Die Frauen gehorchen ihnen und müssen hart arbeiten.

Kultur und Geschichte
Bevor die Weissen kamen, lebten die Indianer in vielen Stämmen, die sich unablässig bekämpften. Befehlshaber eines Stammes waren Häuptlinge, die mutigsten und weisesten Krieger. Medizinmänner waren oft verschlagen und grausam und beschworen die Geister. Indianer skalpierten getötete Feinde und marterten ihre Gefangenen zu Tode. Sie lebten von der Jagd und folgten den Büffeln durch die Prärien. Ihre Rasse und Lebensart war zum Untergang verurteilt, weil die Indianer der Zivilisation der Weissen im Wege waren. Skrupellose Weisse taten den Indianern oft unrecht. Heute leben nur noch wenige Indianer in Reservaten, wogegen die meisten von ihnen zu fleissigen und zivilisierten US-Bürgern geworden sind.

Anmerkungen

1) „Der Indianer steht dem Deutschen näher als sonst einem Europäer. Das liegt vielleicht an unserem stärkeren Hang zum Naturhaften. Neger, Eskimos, Südseevölker besitzen nicht die menschlichen Eigenschaften, um unsere Freundschaft und Hinneigung zu wecken. Der Indianer aber ist uns im Knabenalter ein Vorbild und Bruder (sic!, d. Verf.); er bleibt uns später aus dem Träumen und Sehnen dieser Jahre

eines unserer liebsten Erinnerungsbilder." Dieses rassistische Gelaber schrieb 1929 ein Dr. Hans Rudolf Rieder in der Einführung zur „Auto-biographie" von Buffalo Child Long Lance; — sie wurde in der Neu-ausgabe von 1958 nicht gestrichen. *Häuptling Büffelkind Langspeer er-zählt sein Leben,* Paul List, München, p. 7. Dass es sich bei diesem Buch um eine erdachte, wenn auch sehr authentisch geschilderte Le-bensgeschichte handelt, ist mittlerweile erwiesen. Vgl.: Hugh A. Dempsey, „Sylvester Long, Buffalo Child Long Lance: Catawba-Che-rokee and adopted Blackfoot", in: *American Indian Intellectuals,* Ed. Margot Liberty (St. Paul: West Publishing, 1978), pp. 196—203.

2) Vgl. auch: Hartmut Lutz, „Sitting Bull and Siegfried: Some Thoughts about Recent Trends in German Books on American Indians", *Kriteri-kon Litterarum,* 4/1975, pp. 47—58.

3) Der puritanische Geistliche und Literat Cotton Mather vertrat noch Ende des siebzehnten Jahrhunderts die gängige und bequeme Ansicht, die Indianer seien Geschöpfe des Teufels. Somit taten die neuengli-schen Kolonisten ein gottgefälliges Werk, wenn sie — wie geschehen — ganze Stämme ausrotteten (Vgl. Cotton Mather, *Magnalia Christi Americana; or, the Ecclesiastical History of New England,* 2 Bde., Rus-sel & Russel, New York, 1967; Bd. I, p. 560; Original: 1702.)
Selbst Mark Twain (d.h. Samuel Langhorn Clemens) bezeichnete im Jahre 1872, als viele indianische Völker vernichtet waren und weiter vernichtet wurden, die Gosiute-Indianer als Nachkommen von Goril-las, Kängurus und Ratten. (Vgl. Mark Twain, *Roughing It,* New Ame-rican Library, New York, 1962, p. 119.) Die Gleichsetzung Andersras-siger mit Teufeln und Tieren gehört zu den Grundmustern rassistischer Argumentationsweisen.

4) Vgl. dazu: Marieluise Christadler, „Zwischen Gartenlaube und Geno-zid. Kolonialistische Jugendbücher im Kaiserreich", in: Jörg Becker und Charlotte Oberfeld (Hrsg.), *Die Menschen sind arm, weil sie arm sind,* Haag & Herchen, Frankfurt, 1977, pp. 61-99.

5) Der „gentleman farmer" James Fenimore Cooper (1789—1851), dessen Ländereien in einem Teil des Staates New York lagen, der längst von Indianern „gesäubert" war, konnte sich nostalgisch in die Darstellun-gen edler Wilder vertiefen und damit — Krokodilstränen über den Un-tergang der roten Rasse weinend — auch eventuelle Schuldgefühle kompensieren. Mark Twain, der am Mississippi gross wurde und selbst die „Frontier" bereiste, kannte keine Skrupel. (s. Anm. 3)

6) s. Textbeispiele 1 und 2.

7) Als weitere wichtige Namen wären die Indianerbuchautoren Friedrich Gerstäcker (1812—1872) und Balduin Möllhausen (1825—1905) zu nennen.

8) In *The Last of the Mohicans* (Ausgabe: Dent & Dutton, New York, 1970, p. 78 f.) findet sich eine Passage, die beschreibt, wie ein tödlich verwundeter Hurone, der sich verzweifelt an einen Ast klammert, um

nicht abzustürzen, von „Lederstrumpf" durch einen Gnadenschuss (des weissen Mannes Gnade!) von weiterem Leid befreit (!) wird. Bei Sophie Wörishöffer (*Auf dem Kriegspfad*, Moewig, München, 1976; Originalausgabe 1880; p. 31 f.) findet man folgende Szene:

„In diesem Augenblick fiel über die höher gelegene Felswand zur Rechten ein Schatten auf die kleine freie Fläche in der Mitte, wo das Feuer längst erloschen war. Ein dunkler, mit Adlerfedern geschmückter Kopf erhob sich lautlos.

Nackte Schultern folgten und dann zwei Arme, die den Bogen zum tödlichen Schuss erhoben hielten.

In der nächsten Sekunde musste der Pfeil Jonathans Brust durchbohren.

Da schwirrte plötzlich der Pfeil eines Schwarzfusses durch die Luft und bohrte sich in die Brust des Angreifers. Ein dumpfer Laut entrang sich der Kehle des Krähenindianers. Er liess seinen Bogen fallen und klammerte sich mit seiner linken Hand krampfhaft an das bröckelnde Gestein. Blut schoss aus der Wunde, die der Pfeil gerissen hatte. Sterbend hing der Krähenindianer am Felsrand.

'Jonathan', rief Everett, 'gib ihm den Gnadenstoss!'

Der Schwarzfuss, der den Pfeil abgeschossen hatte, wandte plötzlich den Kopf. 'Der Gefangene gehört Schlauer Fuchs!' rief er drohend. 'Niemand sonst hat ein Recht auf ihn!'

Oben auf dem Felsrand kämpfte der Indianer mit dem Tod, sein Kopf neigte sich, seine Atemzüge wurden hörbar.

Everett sprang plötzlich hervor, legte an und schoss die erlösende Kugel in das Herz des Indianers, der von der Felskante abstürzte und vor die Füsse des Trappers fiel. Everetts Gesicht glühte vor Zorn. 'Ihr seid Unmenschen!'

Während er sprach, schlugen wenigstens zehn Pfeile rechts und links neben ihm in die Wände oder fuhren zischend haarscharf an seinem Kopf vorüber. Nur eine blitzschnelle Bewegung brachte ihn zurück in den Schatten der inneren Höhle.

'Das also ist ein Indianerkrieg', sagte er kopfschüttelnd, 'ich hätte ihn mir doch in etwas ritterlicherer Form gedacht.'"

9) Hervorragend ist Arno Schmidts *Sitara und der Weg dorthin* (Fischer, Frankfurt, 1969), eine unorthodoxe, psychoanalytische Studie von Karl Mays Verdrängungen. Gert Ueding, *Glanzvolles Elend: Versuch über Kitsch und Kolportage*, Suhrkamp, Frankfurt, 1973, untersucht Mays Werke ideologiekritisch als Reaktion auf eine repressive Gesellschaftsordnung, die dem Abenteuer nur noch in Tagträumen Raum lässt, und Johannes Merkel, *Die heimischen Gefilde des Abenteurers: Zur Funktion von Indianer-Büchern am Beispiel Karl Mays „Winnetou"*, in: Becker/Oberfeld, (Hrsg.), *Die Menschen sind arm, weil sie arm sind*, pp. 27—59, betrachtet Mays Werke ebenfalls als Fluchtreaktion, die die Leser nachvollziehen.

10) Johannes Merkel, *Die heimischen Gefilde des Abenteurers*, p. 51.

11) Vgl. Gert Ueding, *Glanzvolles Elend: Versuch über Kitsch und Kolportage*, passim.

12) Dies sind: *Schneller Fuss und Pfeilmädchen* (1935), *Der fliegende Pfeil* (1930), *Der rote Sturm* (1932), *Tecumseh der Berglöwe* (1932), *Der strahlende Stern* (1934), *Der Sohn des Manitu* (1938), *Ruf der Wälder* (1938), *Tecumsehs Tod* (1938). Alle erschienen bei Franckh, Stuttgart.

13) Die Übersetzung ins Deutsche trägt den wenig sinnvollen Titel *Begrabt mein Herz an der Biegung des Flusses*, Hoffmann und Campe, Hamburg, 1972. In der Folgezeit erschien eine Flut weiterer Publikationen, die ich zumindest teilweise in Sammelrezensionen besprochen habe; vgl.: Hartmut Lutz, „Sitting Bull and Siegfried"; ders., „1976 in German Books: Year of the North American Indian? A Critical Review of New German Books Dealing with North American Indians". *Amerikastudien/American Studies*, 23,1/1978, pp. 175-186.

14) Eine Ausnahme bildet hier die Kinderbuch-Rezensionszeitschrift *Der rote Elefant* (Redaktion Johannes Merkel, Göttingen), in der unter anderem auch Indianer und Dritte-Welt-Bücher für Kinder und Jugendliche ideologiekritisch analysiert werden. Indianerbücher wurden auch besprochen in: *Bulletin Jugend und Literatur*, Heft 4/1973, pp. 12–24, sowie in *Jugend und Buch*, Heft 1/1977, pp. 1–8. Vgl. auch die Bücher von Anneliese Bodensohn, die jedoch keinen ideologiekritischen Anspruch erheben können: *Im Zeichen des Manitu*, dipa, Frankfurt, 1967.

Zwei Jahre nach Abschluss dieses Manuskripts erschien Anna Krügers *Die erzählende Kinder- und Jugendliteratur im Wandel* (Frankfurt u.a.: Diesterweg/Sauerländer, 1980), in dem auch Indianerbücher behandelt werden. Den Wertungen Frau Krügers kann ich mich nur manchmal anschliessen.

(In der Schweiz gibt die „Erklärung von Bern" seit 1975 in regelmässigen Abständen die Broschüre „Dritte Welt — Empfehlenswerte Kinder- und Jugendbücher" heraus, eine nach Kontinenten und Lesealter geordnete, mit kritischen Inhaltsangaben versehene Auswahl von Kinder- und Jugendbüchern in deutscher Sprache. Die Auswahl erfolgt nach Kriterien, die vor allem Rassismus und Ethnozentrismus beachten, ferner Sexismus, sowie nach literarischen und pädagogischen Gesichtspunkten. — Hrsg.)

15) Einzelne kurze Erhebungen finden sich jedoch in: Edgar Wüpper (Hrsg.), *Nur ein toter Indianer ist ein guter Indianer*, thema: Buchzeitschrift für Gegeninformationen, Göttingen, 2. Aufl. 1975, pp. 32–36 und in: Frederik Hetmann und Alfred Keil, *Indianer heute: Bericht über eine Minderheit*, Beltz, Weinheim und Basel, 1977, p. 15. Dazu muss ergänzt werden, dass Hetmann/Keil schamlos bei Wüpper abschreiben ohne direkte Quellenangabe. (Wüpper taucht nur in der Gesamtbibliographie und im Bildquellennachweis auf.)

16) Jörg Becker, *Es ging spazieren vor dem Tor ein kohlpechrabenschwarzer Mohr, Schule und Dritte Welt: Texte und Materialien für den Unterricht*, hrsg. vom Bundesministerium für wirtschaftliche Zusammenarbeit, Nr. 48, Bonn, 1976, p. 19.

17) Die Befragung begann im Mai/Juni 1977 innerhalb eines von der Universität Osnabrück durchgeführten Unterrichtsprojektes über *Indianer in Nordamerika/North American Indians*, das mit Fragebogen veröffentlicht wurde als *Kontrast*, Heft 4/1977. Mittlerweile wurden insgesamt 460 Fragebogen ausgewertet und mit den Ergebnissen einer kleineren parallelen Befragung amerikanischer Schülerinnen und Schüler verglichen, − s. dazu: Hartmut Lutz, '*Indians' through German v.s. U.S. Eyes, Interracial Books für Children Bulletin*, 12,1/1981, pp. 3−8. Eine Veröffentlichung der Gesamtergebnisse wird im Rahmen meiner in Arbeit befindlichen Habilitationsschrift '*Indianer' und 'Native Americans': Zur sozial- und literargeschichtlichen Vermittlung eines Stereotyps und seiner didaktischen Reflexion* erfolgen.

18) Die Analyse der Jugendliteratur und einiger Schulbücher zum Thema Indianer erschien unter dem Titel *North American Indians* in: *Kinder- und Jugendliteratur und Unterricht* − Ein Bericht über '*American Studies' in der Schule* in der Zeitschrift *Amerikastudien*, Bd. 24, Heft 1/1979, pp. 122−151. Speziell zur Indianerthematik im Englischunterricht erschien unlängst: Hartmut Lutz, *Native Americans im Englischunterricht. Zur Theorie und Praxis einer sozialkritischen Landeskunde in der Orientierungsstufe*, in: Dieter Buttjes (Hrsg.), *Landeskundliches Lernen im Englischunterricht*, Paderborn, 1981, pp. 141−161.

19) James Fennimore Cooper, *Der letzte Mohikaner*, Dent & Dutton, London und New York, 1970 (Originalausgabe 1826), p. 195.

20) James Fennimore Cooper, *Der letzte Mohikaner*, p. 25.

21) Karl May, *Winnetou I*, Tosa Verlag, Wien, o.J., p. 74 f.

22) Dieses Bodmer-Bildzitat entstammt: Maximilian Prinz zu Wied, *Reise in das innere Nordamerika*, 2 Textbände, Vignettenband und Bildtafeln, Rhenania Buchhandlung, Koblenz, o.J. (Sonderausgabe, die 1978 erschien) und: Walter Hansen, *Die Reise des Prinzen Wied zu den Indianern*, Verlag Walter Ludwig, Pfaffenhofen-Ilm, 1977. Hervorragende Reproduktionen enthält auch: Hans Länge, *Indianer waren meine Freunde. Leben und Werk Karl Bodmers 1809−1893*, Hallwag Verlag, Bern und Stuttgart, 1976.

23) Moewig, München, 1976.

24) Verlag Lothar Borowsky, Wels, o.J.

25) Karl May, *Winnetou I*, Tosa Verlag, Wien, o.J., p. 7.

26) Felix Sutton, *Indianer*, Neuer Tessloff Verlag, Hamburg, o.J., p. 2 „Vorwort".

27) Jürgen Misch, *Der letzte Kriegspfad. Der Schicksalskampf der Sioux und Apachen*. dtv-junior, München, 1976, p. 128.

28) Gerhart Drabsch, *Indianergeschichte*, Ravensburger TB, Ravensburg, 1965, p. 160.

29) Gina Ruck-Pauquet, *Wa-ta-wah und Wolfsnase. Zwei Geschichten von den Ängsten und Freuden zweier Indianerkinder*, Otto Maier, Ravensburg, 1975, p. 46.

30) Felix Sutton, *Indianer*, Neuer Tessloff Verlag, Hamburg, o.J.

31) Ursula Wölfel, *Fliegender Stern*, Otto Maier, Ravensburg, 1976, 1963, p. 109.

32) Jürgen Misch, *Der letzte Kriegspfad*, dtv-junior, München, 1976, p. 273 „Nachwort".

33) Horst Burger, *Die Friedenspfeife ist zerbrochen*, Rowohlt, Reinbek, 1975, p. 4.

34) Zum Beispiel: Hansjörg Martin, *Überfall am Okeechobee* (1972), Michael Hyde, *Bei den Nootka-Indianern* (1974) und Edgar Wüpper *Schaufenster* (1975).

35) Wolfgang Breu, *Verblüffende Rekorde der Indianer*, Franz Schneider, Silberne Rekord Reihe Bd. 3, München und Wien, 1977, pp. 60 und 66.

36) Wolfgang Breu, *Verblüffende Rekorde der Inkas, Mayas und Azteken, (1977) und Wilder Wester A−Z* (1978).

37) Jürgen Misch, *Der letzte Kriegspfad*, dtv-junior, München, 1976, p. 116.

38) Jürgen Misch, *Der letzte Kriegspfad*, p. 121.

39) Gina Ruck-Pauquet, *Wa-ta-wah und Wolfsnase*, pp. 33 und 46.

40) Ein anderes, in der oben angekündigten Analyse ebenfalls behandeltes Indianerbuch für kleinere Kinder stellt die gleichen Stereotypen dar: Nathaniel Benchley, *Roter Fuchs und sein Kanu*, Deutsch von Alfred Könner, Carlsen, Reinbek, 1976. Die Originalausgabe dieses Buches wurde bereits in den USA aufgrund ihrer stereotypen Indianerdarstellung kritisiert: vgl. Jane Califf, „Sensitizing Nine-Year-Olds to Native American Stereotypes", *Interracial Books für Children Bulletin*, 8,1/ 1977, pp. 3−7.

41) Käthe Recheis, *Sinopah und das Pony*, Friedrich Oetinger, Hamburg, 1963, pp.16−17.

42) Käthe Recheis, *Die Hunde Wakondas*, dtv-junior, München, 1977.

43) Gerhart Drabsch, *Indianergeschichte*, Ravensburger TB, Ravensburg, 1965, p. 8.

44) Anna Jürgen, *Blauvogel, Wahlsohn der Irokesen*, Otto Maier, Ravensburg, 1976, pp. 107−108.

45) Anna Jürgen, *Blauvogel, Wahlsohn der Irokesen*, pp. 181−182.

46) Eine Untersuchung von Dieter Kirsch (Frankfurt) über die Lesegewohnheiten 15jähriger Schülerinnen und Schüler ergab, dass, nach sog. Kiosk-Lektüre, immer noch Karl May der „unangefochtene Spitzenreiter" ist, und zwar für alle Jugendlektüre insgesamt − nicht nur Indianerbücher. Vgl. „Thema der Woche: Karl May noch Spitzenreiter", *Neue Osnabrücker Zeitung*, 24.6.1978.

277

47) Zu den im *Amerikastudien*-Aufsatz von mir untersuchten 59 Titeln kommt neu hinzu: Wolfgang Breu, *Wilder Westen A—Z*, Franz Schneider, München, 1978. Von den insgesamt 60 Büchern (Karl May-Bücher waren in der Untersuchung ebenfalls noch nicht dabei) waren nur 24 Titel geeignet, rassistische Klischees zu überwinden und die traditionellen deutschen Indianervorstellungen abzubauen. Diese Titel erschienen in der Mehrzahl in letzter Zeit und in geringen Auflagen. Rechnet man zu den anderen 36 Titeln noch Karl Mays Werke hinzu und bedenkt man, dass deren Auflage ungleich viel höher ist, so lässt sich sagen, dass nur ein winziger Bruchteil aller gelesenen Texte nicht die alten Klischees weiterstrapaziert.

48) Jörg Becker, *Es ging spazieren ...* Die Beckersche Liste wird im folgenden zwar erweitert, doch bleiben die Grundmerkmale bestehen. (Ausnahme: *Cowboy*).

„Die Armen hungern – die Reichen helfen"

Rassismus in deutschen evangelischen Religions-
büchern

Von Rolf Lüpke

„Mit Rassismus meinen wir den ethnozentrischen Stolz auf die eigene rassische Gruppe, Bevorzugung der besonderen Wesensmerkmale dieser Gruppe, die Überzeugung, dass diese Merkmale grundsätzlich biologischer Art sind und den nachfolgenden Generationen weitergegeben werden, negative Empfindungen gegenüber anderen Gruppen, die nicht an den eigenen Merkmalen teilhaben, verbunden mit dem Drang, die andersrassische Gruppe zu diskriminieren und von der vollen Teilhabe am Leben der Gemeinschaft auszuschliessen.

Mit weissem Rassismus meinen wir den bewussten oder unbewussten Glauben an eine von Natur aus gegebene Überlegenheit der Menschen europäischer Herkunft (besonders nordeuropäischer Herkunft), die allen weissen Menschen Herrschaft und Vorrechte einräumt, verbunden mit dem Glauben an die angeborene Minderwertigkeit aller Farbigen, insbesondere derjenigen afrikanischer Herkunft, die deren Unterwerfung und Ausbeutung rechtfertigt. Wenn wir uns auf den weissen Rassismus konzentrieren, vergessen wir nicht die anderen Formen von Ethnozentrismus, die heute interethnische und Stammeskonflikte in der ganzen Welt hervorrufen." (1)

Rassismus in den Traditionen des deutschen Protestantismus

Die Geschichte des deutschen Protestantismus ist unheilvoll mit dem Rassismus verknüpft. Es genügt, an einige Aspekte zu erinnern.

Der erste Aspekt: Die Rassentheorien des Nationalsozialismus in Deutschland, die sich in der Vernichtung der Juden und anderer „nicht-arischer" Menschen niederschlugen, fanden ihre Entsprechung in Anschauungen von Kirche und Theologie.

„Wir sehen in Rasse, Volkstum und Nation uns von Gott geschenkte und anvertraute Lebensordnungen, für deren Erhaltung zu sorgen uns Gottes Gesetz ist. Daher ist der Rassenvermischung entgegenzutreten. Die deutsche Äussere Mission ruft auf Grund ihrer Erfahrung dem deutschen Volk seit langem zu: 'Halte deine Rasse rein!' und sagt uns, dass der Christusglaube die Rasse nicht zerstört, sondern vertieft und heiligt." (2)

Die zugrundeliegende Ideologie lässt sich leicht bis zum deutschen Nationalismus im 19. Jahrhundert zurückverfolgen. Eine theologische Wurzel liegt in der Verdrängung der jüdischen Tradition innerhalb des abendländischen Christentums und in der theologischen Überzeugung, die Erwählung sei von den Juden auf die Christen übergegangen, nachdem die Juden Jesus aus Nazareth, den Gottessohn, verworfen und getötet hätten.

Der zweite Aspekt: Zur Geschichte der abendländischen Kirchen gehört die Trennung in Christen und Heiden und später in der Zeit der Auseinandersetzungen mit islamischen Mauren und Türken das Konzept „Gläubige — Ungläubige". Es ist mit der Überzeugung verbunden, dass es das Recht der Gläubigen sei, die Ungläubigen zu unterwerfen. Jedoch war der Gegensatz noch nicht eindeutig rassisch festgelegt; nicht die weisse Hautfarbe, sondern die Taufe fehlte zum vollen Menschsein. Dieser Gegensatz wurde besonders in reformierter Tradition ergänzt und zugespitzt durch das Konzept „Erwählte — Verworfene". Dies bestimmte das Verhalten protestantischer Europäer zu Afrika, Asien und Amerika und fiel nun zusammen mit der rassischen Trennlinie „Weisse — Nichtweisse". Die Erfolge in der kolonialen Expansion wurden geradezu als Bestätigung der Erwählung der Weissen angesehen.

Es ist bekannt, wie sich diese Anschauungen mittels einer fundamentalistischen Bibelinterpretation und in der lutherischen „Theologie der Schöpfungsordnungen" mit der Auffassung verbanden, die Afrikaner seien Nachkommen des verfluchten und zum Sklaven bestimmten Ham (Gen 9,25 ff) und dies sei Ausdruck schöpfungsgemässer Unterschiede. So half Theologie, die Sklaverei, die Unterdrückung und Ausrottung afrikanischer und indianischer Völker zu sanktionieren. Heil wird der Farbe „weiss", Sünde „schwarz" zugeordnet, weisses Heil und schwarze Unerlöstheit, Gott und Satan stehen einander gegenüber. Der dritte Aspekt berührt das Geflecht von Kolonialismus, Imperialismus und Mission.

„Sei stolz, o Deutscher und schau herab
Auf die Völker jeglicher Zone:
Wir Deutsche das erste Kulturvolk sind,
Wir haben die grösste Kanone." (3)

Der deutsche Nationalismus verbindet sich in der Zeit imperialistischer Eroberungen — vor allem in Afrika — mit primitivem Rassismus und Sozialdarwinismus. Besonders in den Kolonialkriegen dienen solche Anschauungen der Rechtfertigung blutiger Unterdrückung afrikanischer Völker.

„Die Statusunsicherheit des Bürgertums, vor allem der kleinbürgerlichen Schichten, wurde noch verstärkt durch den Industrialisierungsprozess, der die überkommenen gesellschaftlichen, politischen und ökonomischen Verhältnisse zersetzte. Vor allem in Zeiten wirtschaftlicher Krisen erlebten die Mittelschichten die Bedrohung ihrer Existenz, für die sie keine Erklärung fanden. Auf diesem Boden wuchsen der Antisemitismus und sein Pendant, die Herrenvolkmentalität, die sich in Afrika bestätigen konnte und zum Kern der deutschen imperialistischen Ideologie wurde." (4)

Die Missionen betonen heute häufig ihre Unabhängigkeit von machtpolitischen und ökonomischen Interessen der Kolonialstaaten. Diese einseitige Darstellung muss aufgrund der zeitgenössischen Dokumente korrigiert werden. Die Missionen fühlten sich dem zivilisatorischen Auftrag — und damit der Verdrängung anderer Kulturen

282

durch die europäische – verpflichtet. Bekehren und belehren hiess die Devise.

„Wir setzen uns auch im Laufe der Zeit dafür ein, dass sie (die Afrikaner) anstelle ihrer dunklen runden Hütten, in denen sie zusammen mit dem Vieh hausten und ihr Essen auf einigen kleinen Feldsteinen kochten, kleine viereckige Häuser mit entsprechenden Fensteröffnungen bauen konnten. Nun konnten sie an einem Tisch schreiben und lesen, an den Wänden Bilder anbringen; das Leben wurde praktischer, hygienischer und freundlicher." (5)

Westliche Mission und westliche Zivilisation gehörten zusammen. „Lasst sie uns zu guten Deutschen machen, gute Christen werden sie dann sowieso." – So ein Missionar namens Schneller. Die offenbare Überlegenheit der westlichen Zivilisation (sprich: Waffen) bestärkte auch die Mission. Westliche Macht und Vorherrschaft begründeten Macht und Vorherrschaft der Mission gegenüber der „jungen Kirche".
Ein Beispiel aus der Missionsberichterstattung: Pfarrer W. Oelschner, der 1966 im Auftrag der Neukirchener Mission Afrika besuchte, gibt eine ausführliche Darstellung seines Aufenthalts in Südafrika (*Gemeinde auf dem Zebrastreifen*. Selbstverlag).
Sein erster Eindruck in Johannesburg:

„Durch die Empfangshalle laufen Schwarze. Eingewickelt in dicke Mäntel, Pudelmützen und Wollschals, rennen sie in einer Art gebeugtem Laufschritt mit Gepäckstücken wie grosse Ameisen hin und her. Ihre Gesichter haben etwas Verschlossenes. Sie sind grauschwarz. Das strahlende, freundliche Lachen des anderen Afrikas ist verschwunden. So scheint es."

„Im 'Paul Krüger Hotel' wimmelt es von schwarzen Angestellten. Einer bringt mir die Suppe. Ich muss ihm vertrauen, dass er die Finger nicht hineingetaucht hat."

Oelschner weiss, dass es „verpönt" ist, Schwarze „Kaffern oder Neger" zu nennen und spürt die Unlogik der Apartheid. Dennoch zeigt seine Sprache ein anderes Gesicht. Beim Besuch der Brüderkirche in Kapstadt notiert er:

„Das ist eine bittere Bilanz dieses Nachmittags. Die Kleurlinge in diesem Lande, deren Grossvater oder Urgrossvater ein Engländer oder Holländer war, leiden unter den Apartheidsgesetzen am meisten."

Nach der Besichtigung einer Lehrfarm:

„'Brot für die Welt' steckte viel Geld in dieses Projekt. Ich sehe vorzüglich eingerichtete Unterkünfte für die Schüler, die nicht da sind, eine Feldschmiede, eine erstklassige Melkanlage. Über allem liegt ein Zug von Resignation. Da jammern die Farbigen laut in die Welt hinein, dass sie vernachlässigt würden, und denken nicht daran, diese wunderbare Gelegenheit zu nutzen, fortschrittliche Bauern zu erziehen."

Bis in die jüngste Zeit hinein wurde die Information über fremde Kulturen und Völker in Kirchen und Unterweisung weithin von den Missionen getragen. Sie wurde von ihnen, ihren Anschauungen und ihrem Missionsverständnis gefiltert. Die Berichterstattung aus Übersee stand im Dienst der Missionsarbeit. Das hat sich auch in den Lehrbüchern für die evangelische Unterweisung niedergeschlagen.

„Unbeschreiblich gross ist das Elend des Heidenvolkes; ihren qualvollen Leiden steht kein Helfer gegenüber. Aberglaube und Götzendienst ängstigen sie zu Tode, Grausamkeit und Mord bereiten täglich vielen furchtbare Pein. Unendliche Geduld und ebenso viel Ausdauer muss der Missionar aufbringen. Er muss oft im wilden Urwald Land und Volk, Sprache und Religion in jahrelangen Mühen erst erkunden und verstehen lernen. Er muss die Gefahren eines rauhen Klimas, Hass und Erbitterung heidnischer Zauberer und Priester über sich ergehen lassen. Oft muss er allein, fern von jeder Ansiedlung, ohne andere Unterstützung als die seiner lieben Frau unter wilden Völkern stehen; er muss Häuserbauer, Handwerker, Ackersmann und Viehzüchter zugleich sein. Trotzdem hat so mancher der Missionare, die draussen im Dienst des Heilands gestorben sind, das Wort des grossen David Livingstone (gestorben 1873) wahrgemacht. Er, der grosse Missionar, der grosse Arzt und Entdecker des inneren Afrikas, hat von seinem opferreichen, todesbereiten Leben gesagt: 'Redet nicht von Opfern! Nur einer hat Opfer gebracht, der vom Himmel auf die Erde gekommen und für uns gestorben ist.' ..." (6)
„Christliche Missionare arbeiten nicht nur unter den Eingeborenen in Afrika, sondern auch unter Völkern mit hoher Kultur. Das sind z.B. die Chinesen, die Japaner und die Inder. Ihre Religionen, der Buddhismus, der Hinduismus, der Islam, sind viel schwerer zu überwinden als die Vorstellungen einfacher Negervölker." ...
„Heiden: Unter dieser Bezeichnung werden alle Völker zusammengefasst, die weder Christen noch Juden sind. Zur Zeit des Alten Testaments waren z.B. die Ägypter und Babylonier Heiden, zur Zeit des Neuen Testaments die Griechen und Römer. Heute gehören z.B. die Inder dazu. Man darf sich also unter Heiden nicht nur ungebildete Völker vorstellen." (7)

Mission wurde als Sache von Experten dargestellt, die furchtlos und glaubensstark in überseeischen, „heidnischen" Ländern arbeiten. Mission richtete sich nach Übersee und brachte immer etwas dorthin: Missionare, Spezialisten, Theologie, Gesangbücher, Know how, Spenden, Strategien, Bruderschaft usw. Dies ist allgemeines Verständnis von Mission. Es verwundert nicht, dass Lehrpläne, Richtlinien und Schulbücher für den Religionsunterricht von diesem Irrglauben nicht frei waren. Mission war im Schulbuch Geschichte: Geschichte von Heroen und Objekten, Geschichte kultureller Entwicklung, Geschichte von Menschen vor und nach der Taufe.

An diesem Sachverhalt haben auch Weltmissionskonferenzen wenig geändert, bei denen so wichtige Aussagen wie *Partner im Gehorsam* (Whitby 1947), *Mission in sechs Kontinenten* (Mexiko-City 1963) oder *Mission im Kontext* (Bangkok 1972/73) im Zentrum standen.

Eine Analyse des Weltbildes kirchlicher Verteilblätter für den Kindergottesdienst hat erwiesen, dass die Geschichten aus der Mission der Gattung der Abenteurergeschichten zuzurechnen sind. Sie bestätigt den Eindruck, der sich aus den älteren Religionsbüchern ergibt.

„Unbefangen wird die christliche Missionsstation als einziger Ausweg aus der sozialen Misere gepriesen, wobei davon abgesehen wird, dass sich Missionare um mehr als die Behandlung der Symptome kümmern sollten, etwa um die gesellschaftlich bedingten Ursachen der Armut. In den Abenteuergeschichten spielt sich das Leben als der Kampf ums Dasein ab. ... Erleichterung gewähren nur die wenigen freundlichen Menschen und die christliche Missionsstation. Die Chance, eigentümliche Lebensweisen fremder Länder und Kulturen den selbst kulturgebundenen Lesern vorzutragen, damit ihren Horizont zu erweitern und mögliche vorhandene Klischees zu revidieren, wird vertan. ... Die Fremde wird nicht primär als ein Bereich dargestellt, in dem die Menschen nach Massgabe ihrer Möglichkeiten ihr Leben eingerichtet haben, sondern sie erhält den Anruch eines Bereichs, in dem nackte Gewalt und der Kampf ums Überleben den Alltag bestimmen. Gleichzeitig wird bei einer solchen Darstellungsweise die eigene Umwelt positiv verstärkt, weil in ihr Elemente menschlicher Wärme und Vertrautheit vorhanden sind, die in der Ferne beinahe immer vergeblich gesucht und höchstens in Missionsstationen angetroffen werden." (8)

Bücher als Medien des Religionsunterrichtes

Religionsunterricht ist entsprechend Artikel 7 des Grundgesetzes ordentliches Unterrichtsfach an den öffentlichen Schulen der Bundesrepublik. Er soll „in Übereinstimmung mit den Grundsätzen der Religionsgemeinschaften" erteilt werden. Dementsprechend ist er konfessionell geprägt. Eine Abmeldung von Schülern ist aus Gewissensgründen möglich. Religionsunterricht wird in der Regel vom ersten Schuljahr an bis zum Schulabschluss erteilt; der überwiegende Teil der Schüler nimmt daran teil.

Die Materialien, vor allem die Bücher für den Religionsunterricht, müssen daran gemessen werden, ob sie die Schüler zu einem verantwortlichen Leben in einer gerechten, freien und auf Menschenwürde bedachten Gesellschaft zu befähigen helfen. Bei der Analyse sind darum sowohl theologische und religionspädagogische als auch mediendidaktische Kriterien zu berücksichtigen.

In die Analyse der evangelischen Religionsbücher wurden 33 Titel einbezogen. Damit ist ein hinreichender Einblick in die heute verwendeten Bücher gewährleistet. Die untersuchten Bücher sind zwischen 1970 und 1978 (im Wesentlichen zwischen 1973 und 1976) erschienen. Einige Titel erlebten in diesem Zeitraum Neuauflagen bzw. Neubearbeitungen. Die Bücher umfassen — je nach Reihe und Schuljahr — zwischen 43 und 304 Seiten; zusammen rund 5'800 Seiten. Sie sind unterschiedlichen Schuljahren zugeordnet, meist werden jeweils zwei Schuljahre in einem Arbeitsbuch zusammengefasst. Die Bücher repräsentieren den Typ eines Arbeitsbuches für den Unterricht. Sie sind nach thematischen Einheiten gegliedert; die Auswahl und Zusammenstellung der Materialien orientiert sich an didaktischen Gattungen (Berichte, Bibelzitate, Dokumente, Gebete und Lieder, Erzählungen u.a.), Fotos, Graphiken, Zeichnungen und oft Arbeitsanweisungen für die Schüler.

In einer ersten Annäherung wurden die Religionsbücher unter folgenden Fragestellungen gesichtet:
— Werden — in thematischen Einheiten — die Lebenswirklichkeit in anderen Völkern und/oder unsere Beziehungen zu ihnen ausdrücklich darge-

stellt? In welchem Umfang, unter welcher Perspektive und mit welchen erkennbaren Absichten geschieht das?

— In welchen anderen angebotenen Themen des Religionsbuches sind Texte, Fotos oder Zeichnungen von oder über Menschen anderer Rassen und Völker zu finden?

— Bei welchen thematischen Einheiten dominiert ein ethnozentrierter Horizont, obwohl eine ökumenisch oder global orientierte Darstellung sachgerechter ist?

Objekte der Darstellung, der Hilfe und der Diskriminierung

In den Religionsbüchern, die nach 1970 erschienen sind, haben mit wenigen Ausnahmen Themen, die sich auf die Lebenswirklichkeit in anderen Völkern und unsere Beziehungen zu anderen Völkern oder Rassen ausrichten, einen festen Platz. In den Büchern variieren Umfang und Gewicht solcher Themen. Überschriften, die die Perspektive der Darstellung andeuten, sind:
Andere Religionen/einzelne Religionen; arm und reich/arme und reiche Völker; Vorurteile/Aussenseiter/Versöhnung (meist: „schwarz-weiss" oder „Gastarbeiter"); Kinder in der Welt; Gerechtigkeit; Mission/Junge Kirche; Dritte Welt; Verantwortung; Unicef.

Eine allen Büchern gemeinsame Zuordnung von Themen zu bestimmten Schuljahren ist nicht erkennbar. Identische Themen und Materialien sind in Büchern für das 3/4. oder 7/8. Schuljahr zu finden.

Auch ausserhalb der aufgeführten thematischen Einheiten kommen durch Texte, Fotos oder Zeichnungen Ausschnitte aus der Lebenswirklichkeit und der sozialen oder politischen Lage von Menschen anderer Völker oder Rassen in den Blick. Am häufigsten wird eine Verbindung bei folgenden Themen geschaffen:

Kirche: Ökumene, Christen in aller Welt; soziale Verantwortung/Diakonie: „Brot für die Welt" oder Beispiele aus Kirchen in Übersee; Krieg/Frieden: Bevölkerungsexplosion, Hunger; Propheten des Alten Testaments: Propheten heute, vor allem Dom Helder Camara und Martin Luther King.

In einem grossen Teil der Religionsbücher wird die Hilfsaktion „Brot für die Welt" (und zum Teil auch „Misereor") durch Wiedergabe ihrer Plakate eingeführt oder in Beschreibungen von Entwicklungsprojekten vorgestellt. Meist ist dies mit direkten Handlungsaufforderungen an die Schüler verknüpft (Spenden oder Sammelaktionen). Die Darstellung von „Brot für die Welt" hat offenbar entsprechende Kapitel in früheren Religionsbüchern über die Arbeit der Mission ersetzt. Dabei ist die bisherige Geber-Nehmer-Struktur geblieben. Wahrscheinlich wollten die Autoren der Religionsbücher darin auch den negativen Einstellungen der Schüler gegenüber der Mission Rechnung tragen. Mission als Aufgabe in sechs Kontinenten ist bisher nicht erkannt worden.

Auch das Buch *Folgerungen* (9) — das einzige mit der thematischen Einheit „Mission" — legt den Schwerpunkt auf die Frage nach der Vermittlung des Christentums von Europa nach Übersee und ist dementsprechend vor allem an der Missionsgeschichte interessiert. In einer Zeittafel gilt das 19. Jahrhundert als das „Grosse Jahrhundert der Mission". Die Zeittafel — und damit auch die Mission? — endet mit der Selbständigkeit der „Jungen Kirchen" und der Integration des Ökumenischen Rates der Kirchen und des Internationalen Missionsrates.

Nur wenige Religionsbücher regen dazu an, Minderheiten anderer Völker oder Rassen und ihre Situation innerhalb der eigenen Gesellschaft wahrzunehmen. Am ausführlichsten geschieht dies in drei Büchern:

— *Herausforderungen II;* im Abschnitt „Fremde unter uns" und innerhalb der Einheit „Toleranz": Afrikaner und Gastarbeiter in Deutschland (10)

— *Schritte:* im Kapitel „Gastarbeiter — Kollegen oder Kulis" und „Was türkische und was deutsche Kinder sagen" (11)

— *Weitersagen Religion 3/4:* innerhalb der Einheit „Vorurteile — Aussenseiter" (12)

Die Bekämpfung des Rassismus beginnt zu Hause. Auf das Verhalten der Weissen in den USA oder in Südafrika reagieren Schüler häufig mit Distanzierung oder moralischer Entrüstung, da sie die gesellschaftlichen Mechanismen und die Herrschaftsfunktion von Vorurteilen nicht zu erkennen gelernt haben. Darum muss als Mangel gewertet werden, dass die Religionsbücher der Frage ausweichen, wie die Schüler auf Diskriminierungen von Menschen anderer Völker oder Rassen in ihren familiären, schulischen oder gesellschaftlichen Bereichen reagieren und wie sie selbst für deren Rechte und Würde sensibel werden und in partnerschaftlichen Beziehungen zu ihnen leben können.

In diesen Zusammenhang gehört die Frage, welche Faktoren in Erziehung und Gesellschaft den Verlust sozialer Sensibilität und des Bewusstseins gemeinsamer Entwicklung verursachen. Nirgends wird in Religionsbüchern gefragt, welche gesellschaftlichen Bedingungen bewirken, dass eine den anderen tolerierende Einstellung nur durch Appell an Mitleid oder Angst erreicht wird.

Es entspricht der Forderung, den Ethnozentrismus in den Lerninhalten zu überwinden, dass mehr als bisher die „Dritte Welt" als Lerndimension in anderen thematischen Zusammenhängen erkennbar wird. Die übliche Eingrenzung dieses Lernbereichs auf isolierte Unterrichtsprojekte verstärkt den Eindruck, dass die Dritte Welt eine Sonderwelt ist und setzt Verhaltensformen, Strukturen oder Entwicklungen der eigenen Gesellschaft als Norm, weil keine anderen bekannt sind.

Der genannten Forderung werden die analysierten Religionsbücher nicht gerecht.

Dies ist im Ansatz in *Beispiele und Texte* (13) verwirklicht. In die Einheit „Der Mensch wird erzogen" werden Berichte über die Kindheit bei den Hopi, den Arapesh und einem Stamm auf der Insel Alor aufgenommen (S. 66 f). Damit wird verdeutlicht, wie unterschiedliche Verhaltensweisen gegenüber Kleinkindern sich auf deren Entwicklung und soziale Einstellungen auswirken.

Menschen anderer Völker oder Rassen kommen in den Religionsbüchern nicht selbst zu Wort, auch wenn es um ihre eigenen Belange, Rechte und Interessen geht. Sie gelten als die, die keine Stimme haben und des (weissen) Anwalts bedürfen. Es sind weisse, in der Regel deutsche Autoren, die in den Religionsbüchern über sie berichten und die von ihren Empfindungen, Leiden und Hoffnungen erzählen. Hier wird im didaktischen Feld die paternalistische Struktur aufgenommen. Die Art der Präsentation bestimmt Urteil und Einstellung der Schüler zu Menschen anderer Völker oder Rassen: sie sind Objekte der Darstellung, der Hilfe und der Diskriminierung. Das geschieht in besonders fragwürdiger Weise, wenn in fiktiven Ich-Erzählungen — meist von Kindern aus der Dritten Welt — der Eindruck der Echtheit erweckt und den Schülern doch nur das Geschöpf eines weissen Gehirns präsentiert wird.

Exemplarische Untersuchungen einzelner Einheiten

An den Anfang der detaillierten Untersuchung der Religionsbücher werden Analysen von zwei Einheiten gestellt. Damit ist nicht das Urteil ausgesprochen, dass diese beiden Bücher sich in charakteristischer Weise von den anderen unterscheiden; die Auswahl ist exemplarisch gemeint. Es werden Darstellungen für unterschiedliche Altersstufen und aus verschiedenen Erscheinungsjahren gewählt.

Arbeitsbuch: Religion 3/4(14)

Die Einheit „Arm und reich" (S. 104—111) besteht aus 8 von 129 Seiten des Buches. Sie bietet Texte (darunter 7 Bibelzitate bzw. -verweise), 5 Fotos, eine Karikatur, die Reproduktion eines Misereorplakates und eine Zeichnung „Das Welthaus". In der Lehrerhandreichung werden zusätzlich drei Erzählungen angeboten.

Welche Informationen über die Lebenswirklichkeit anderer Völker erhalten die Schüler?
1. „Jeden Tag sterben viele tausend Kinder in der Welt an Hunger; jeden Tag 50'000 Menschen."
2. „Die Ärmsten der Armen stochern im Müll. Niemand kümmert sich um sie. Sie verrecken vor Hunger."

3. „Von zehn Menschen sind immer sieben arm dran."

4. „… bei ihnen wächst zu wenig! Sie haben keine Fabriken! Und darum keine Arbeit! Kein Geld! Was sie haben, das ist Hunger! Krankheit! Verzweiflung!"

5. „Sie leben in Hütten aus Blech, Brettern, Pappe, Lehm!"

6. Als Bibelzitat (Klagelieder 3,45), dessen Veränderung nicht kenntlich gemacht ist: „Sie sind wie Kehricht und Unrat unter den Völkern."

7. Durch die Erzählungen können zusätzlich soziale Gegensätze, das Problem der Landflucht in Südamerika und des Nebeneinanders von Dorftradition und städtischer Schule in Afrika vermittelt werden.

8. Darüberhinaus sollen die Schüler „Bilder aus Zeitungen, Zeitschriften und Katalogen (sammeln), die zeigen … wie schlecht es anderen Menschen in der Welt geht."

Das ist eine Arbeitsaufgabe, in der die Fehlinformationen des Buches durch Klischees der Massenmedien ergänzt werden.

Das Bild von Menschen anderer Völker oder Rassen, das sich Schülern einprägen wird, kann durch die Stichworte „Arme" und „Hungernde" charakterisiert werden. Dieser Eindruck wird durch die Abbildungen, besonders die Fotos auf Seite 105, 106 und 109 verstärkt.

Was erfahren die Schüler über die Ursachen dieser Situation?

1. „Viele sind nicht deshalb arm, weil sie zu faul wären." — Viele nicht, einige aber offenbar doch.

2. Als Erklärung für die Ursachen wird den Schülern das Modell des Teufelskreises angeboten, visuell unterstützt und durch zugeordnete Arbeitsaufgabe dem Gedächtnis besonders eingeprägt: „Die Menschen im Teufelskreis sind arm und bleiben arm. Auch ihre Kinder werden arm sein.". Denn: „Man kommt nicht heraus."

Die Menschen der Dritten Welt — das wird sich den Schülern weiter einprägen — leben unverschuldet (vielleicht?) in einer ausweglosen Situation. Manche verschlimmern diese sogar noch durch die Abwanderung in die Stadt „gegen allen besseren Rat".

„Wer kann hier noch helfen?"

1. Christen: Sie beten um das tägliche Brot für alle. „Aber sie tun auch etwas. Sie helfen mit Lebensmitteln, mit Kleidung, mit Geld — Christen und Nichtchristen!" „Brot für die Welt" und „Misereor" werden genannt.

„Auch die Regierungen der reichen Länder tun etwas für die Menschen in den armen Ländern."

2. Die angesprochenen Schüler: Sie können Geld sammeln (auch Groschen!) oder Plakate zur Aufklärung malen.

3. Helfen heisst:

„Man muss den Menschen zeigen, wie man die Felder richtig düngt und bewässert, um gute Ernten zu erzielen. Man muss Schulen bei ihnen bauen und Lehrer bei ihnen ausbilden. Entwicklungshelfer zeigen, wie man Strassen baut, Eisenbahnen, Fabriken, Krankenhäuser; wie man mit den Maschinen umgeht."

Dieses Konzept wird durch die Erzählung „Amos und sein Reisfeld" und ein Fotopaar unterstützt.
4. Der Hunger in der Dritten Welt wird offenbar allein durch Hilfe der Reichen bekämpft. Eine andere Lösung des Hungerproblems wird zwar angedeutet, aber verworfen:
„Dürfen die Armen mit Gewalt nehmen, was sie sonst nicht bekommen?" Dazu in der Lehrerhandreichung: „Die Frage 'Dürfen die Armen mit Gewalt ...' muss im dialektischen Für und Wider stehen bleiben. Die Antwort der Bibel aber zeigt einen — heute weithin realisierten! — Gegenpol: 'Reichtum kann auch ein Segen sein!'"

Beurteilung
1. Die Situationsbeschreibung verallgemeinert unzulässig, pauschal werden „die Menschen", „die Armen" oder „andere Menschen" erwähnt. Ausser in den Erzählungen werden keine Situationen konkret und lokalisierbar. Stattdessen werden Klischees und Stereotypen verwendet und darum den Schülern falsche Informationen vermittelt. Die Darstellung ist durchweg individualistisch; soziale Bezüge und Mechanismen bleiben ausser Betracht.

Entgegen der Darstellung erklärt das Modell des Teufelskreises keine Ursachen der Unterentwicklung. Konsequent wird in der Lehrerhandreichung darum von „Hunger, Besitzlosigkeit, Elend als Urbedrohungen der Menschheit" geredet. Auch als Beschreibung eines Faktorenzusammenhangs ist der Teufelskreis in dieser Form falsch: Vergleiche beispielsweise die unsinnige Verkettung von „keine Schule – darum – nichts lernen! Nichts wissen! Nichts können!"

Das Entwicklungskonzept – falls dieses Wort erlaubt ist – besteht aus einer Modernisierungs- und Aufholstrategie in einer Mischung aus Rationalität und Technologie.

2. Das Bild von der eigenen Kirche und Gesellschaft ist selbstgerecht. Sie werden unter die „Helfer der Menschheit" eingereiht; einzuschränken ist dieses Prädikat offenbar nur, weil die Quantität der Hilfe unzureichend ist und einige sich ausschliessen, weil sie zu wenig denken. Dennoch ist, so wird behauptet, der segensvolle Umgang mit dem eigenen Reichtum „weithin realisiert".

Kolonialismus und Sklaverei, Rohstoffausbeutung und Handelsprotektionismus, Subversion, Interventionen und Kriege, Unterstützung menschenrechtsfeindlicher Regime – alles im Interesse westlicher Nationen und ihres Wohlstands – sind für den Autor nicht existent. Nicht dass sich Schüler im 3./4. Schuljahr damit befassen müssen, aber die Einheit über „Arm und reich" wäre anders ausgefallen.

Das Verhältnis der Schüler und ihrer Gesellschaft zur Dritten Welt bildet die Lehrer-Schüler-Struktur mit ihrem Gefälle von Wissen und Dummheit, Herrschaft und Ohnmacht ab.

3. Die Schüler werden zum Helfen („etwas (!) abgeben"; „teilen") aufgefordert, nachdem sie zuvor fast durchgängig als Reiche qualifiziert wurden, denen „es gut geht". Das trifft im Sinne materiellen Reichtums, des Habens von Gütern, im Vergleich zu vielen anderen Menschen zu; jedoch ist zweifelhaft, ob die Schüler sich selbst so sehen. Eine Handlungsmotivation wird in zwei Dimensionen angestrebt: durch emotionalen Appell (Mitleid aufgrund der Text- und Bildinformationen) und durch autoritativen Appell (Hinweis auf christliche Praxis mittels Bibelzitaten). Einerseits ist diese appellative Motivation angesichts der Distanz zwischen Geber und Empfänger, die nur durch Medien vermittelt wird, wenig dauerhaft. Andererseits verdeckt sie die strukturelle Abhängigkeit der Dritten Welt, die es verbietet, dass „Christen sagen: 'Wir haben alles selbst verdient.'"

4. Der Umgang mit biblischen und theologischen Aussagen ist sehr problematisch:

Die Einsicht, dass „Reichtum auch ein Segen sein kann ..." wird aus Dtn 28, 1−6 abgeleitet. Dort wird in Form einer Rede nach der Kundgabe der Gebote durch Mose der Segen verheissen − daran gebunden, dass Israel alle Gebote hält und tut. Der Segen findet seinen Ausdruck in Fruchtbarkeit, Wohlstand und Herrschaft über alle Völker. Erwählung „zum höchsten über alle Völker auf Erden", Gehorsam und Segen gehören hier zusammen. Die Art, wie die Christen den Erwählungsgedanken von den Juden übernommen haben, hat in der Geschichte verhängnisvolle Konsequenzen gehabt. An diese Tradition wird hier — wohl unbewusst — angeknüpft. Dabei wird in Umkehrung der biblischen Aussage Reichtum nicht als Ausdruck des Segens betrachtet, sondern der Umgang mit dem bestätigten Reichtum angesprochen. Andere biblische Aussagen über den Reichtum, die beispielsweise in der Armutsbewegung neutestamentlicher Gemeinden zum Tragen gekommen sind, werden nicht aufgegriffen.

Auf die Veränderung des Zitats aus Klagelieder 3,45 wurde bereits aufmerksam gemacht: der Klageruf ist zu einer objektivierten Feststellung geworden, die über Jahrtausende hinweg auf Menschen in der Dritten Welt bezogen wird.

In einem Arbeitsauftrag an die Schüler wird, ehe der Hunger und seine Ursachen erkannt worden sind und gefragt wurde, was dagegen zu tun ist, „das Hungerproblem als 'Hunger nach Gott' transzendiert". Das entspricht nicht der biblischen Überlieferung.

Die Einheit „Arm und reich" hat einen Umfang
von 16 Seiten. Ein didaktischer Fortschritt liegt
darin, dass das Thema „Arme und reiche Länder"
in enger Verknüpfung mit „Arme bei uns" dargestellt wird. Die folgende Analyse konzentriert sich
auf die Abschnitte, die sich auf die Darstellung der
Lebenssituation anderer Völker beziehen: „Arme
und reiche Länder" (S. 31–34), „Wie man Armut
bekämpft" (S. 34–36), „Brich dem Hungrigen
dein Brot" (S. 37–38), „Beispiele guter Taten"
(S. 39–40).

Welche Informationen über die Lebenswirklichkeit anderer Völker erhalten die Schüler?
1. Eine Weltkarte stellt die Gebiete mit „Hungersnot" (Sahel-Zone, Äthiopien), mit „Gefahr einer
Hungersnot" (Bolivien, Guayana, Nigeria, Su-
dan, Somalia, Kenia, Tansania, Uganda, Ruanda,
Burundi, Zaire, Syrien, Republik Jemen und Indien) und mit „Nahrungsmittelknappheit" dar.
Da keine weitere Definition erfolgt, muss man die
so markierten Staaten als die „armen Länder" verstehen. Nur die Diskussionsanregung, ob es in jedem Land Reiche und Arme gibt, relativiert die
vorgenommene Klassifizierung.
2. Das Einkommen einer indischen Familie, das
„kaum zum Überleben reicht", dient als Illustration. Es wird mitgeteilt, ihr Einkommen betrage
120 Rupien. Womit dieser Betrag verdient wird

und in welchem Verhältnis er zu den Einkommen in Indien steht, wird nicht gesagt. Stattdessen wird folgende Bewertung angeschlossen: „Es fehlt an Geld für Milch, Obst, Medikamente, ärztliche Versorgung, Schulausbildung, Schulhefte, Bücher, Holz, Fahrgeld usw. ... Es fehlt an Arbeit – es fehlt an Geld!"

Die skizzierte Situation wird zusätzlich durch ein Foto illustriert, das eine Familie mit vier Kindern – das Jüngste erkennbar unterernährt – in der Türe ihres Hauses sitzend zeigt.

3. In den folgenden Abschnitten über Ursachen von Hunger und Armut werden die dürftigen Informationen ergänzt. Genannt werden: schlechte Schulverhältnisse und Analphabetismus; soziale Diskriminierung (der Anden-Indianer); „Die ärmsten Familien haben oft die meisten Kinder", trotz hoher Kindersterblichkeit.

Was erfahren die Schüler über die Ursachen dieser Situation?

1. Das Lohnniveau ist niedrig. Deshalb gibt es europäische und amerikanische Unternehmen, „die in den armen Ländern Fabriken bauen".

2. Die Rohstoffpreise werden von grossen Handelsgesellschaften niedrig gehalten; die Austauschrelationen (Terms of trade) haben sich zu ungunsten der Dritten Welt verschlechtert.

3. Die Bevölkerungszahl steigt.

4. Der Teufelskreis von „Hunger – geringe Belastbarkeit – geringe Produktivität – Arbeitslosigkeit/Überbevölkerung – ..." wird eingeführt.

„Wie man Armut bekämpft"
Der Abschnitt wird mit der Schilderung eines
Fischfangprojekts in Kenia eröffnet. In drei weiteren Beispielen werden dann „unerwünschte Folgen" von Entwicklungsprojekten genannt: ökolo-
gische Folgen in der Sahel-Zone; wirtschaftspoli-
tische Widersprüche: Produktion, die nicht die
Produzenten begünstigt (Nordost-Brasilien); Be-
hinderung des Exports von Fertigwaren, obwohl
ihre Produktion durch Entwicklungshilfe gefördert wurde.

Beurteilung
In der Beurteilung können viele Aussagen über
das Beispiel aus dem Arbeitsbuch *Religion 3/4*
wiederholt werden. Deshalb sollen hier einige
weitere Charakteristika herausgegriffen werden.
1. Insgesamt herrscht in diesem Abschnitt Infor-
mationsarmut. Die angebotenen Informationen
sind unhistorisch und individualistisch.
Ohne geschichtlichen und politischen Kontext ist
jedoch eine sachgerechte Einordnung der angeführten Daten nicht möglich. Ein Beispiel: „Es
gibt grosse Handelsgesellschaften, die durch Ab-
sprache die Preise für Rohstoffe aus der Dritten
Welt niedrig halten, damit ihre Gewinne hoch
bleiben." Dieser Satz lässt viele Fragen unbeant-
wortet: Wie kommt es dazu, dass Handelsgesellschaften Rohstoffpreise beherrschen? Welche
Handelsgesellschaften? Nur die grossen? Welche
Rolle spielen Rohstoffabkommen? Warum kön-

nen sich die Exportländer gegen das Preisdiktat nicht wehren? Geht es nur um Gewinne der Handelsgesellschaften oder auch um Preise für die Verbraucher? Stimmt diese Information überhaupt, wenn zugleich über steigende Rohstoffpreise in Nachrichten berichtet wird?

Die Analyse der Situation in der Dritten Welt bietet weder eine Geschichte der Unterentwicklung noch werden die Mechanismen der ökonomischen Abhängigkeit angesprochen.

2. Das Bild der Menschen in den sogenannten armen Ländern wird durch Mangel und soziale Missstände bestimmt. Die visuellen Eindrücke bestätigen das. Die Fotos vermitteln das Bild einer rückständigen Gesellschaft: Menschen in zerlumpten Kleidern, untätig dasitzend, von Krankheit und Unterernährung gekennzeichnet; Fischer bei der Arbeit, Fischfang mit kleinem Boot und Lagerung der Fische im Sand; überfüllte Schulklassen: das Bild zeigt rund 100 Schüler.

Wie das Selbstbild und das Bild von Menschen anderer Völker unterschieden werden, kann an der Schilderung eines Entwicklungsprojekts in Kenia verdeutlicht werden. Die Einleitung der Darstellung wird im Stil des Abenteuerberichts formuliert:

„Die Räder unseres Landrovers mahlen mühsam im heissen Sand. In glühender Hitze sind wir unterwegs zu den Turkanas im Wüstengebiet westlich des Rudolfsees, 450 Kilometer nördlich von Nairobi. Der Fahrer muss den Vierrad-Antrieb einschalten, damit der Wagen nicht in den Sandmulden steckenbleibt. Feiner Staub rieselt durch alle Ritzen, man spürt ihn auf der schweissnassen Haut und zwischen den Zähnen."

Hier kann alles anklingen, was aus Kinder- und Jugendliteratur und Fernsehen über Wagemut und Abenteuer der Entdecker und Eroberer sich den Schülern als Klischee eingeprägt hat.

Die Schilderung des Entwicklungsprojekts nennt im Wesentlichen zwei Personenkreise bzw. Institutionen:

Zunächst „die Bewohner dieser Gegend", einer „trostlosen Umgebung", es sind die Turkanas. Sie sind den Naturgewalten ausgeliefert:

„Vor acht Jahren brach über die neuangesiedelten Turkanas über Nacht die grosse Flut herein. Der salzhaltige Rudolfsee, schon bei normalen Witterungsverhältnissen ein tückisches Gewässer, trat über seine Ufer und überschwemmte kilometerweit das Land. Viehherden ertranken, die Not wuchs, denn die Menschen waren ihrer Existenzgrundlage beraubt und hungerten."

Sie sind Opfer und Objekt, unfähig zu eigener Aktivität und leben in „Furcht vor dem grossen Wasser". Die Sprache des Berichtes ist konsequent: statt des Ausdrucks „essen" oder „Nahrungsmittelhilfe erhalten", heisst es nur „durchfüttern".

Das Gegenüber ist dann zunächst der Nationale Christenrat in Kenia: er „greift ein" und „startet" mit Unterstützung ausländischer Kirchen „sein grosses Turkana-Hilfsprogramm". Die Sprache verrät dann das technokratische Konzept; eine exemplarische Auflistung von Wörtern: regelmässig, organisiert, planmässiges Entwicklungsprojekt, richtig helfen, erarbeiten, entdecken, ausschöpfen, anlernen, erschliessen, aufbauen, ans Werk gehen, beschaffen, Fachmann, Rat und Hilfe. Der Effekt bleibt nicht aus: „Und bald war der grosse Fischfang im Gang." In dieser Perspektive heisst es einleitend zu Recht: „Auf Schritt und Tritt erlebt man nun, wie es diesem Praktiker gelungen ist, eine trostlose Umgebung zu verändern" und in der Überschrift „Neues Leben in der Sandwüste". Das so dargestellte Konzept von Entwicklung und die korrespondierende sprachliche Vermittlung werden zum Symbol von Überlegenheit und Herrschaft des Weissen über die Afrikaner.

3. Dem technokratischen Konzept entsprechen die „Beispiele guter Taten", die dem Schüler Handlungsperspektiven eröffnen sollen. Es sind durchgängig unpolitische Aktionen, die auf Sammelerlös für die kirchlichen Hilfswerke und Terre des Hommes zielen. Diese paternalistisch-technokratische Rolle sollen die Schüler auch in den Arbeitsaufgaben übernehmen. Sie wird auf die Formel gebracht, Anwalt der Armen zu sein. Denn „die Armen haben keine Stimme". Wer jedoch die Stimme der Unterdrückten und Ausgebeuteten zu vernehmen vermag, lernt, dass Anwaltsein nur heissen kann: die Menschenrechte ungeteilt zu verwirklichen. Der Weg dahin ist ohne Auseinan-

dersetzungen und strukturelle Veränderungen im politischen und ökonomischen Bereich, aber auch in dem der Wertsysteme der sogenannten Ersten Welt undenkbar.

Ergebnisse der Analysen: „Welthaus" mit zwei Stockwerken

Andere Völker und Rassen kommen in den Religionsbüchern vorwiegend unter dem Aspekt „Armut" in den Blick. Allenfalls erhalten die Schüler einen Einblick in die religiösen Traditionen und das religiöse Leben, wenn dafür selbständige thematische Einheiten vorgesehen sind. Solche Einheiten mit einer differenzierten Darstellung von religiöser Überlieferung und Praxis, ihren Bauwerken und Lehren stehen unter Umständen in Spannung zu dem Eindruck, der in Einheiten wie „arm und reich" vermittelt wird. Jedoch dominieren die Darstellungen, in denen Aspekte des gesellschaftlichen, politischen, religiösen oder kulturellen Lebens und der geschichtlichen Traditionen ausgeblendet sind.

„Hungernde", „Arme" oder „Menschen in Not" ist zum Synonym für Menschen in der Dritten Welt geworden. Wie Einstellungsanalysen und Unterrichtserfahrungen zeigen, haben die Schüler diese Gleichsetzung vollzogen. Die Konzentration auf diesen Aspekt fördert die Herausstellung von Einzelschicksalen und den völligen Verlust einer gesellschaftlichen Dimension.

Der Skizzierung der Armut dienen typisierende Unterscheidungen — entsprechend der häufig gebrauchten Formel „arm und reich".

Andere Beispiele: „… wie gut es uns geht und wie schlecht es anderen Menschen in der Welt geht." (16) „Bei uns sind immer fette Jahre, anderswo sind immer magere Jahre." (17)

Ein anderes, häufig gebrauchtes Darstellungsmodell ist das Bild vom „Welthaus" mit zwei Stockwerken: oben die Besitzenden und unten die, die nicht das besitzen, was die oberen haben.

Armut anderer Völker und Rassen wird in den Religionsbüchern überwiegend als Nicht-Haben von Produkten und Institutionen der westlichen Zivilisation definiert. In diesem Zusammenhang bedarf die normbildende Funktion von solchen Gebeten einer kritischen Überprüfung, in denen die Schüler zum Dank für Dinge, die sie haben, angeleitet werden. Individueller Besitz von Gütern wird darin zum Ausdruck notwendiger Lebensbedingungen; andere Lebensformen werden anormal. Beispiele:

„Ich habe ein Haus.
Ich habe ein Bett.
Ich habe viele schöne Dinge.
…
Danke, lieber Gott.
Du bist gut.
Du bist wie ein guter Vater.
Danke." (18)

„Ich habe ein Zuhause und ein Bett.
Ich habe zu essen und zu trinken.
Ich habe Vater und Mutter.
Ich kann spielen und lernen.
Ich bin gesund." (19)

Das Bild, das die Religionsbücher von anderen Völkern und Rassen vermitteln, wird noch durch einen weiteren Aspekt ergänzt: Arme sind nicht nur arm, sie sind auch hilflos. Sie können ihre Armut nicht selbst überwinden. Ihre Entwicklung wird von den industrialisierten Staaten, vor allem den kirchlichen Hilfswerken, in Gang gebracht. Diese zu unterstützen, lautet der Appell an die Schüler.

Hilfe besteht vor allem aus Know how und Technik. Dafür ist in den Religionsbüchern der Traktor zum Symbol geworden. Denn — so heisst es — „Alle sind sich darin einig, dass der Weg dieser unterentwickelten Staaten in eine Welt der Technik führen muss." (20)

„Der Traktor tuckert in der heissen Sonne. Furche um Furche zieht Gamera auf dem grossen weiten Feld. Es ist eine Musterfarm, auf der er arbeitet. Die Missionare haben sie gebaut. Das Geld kam aus Deutschland. Kinder haben Groschen und Markstücke gesammelt für 'Brot für die Welt'. Und aus der Sammlung 'Brot für die Welt' gab es Geld für die Musterfarm in Ostafrika. Gamera lernt, wie man den Boden richtig bearbeitet, um eine reiche Ernte zu erzielen, dreimal oder fünfmal soviel wie früher. ... Jetzt braucht Gamera nicht mehr zu hungern. Er weiss, wie man es besser macht. Aus Deutschland sind Maschinen gekommen." (21)

Die Programme der kirchlichen Hilfswerke stehen in den Religionsbüchern oft im Vordergrund. Ihre Projektbeschreibungen und Konzeptionen werden ohne Kritik übernommen. So erscheint die Dritte Welt als Anhängsel der (kirchlichen) Entwicklungsprojekte. Self-reliance ist als Wort und Sache unbekannt. Den „Armen", „Hungernden" und „Hilflosen" des Mediums Religionsbuch steht der Schüler gegenüber: überlegen, fortschrittlich, gebildet. Die Arbeitsaufgaben an die Schüler, für andere zu planen, zu projektieren und Lösungen zu entwerfen, verstärkt sein paternalistisch-technokratisches Bewusstsein. Seine eigene Schülersituation in der Schule bestimmt sein Verhältnis gegenüber anderen Völkern und Rassen.

Als Ausnahme kann die Einheit *Zehnjährige in Südamerika* hervorgehoben werden. (22) Hier werden in fünf konkret geschilderten Lebenssituationen von Jungen und Mädchen in Lateinamerika soziale, ökonomische und politische Faktoren deutlich. Sowohl ihr Zusammenhang als auch ihre geschichtlichen Bedingungen werden erkennbar. Die widersprüchliche Rolle der Kirchen in Lateinamerika wird nicht verschwiegen. Es wird gezeigt, wie die Entwicklung in der Dritten Welt in politischen Auseinandersetzungen in der Bundesrepublik aufgegriffen wird. Wesentlich ist, dass die Chancen einer eigenständigen, unabhängigen Entwicklung beschrieben werden.

Ethnozentrismus und Rassismus in der Sprache

In diesem Abschnitt soll beispielhaft darauf aufmerksam gemacht werden, wie Begriffe und Sprachfiguren, die sich in den Religionsbüchern finden, Ethnozentrismus und Rassismus beinhalten. Die Erforschung gerade dieses Bereiches muss vorangetrieben werden.

Die Benennung anderer Rassen erfolgt vielfach noch nach traditionellen Stereotypen: ·

„Wir sind die weissen Menschen. Es gibt auch schwarze Menschen und kaffeebraune und solche mit rötlicher Hautfarbe und solche, die man die Gelben nennt." (23)

Die Hautfarbe dient als Unterscheidungsmerkmal und markiert die Trennlinie: als farbig gelten in der Regel alle Nicht-Weissen.

Eine andere Weise sprachlicher Diskriminierung liegt im Gebrauch von Wörtern, die allein mit Bezug auf Menschen anderer Völker oder Rassen verwendet werden. Obwohl der Gebrauch der Wörter „Stamm", „einheimisch", „Heiden", „Naturvölker" oder „primitiv" häufig kritisiert worden ist, sind sie aus den Religionsbüchern immer noch nicht verschwunden. Andere Beispiele: „Wenn die Lehrerin etwas anschreibt, kritzelt es (das türkische Mädchen) Wort für Wort ab." (24) Die Ärmsten der Armen „verrecken" (25). Deutsche schreiben, sterben oder essen — andere kritzeln, verrecken und ernähren sich.

In vielen Situationsschilderungen wird die Sprach-
figur des Vergleichs oder der Steigerung verwendet. Damit soll das didaktische Problem mangeln-
der Anschauung und Erfahrung auf Seiten der
Schüler gelöst werden. Im Vergleich oder in der
Steigerung werden die „normalen" Lebensver-
hältnisse, die Standards, die den Schülern vertraut
sind, zum Ausgangspunkt. Sie werden damit zugleich normativ. Die Denkmuster „entwickelt —
unterentwickelt", „zivilisiert — primitiv" oder
„fortschrittlich — rückständig" werden bestätigt.
Im Beispiel der Formulierung „Nicht einmal eine
Hütte" (26) wird die sprachliche Unterscheidung
vom gewohnten Standard doppelt vollzogen: statt
„Wohnung" oder „Haus" wird von „Hütte" gesprochen und dann wird selbst deren Verfügbar-
keit verneint.
Auch die Akzentuierung des Andersseins und der
Verschiedenheiten von Menschen und Völkern
muss in diesem Zusammenhang erwähnt werden.
Damit soll nicht die Identität anderer Völker oder
Rassen in Frage gestellt werden. Aber es erübrigt
sich, dass die Schüler lernen „Jeder Mensch ist anders" (27). Sie sollten vielmehr lernen: Jeder andere ist Mensch. Denn Sprache bildet nicht nur Diskriminierungen ab, sondern bewirkt sie.

„Der Junge mit dem schwarzen Haar
spricht sonderbar.
Er kommt aus einem fernen Land.
Er sitzt am Rand." (28)

In solchen Formulierungen wird sprachlich zunächst eine Isolierung und Kontrastierung vollzogen; ob diese dann durch den Appell überwunden werden können, den Isolierten und Ausgeschlossenen wahrzunehmen und anzuerkennen, ist zweifelhaft.

In Religionsbüchern werden Wörter wie „Menschen", „Welt", „Alle" und andere Verallgemeinerungen häufig verwendet, obwohl die damit verknüpften Aussagen nur im eigenen sozialen Bereich gelten. Die begrenzte Gültigkeit kultureller oder religiöser Traditionen, sozialer Normen oder der Gestaltung der Umwelt für den Lebensbereich der angesprochenen Schüler darf nicht aufgehoben werden. Andernfalls werden Muster geprägt, mit denen sich zwar die Mehrzahl der Schüler zu identifizieren vermag, die jedoch gegenüber anderen Völkern oder Rassen das Denken in Kategorien des kulturellen Imperialismus bestärken. Ein Beispiel kann das illustrieren:

„Wenn Menschen Geburtstag feiern, dann feiern sie den Beginn eines neuen Lebensjahres. Sie decken einen Geburtstagstisch mit Kerzen und eine Kaffeetafel mit Kuchen ..."
(29)

Vermutlich verhält sich nur eine Minderheit der Schilderung entsprechend. Die angesprochenen Schüler gehören jedoch überwiegend zu dieser Minderheit. Ihre kulturellen Muster werden verallgemeinert — hier zunächst in der sprachlichen Dimension, die aber dem kulturellen Imperialismus der westlichen Zivilisation entspricht.

Stereotypen und Klischees

Die Einteilung der Menschheit in verschiedene Rassen und deren Stereotypisierung geht auf den schwedischen Naturforscher Carl von Linné (Systema Naturae, 1758) zurück. Er unterschied und charakterisierte vier Rassen:

— Amerika-Indianer: rötlich, grossgewachsen, cholerisch und hartnäckig

— Europäer: weiss, muskulös, agil und erfinderisch

— Asiaten: gelb, melancholisch, unnachgiebig und geizig

— Afrikaner: schwarz, phlegmatisch, nachgiebig, nachlässig und verschlafen.

Die Analysen von Kinder- und Jugendbüchern, von Massenmedien oder Einstellungen in der Bevölkerung fördern immer dasselbe Ensemble rassistischer und ethnozentrischer Stereotypen und Klischees zutage. Die Vorurteile über Attribute und Verhaltensweisen von Menschen anderer Völker oder Rassen sind fest und werden durch Wiederholung und selektive Wahrnehmung stabilisiert. Die analysierten Religionsbücher sind davon nicht ausgenommen. Man trifft auf: die „Mentalität" des „Kismet" im Islam oder des „mañana" in Südamerika (30); das „Temperament der Südländer" (31); das Bild vom „tanzenden Afrikaner" (32).

Auch disqualifizierende Aussagen über die religiösen Traditionen anderer Völker — vor allem deren Bewertung als fortschrittshemmend — können hier genannt werden. Einige Beispiele dafür: Die Hindus „haben unzählbar viele Götter, ein ganzes Wunderland voll" (33); „Gebete aus anderen Religionen — Das Gebet im Judentum — Das heidnische Gebet — Rechtes Beten" (34).

Davon unterscheidet sich wohltuend der Abschnitt „Wie Christen und Nichtchristen miteinander umgehen sollten" (35), der dies für die Schüler auch in fünf „Umgangsregeln" einprägsam formuliert.

Nur wenn traditionelle Stereotypen und Klischees übernommen wurden, ist folgende Schilderung über eine Studentin aus Afrika denkbar. Die sprachliche Gestaltung des Textes — besonders die qualifizierenden Adjektive — spiegelt das Erstaunen des Verfassers wider:

„In majestätischer Haltung steht sie vor mir, die schwarze Schönheit aus Mali, kerzengerade und mit erhobenem Kopf. Sie kommt vom Markt und hat Kochbananen, Palmnüsse, Yams, Fisch und Kräuter eingekauft. Das alles hat sie in ihrem Korb auf dem Kopf dahergetragen. Nun geht sie kochen, die Lalaissi Traoré. Der Samstag gehört ihr ganz. Da lebt sie ihren eigenen Stil. Die flotte europäische Kleidung bleibt im Schrank. Sie trägt heute ihr kunstvolles Batikgewand aus der Heimat und ist kaum wiederzuerkennen als Studentin der Physik." (36)

Die europäische Perspektive

Die Religionsbücher sind deutlich aus einer europäischen Perspektive heraus gestaltet. Die Geschichte anderer Völker beginnt mit ihrer Entdeckung durch Europa! Ein Beispiel:

„Wichtiges über Indonesien: Von 1605—1949 in holländschem Besitz; 1945—49 Kampf gegen die Kolonialmacht. Land der 3000 Inseln: 120 Millionen Einwohner (davon 90% Mohammedaner, 2% Christen, der Rest Hindus und Altheidnische)." (37)

Die eurozentrierte Perspektive der Religionsbücher wird bereits im selbstverständlichen Gebrauch des Wortes „Entdeckung" deutlich. Zeittafeln und historische Notizen berücksichtigen die geschichtlichen Epochen anderer Völker vor der „Entdeckung" nicht. Europa bildet nicht nur in den kartographischen Abbildungen das Zentrum. Die Erwähnung und Bewertung der Sklaverei ist ein lehrreiches Beispiel. Die Versklavung und Vernichtung afrikanischer und indianischer Völker und Staaten durch weisse Europäer wird in den Religionsbüchern mit wenigen Ausnahmen verschwiegen. Sowohl die Beziehungen der Industrieländer zur Dritten Welt als auch die Rassenkonflikte in den USA oder Südafrika werden ohne den Kontext ihrer historischen Bedingungen dargestellt. Die Ausnahmen fallen durch beschönigende Information und verschleiernde Sprache auf.

„Seit eh und je gab es hier (in Amerika) Sklaven. Zunächst waren es Sklaven aus den Indianerkriegen gewesen, in denen diese ausgerottet wurden; später — als die Felder grösser wurden — holten sich die weissen Siedler einfach Neger aus Afrika für diese Arbeit." (38)

„Schon vor etwa 350 Jahren begann man, Neger aus Afrika als Sklaven an die Plantagen- und Baumwollfelderbesitzer im heissen Süden Nordamerikas zu verkaufen ..." (39)

Sklaverei erscheint dadurch gerechtfertigt, dass es sie „seit eh und je" gibt. Sie wird vornehmlich in Kategorien des Handels beschrieben: Afrikaner werden angekauft und verkauft oder „einfach geholt". Die Rolle der Europäer wird beschönigt. Sie werden in eine lange Geschichte der Versklavung anderer Völker eingereiht oder das Subjekt der Versklavung wird einfach verschwiegen („man"!). Eine objektivierende Sprache hilft dabei: es heisst „die Neger hatten kein Recht" statt „die Europäer haben die Afrikaner unterworfen". In den Darstellungen zur Sklaverei fehlt das Erschrecken über das Versagen der humanitären Ideale Europas, das Bewusstsein einer Schuld gegenüber anderen Völkern und die Frage danach, warum jüdisch-christliche Traditionen, die die Befreiung aus Sklaverei und die Gleichberechtigung einschliessen, verdrängt wurden.

Die Fotos in den Religionsbüchern

Fotos und andere bildliche Darstellungen sind ein tragendes Element der analysierten Religionsbücher. Darum sollen sie in einem gesonderten Abschnitt in die Untersuchung einbezogen werden. Gerade mit Fotos verbindet sich das Missverständnis, sie würden dem Betrachter objektive, nicht manipulierte Informationen vermitteln. Da die Schüler die Lebenswirklichkeit anderer Völker oder Rassen meist nicht aus eigener Anschauung kennen, fehlen ihnen Anhaltspunkte einer kritischen Rezeption fotografischer Aussagen. Die Schüler sind dem Medium Foto ebenso ausgeliefert wie die, die auf den Fotos abgebildet werden. Die Verwendung von Fotos in Einheiten mit dem Thema „Arm und reich" oder in ähnlichen Themen wurde in den beiden exemplarischen Untersuchungen bereits erläutert: die Fotos illustrieren und verstärken die Aussagen der Texte. Es wurde deutlich, dass die Fotos den Menschen in der Dritten Welt als bedürftigen und auf fremde Hilfe wartenden Menschen herausstellen und dabei soziale und politische Zusammenhänge ausblenden.

Fotos mit Abbildungen aus der Dritten Welt sind in den Religionsbüchern nicht nur den entsprechenden Themen zugeordnet. Fotos werden in anderen Kontexten vor allem mit zwei Funktionen verwendet:

1. Fotos werden einem Text zugeordnet, um individuelle oder soziale Situationen zu illustrieren.

Stichworte wie „Unrecht", „Elend" oder „Hunger" stellen die Verknüpfung zwischen Text- und Fotoaussage her. Beispiele: Ein Foto, das Kinder (in Indien?), die auf eine Essenverteilung warten, zeigt, wird der alttestamentarischen Erzählung von Joseph und seinen Brüdern und der damaligen Hungersnot zugeordnet. (40) Beim gleichen Thema zeigt ein anderes Foto (41) eine indische Strassenszene mit einem schlafenden Mann und einer Kuh. Dass die Schüler die religiöse Rolle der Kuh im Hinduismus als Ursache des Hungers assoziieren, ist kaum vermeidbar.

Die Legende zu einem anderen Foto lautet:

„Auf dem Bild links ist ein kleines Kind in Sumatra. Es hat kein weiches Bett, in das es sich legen kann. Es muss auf der Strasse schlafen. Auch Jesus war einmal so schutzlos und klein wie dieses Kind. Auch er hatte keinen Platz zum Schlafen." (42)

Dasselbe Foto steht im Arbeitsbuch 7/8, 41 neben einem Text über die Rassenkonflikte in den USA. 2. Fotos sollen den Appell an das Handeln der Christen vermitteln und dabei anhand von Beispielen verdeutlichen, in welcher Weise die Praxis christlichen Glaubens in gesellschaftlichen Konfliktfeldern der Gegenwart realisiert wird.

In zahlreichen Fotos wird die Solidarität Jesu mit Unterdrückten, Isolierten und Behinderten durch die Abbildung von fürsorgendem und helfendem Handeln Weisser gegenüber Menschen anderer Rassen vergegenwärtigt. Die angesprochenen

Schüler sollen sich wohl mit dem abgebildeten Verhalten des Weissen identifizieren, dem die Realisierung der Nachfolge Jesu zugesprochen wird. Die Subjekt-Objekt-Struktur gegenüber Menschen anderer Rassen wird dadurch bestätigt, dass der Weisse an die Seite Gottes bzw. Jesu gerückt wird. Beispiele:

Arbeitsbuch 1/2, S. 76: Untersuchung eines afrikanischen Kindes durch eine weisse Ärztin: „Wo ein Mensch dem anderen hilft — sagt Jesus — da ist das Königreich Gottes!"

Kinder fragen 2, S. 63: Unter der Überschrift „Jesus aus Nazareth" wird neben Rembrandts Darstellung der Wiederaufnahme des „Verlorenen Sohnes" ein Foto abgedruckt, das in der Bildstruktur ähnlich ist und die Geste der Zuwendung eines Weissen zu einem afrikanischen Kind abbildet.

Die Dritte Welt als Alibi

Welche Funktion haben die zahlreichen Textzitate, Fotos oder anderen Impulse, die in vielen, unterschiedlichen Kontexten der Religionsbücher auf die Lebenswirklichkeit anderer Völker oder Rassen hinweisen? Weshalb werden gesellschaftliche Widersprüche in der Dritten Welt angesprochen? Weshalb werden mit dem Rassenkonflikt in den USA oder Südafrika Situationen aufgegriffen, die der Erfahrung und Lebenswelt der angesprochenen Schüler fremd sind? Schliesslich: Warum werden Martin Luther King, Dom Helder Camara und auch Ernesto Cardenal so häufig zitiert?

Die Antwort auf diese Fragen soll in einer doppelten These formuliert werden. Dabei wird von der Beobachtung ausgegangen, dass Armut oder gesellschaftliche Diskriminierungen in der eigenen Gesellschaft nur in wenigen Religionsbüchern als Thema aufgegriffen werden. Situationen der Dritten Welt sind in den Religionsbüchern häufig die einzigen konkreten Beispiele sozialer und politischer Konfliktfelder der Gegenwart.

Die These: 1. Im Interesse eines harmonistischen Selbstbildes der eigenen Gesellschaft werden Konflikte in den Religionsbüchern nach „draussen" verlagert. Damit wird für die Schüler deren eigene Gesellschaft und Lebenswelt bestätigt, während Gesellschaft und Lebenswelt in der Dritten Welt als krisenhaft erscheinen. 2. Parteinahme innerhalb der eigenen Kirche und Gesellschaft wird in den Religionsbüchern weitgehend vermieden. Die Schüler werden zwar zur Wahrnehmung von Verantwortung und der prophetischen Aufgabe, die sich für Christen und Kirchen aufgrund biblischer Überlieferungen und kirchengeschichtlicher Praxis ergibt, aufgefordert. Die einzige eröffnete Handlungsperspektive verstärkt aber die paternalistisch-technokratische Einstellung gegenüber der Dritten Welt.

Die thematische Einbeziehung von Problemen und Entwicklungskonflikten der Dritten Welt in den Religionsbüchern erweist sich in vielen Fällen als Alibi, dem die überwiegend apolitische Darstellung entspricht.

Anmerkungen:

1) Vierte Vollversammlung des Ökumenischen Rates der Kirchen, Uppsala 1968. In *Bericht aus Uppsala,* Genf 1968, p. 253.
2) Ziffer 7 der Richtlinien der *Glaubensbewegung der Deutschen Christen* vom 26.5.1932.
3) Deutschland auf der Weltausstellung in Chicago, 1893. Zitiert nach: D. Bald u.a., *Die Liebe zum Imperium.* Übersee-Museum Bremen 1978, 8.
4) L. Helbig, *Imperialismus. Das deutsche Beispiel.* Frankfurt 1972, 76.
5) Bericht des Missionars G. Althaus: *Mamba — Anfang in Afrika.* Neuauflage Erlangen 1968, 46.
6) Schuster/Brecht, *Aus Bibel und Kirche.* Teil II *Aus der Geschichte der Kiche.* Frankfurt 1953, 227.
7) *Erhalt uns Herr, bei deinem Wort.* Gottes Wort und Gottes Kirche. Ein Unterrichtswerk für die Evangelische Unterweisung, Band II Oberstufe. Dortmund/Hannover 1960, 171 und 260.
8) R. Hoffmann,*Religiöse Jugendliteratur. Eine Analyse des Weltbildes kirchlicher Verteilblätter.* Hildesheim 1974, p. 71.
9) Für Fortgeschrittene, Crüwell Verlag, Dortmund, 1976.
10) *Herausforderungen II. Information — Diskussion — Aktion.* Ein Buch für den Religionsunterricht. Toleranz, p. 279. Crüwell Verlag, Dortmund, 1972.
11) *Schritte.* Ein Arbeitsbuch für den Religionsunterricht in der 8. Klasse. Kaiser Verlag, München, 1977. Gastarbeiter — Kollegen oder Kulis, p. 135. Vorurteile: Was türkische und was deutsche Kinder sagen, p. 149.
12) *Weitersagen — Religion 3/4.* Diesterweg, Frankfurt, 1978. Vorurteile — Aussenseiter. p. 38.
13) *Religion: Beispiele + Texte.* Pro Schule, Düsseldorf und Gütersloher Verlagshaus, 1974.
14) Bagel, Düsseldorf, 1975 (Neuauflage).
15) Calwer, Stuttgart und Diesterweg, Frankfurt, 1978.
16) *Arbeitsbuch: Religion 3/4,* p. 105.
17) *Arbeitsbuch: Religion 1/2,* p. 71.
18) *Vorschulbuch: Religion,* Bagel, Düsseldorf, 1974, p. 16.
19) *Arbeitsbuch: Religion 1/2,* Bagel, Düsseldorf, 1973, p. 80.

20) *Arbeitsbuch: Religion 9/10*, Bagel, Düsseldorf, 1974, p. 91.
21) *Kinder fragen nach dem Leben 3/4*, Hirschgraben, Frankfurt, 1976, p. 62.
22) *Religion: Beispiele + Texte 7/10*, Pro Schule, Düsseldorf und Gütersloher Verlagshaus, 1974, pp. 81−94.
23) *Religion: Bilder + Wörter 1/2*, Pro Schule, Düsseldorf und Gütersloher Verlagshaus, 1974, p. 65.
24) *Religion: Bilder + Wörter 3/4*, p. 20.
25) *Arbeitsbuch Religion 3/4*, p. 105.
26) *Arbeitsbuch Religion 1/2*, Crüwell Verlag, Dortmund 1975 (Neuauflage), p. 45.
27) z.B. *Religion: Bilder + Wörter 3/4*, p. 83.
28) *Alles ist neu*, Kaufmann, Lahr und Diesterweg, Frankfurt, 1977, p. 54.
29) *Religion: Bilder + Wörter 1/2*, p. 74.
30) *Herausforderungen*, Vol. 1 (für Fortgeschrittene), Crüwell Verlag, Dortmund, 1970, p. 93. *Orientierung Religion 5/6*, Diesterweg, Frankfurt 1973/75, p. 79. *Religion: Bilder + Wörter 1/2*, p. 109.
31) *Herausforderungen*, Vol. 2 (für Fortgeschrittene), Crüwell Verlag, Dortmund, 1972, p. 115.
32) *Kursbuch Religion 5/6*, Calwer, Stuttgart & Diesterweg, Frankfurt, 1976, p. 99.
33) *Orientierung Religion*, p. 140.
34) Überschriften in: *Herausforderungen*, Vol. 1, p. 164.
35) *Kinder fragen nach dem Leben 3/4*, p. 137.
36) *Herausforderungen*, Vol. 2, p. 242.
37) *Arbeitsbuch: Religion 7/8*, Bagel, Düsseldorf, 1974, p. 54.
38) *Arbeitsbuch: Religion 9/10*, p. 50.
39) *Aufbruch zum Frieden 5/6*, p. 63.
40) *Am Anfang − Religion 1/2*, Diesterweg, Frankfurt, 1975, p. 76.
41) *Kinder fragen nach dem Leben 2*, Hirschgraben, Frankfurt, p. 19.
42) *Arbeitsbuch: Religion 3/4*, p. 43.

Anhang

Kriterienliste für die Beurteilung von Rassismus in Kinderbüchern und Richtlinien für die Herstellung von anti- und nichtrassistischen Büchern

In den letzten Jahren hat der Kampf gegen den Rassismus zugenommen, und in gewissen Bereichen sind die schlimmsten Formen verschwunden, während gleichzeitig subtilere Formen angewendet werden. Diese Tatsache rechtfertigt sowohl das Einbeziehen von Kindern bei der Analyse der Bücher als auch den Gebrauch von Richtlinien, um die Produktion zu verbessern.

Die Funktion von Kriterien und Richtlinien ist es also, dem Leser, dem Autor, dem Verleger und dem Verkäufer zu helfen, dass sie hinter den leicht erkennbaren Formen von Rassismus auch die versteckteren erkennen.

Auf drei Arten kommt Rassismus hauptsächlich zum Ausdruck:

1. Durch die Selbsterhöhung der dominierenden Gruppe, die von sich selbst ein idealisiertes Bild entwirft;

2. durch die Herabsetzung der dominierten Gruppe und die Unterdrückung ihrer Kultur, ihrer Institutionen, ihres Lebensstils und ihrer Ideen; und

3. durch systematische Rechtfertigung der Beziehung zwischen den beiden Gruppen, die stets zugunsten der herrschenden Gruppe ausfällt.

In allen diesen Fällen wurden verschiedene Kategorien untersucht, darunter Geschichte, Sprache und Illustrationen, Lebensstil und Wirtschaft. Einerseits allerdings greifen manche Kategorien ineinander über, andererseits strebt diese Liste auch keine Vollständigkeit an. Der Leser soll sich aussuchen, was auf seine Situation passt, und bereit sein, andere Fragen und Kategorien beizufügen.

Das Ziel der folgenden Kriterien und Richtlinien ist es nicht, die Geschichte quasi umzudrehen, d.h. die sogenannten „farbigen" Völker zu idealisiern und die sogenannten „weissen" Völker zu erniedrigen. Das Ziel ist es vielmehr, die Dinge richtigzustellen.

Wir wollen auch keine Liste von verbotenen Büchern aufstellen. Diese Richtlinien sind eine positive Botschaft an

Menschen guten Willens auf der ganzen Welt, seien sie Opfer des Rassismus oder Teil des Systems, das verantwortlich ist für die Aufrechterhaltung des Rassismus. Sie richten sich an den Leser, der den Rassismus bekämpfen und gute Literatur, gute Schulbücher und gutes audiovisuelles Material fördern will. Sie möchten dem Leser helfen, gute Kinderbücher und Schulmaterialien zu erkennen, um so nicht von einseitiger oder verfälschter Information irregeführt zu werden.

A. Kriterien für die Beurteilung von Rassismus in Schulbüchern und in der Jugendliteratur

I. Einseitige Betonung der Wertmassstäbe und Lebensformen der eigenen Gruppe

1. Geschichte und Geographie
— Werden historische Ereignisse und Entwicklungen aus eurozentrischer Sicht ausgewählt und dargestellt?
— Kommen andere Kontinente und Völker nur dann vor, wenn sie von den Europäern „entdeckt" werden?
— Ist die vor-koloniale Zeit überhaupt erwähnt?
— Werden Befreiungskämpfe eher als Aufstände und Rebellionen bezeichnet denn als Revolutionen?
— Wird der Kontakt der Europäer mit anderen Völkern im Laufe der Geschichte als vorteilhaft für die anderen Länder beschrieben?
— Werden die anderen Länder als Bürde oder Problem für die Europäer beschrieben?

2. Lebensformen
— Werden in dem Buch nur europäische Werte, Entwicklungen, Konzepte, Lebensformen und Institutionen gutgeheissen?
— Werden diese Lebensformen etc. immer als überlegen dargestellt?
— Erscheinen sie als Norm und Modell für alle Völker?
— Wird die Entwicklung Europas als die höchste Stufe betrachtet?

– Werden Macht, Initiative, Führung und die Fähigkeit, Entscheidungen zu treffen, als ausschliessliche Fähigkeiten von Europäern dargestellt?

3. Wirtschaft
– Werden die wissenschaftlichen, technologischen und industriellen Errungenschaften der Europäer als die vorwärtstreibende Kraft der Geschichte dargestellt?

4. Sprache und Illustrationen
– Wird die nicht-europäische Sprache als „Dialekt" betrachtet, muss sie in irgendeiner Weise eingeschränkt oder unterdrückt werden?
– Werden Nicht-Europäer als „Stämme", ihre Wohnungen als „Hütten" bezeichnet?
– Werden europäische Vorstellungen von sozialer und politischer Organisation benützt, um andere Gesellschaften zu beschreiben, unter Missachtung ihres eigenen sozialen und kulturellen Kontexts?

II. Tendenz, das Image der anderen Gruppe zu erniedrigen

1. Geschichte und Geographie
– Wird die Geschichte der unterdrückten Gruppe nur im Zusammenhang mit den Europäern erwähnt, wird sie unterschlagen oder nur am Rande erwähnt?
– Gibt es eine Erklärung der historischen Ereignisse aus der Sicht der unterdrückten Gruppe?
– Wendet die dominierende Gruppe stereotype Ausdrücke wie „ungesund", „öde" an, um die Länder der dominierten Gruppe zu charakterisieren, während solche Merkmale in der eigenen Geographie sorgfältig ausgespart werden?
– Vermitteln Tabellen, Karten und Illustrationen einseitige Informationen?
– Weisen die Helden und Heldinnen der dominierten Gruppe die gleichen Qualitäten auf wie diejenigen der dominierenden Gruppe? Dienen sie den Interessen ihrer eigenen Gruppe, oder werden sie im Interesse der herrschenden Gruppe verherrlicht?

2. Lebensformen

— Wird die unterdrückte Gruppe systematisch mit Vorstellungen von übersteigerter Sexualität und Okkultismus in Verbindung gebracht?

— Werden die Lebensformen der unterdrückten Gruppe in einer simplen, naiven Art dargestellt?

— Wird der Lebensstil der unterdrückten Gruppe im Vergleich mit dem europäischen ungünstig beurteilt?

— Werden die Sitten, Feierlichkeiten und Feste der beherrschten Gruppe als exotisch dargestellt?

— Wird die Annäherung anderer Völker an die europäische Kultur als wünschenswert betrachtet?

3. Wirtschaft

— Wird die wirtschaftliche Aktivität der Unterdrückten in unvorteilhaftem Licht gesehen?

— Werden die Tatsachen über die wirtschaftlichen Beziehungen des beherrschten Landes erstellt oder unterschlagen?

4. Sprache und Illustrationen

— Wendet der Autor zwei verschiedene Wertsysteme an, die in der Sprache zum Ausdruck kommen: „König" für die Europäer, „Häuptling" für die anderen; Eingeborene werden „getötet", Siedler „massakriert"?

— Werden Nicht-Europäer gewöhnlich mit abschätzigen Adjektiven charakterisiert, wie z.B. faul, verräterisch?

— Sind Eingeborene „edel", aber „wild"?

— Ist „schwarz" immer symbolisch für Unterlegenheit?

III. Theorien und Lehren, welche die Beziehungen zwischen Gruppen erklären und rechtfertigen sollen

1. Geschichte und Geographie

— Wird die Kolonialzeit als für das kolonisierte oder unterdrückte Volk nützlich dargestellt?

— Wird die europäische Intervention in die inneren Angelegenheiten der Dritt-Welt-Länder als eine grossmütige Tat oder als ein Akt der Befreiung beschrieben?

– Wird die europäische Expansion in diese Länder auf der Basis der angeborenen Überlegenheit der Europäer über die Bevölkerung dieser Länder gerechtfertigt?

– Wird die Geschichte dieser Völker, soweit sie vor dem Kontakt mit den Europäern stattfand, unterschlagen oder als nicht-existent betrachtet?

– Wird das Dritt-Welt-Land als „unbekannt" eingestuft, bis die Europäer seiner Existenz gewahr wurden? Ist die Rede von seinen Beziehungen zu anderen Gemeinschaften und anderen Kulturen, die vor dem Kontakt mit den Europäern stattfanden?

– Wird die Aussiedelung grosser Gruppen von eingeborenen Völkern aus ihrem Ursprungsland als glorreiche Tat des Pioniergeistes der Siedler hingestellt?

– Ist eine Tendenz erkennbar, die geographische Lage eines Landes nur in Beziehung zu Europa und den Vereinigten Staaten zu definieren, statt zu anderen Gebieten, mit denen dieses Land eine grössere historische Verbindung hat?

– Wird eine Gruppe oder ein Land in der Weise dargestellt, sie seien unfähig gewesen, eine stabile Gesellschaft zu entwickeln und aufrecht zu erhalten, bevor sie darin von den Europäern unterrichtet wurden?

– Werden koloniale und imperialistische Taten gegenüber Dritt-Welt-Ländern gerechtfertigt durch den Gebrauch von Ausdrücken wie „unzivilisiert", „rückständig", „kriegerisch", „feindlich", „heidnisch"?

– Werden die internen Schwierigkeiten früherer Kolonien als Beweis für die Unfähigkeit jener Völker angeführt, sich selbst erfolgreich zu regieren?

– Werden Karten, Zeichnungen und Illustrationen benützt, um die europäische Expansion in „unzivilisierte" Länder zu rechtfertigen?

2. Biologie

– Werden kulturelle Unterschiede als von Generation zu Generation vererbt dargestellt?

– Geht man von der Annahme aus, dass immer die Stärksten überleben, weil es einen Auswahlprozess der Natur gibt?

– Haben verschiedene Rassen verschiedene Stufen von Intelligenz und Geschicklichkeit?
– Werden körperliche Merkmale mit verschiedenen Stufen von Intelligenz, Fähigkeiten und Anlagen identifiziert?

3. Wirtschaft
– Wird Armut definiert als ein Mangel an Industriegütern, für welche die Europäer sorgen müssen?
– Führt der Entwicklungsweg immer zur europäischen Form von Technologie?
– Wird den Armen immer „geholfen", indem sie Geld bekommen?
– Muss die europäische Wirtschafts-Ordnung immer auf andere Länder ausgedehnt werden, weil diese sich nicht selbst helfen können?
– Sind „Liberalität", Gewinnstreben und Konkurrenz Vorbedingungen für die volle Entwicklung oder das Glück einer Nation?
– Werden die ökonomischen Motive für Gewinn und Ausbeutung verharmlost oder unterschlagen?
– Wird „Entwicklungshilfe" als rein humanistisches Element in internationalen Beziehungen dargestellt?

4. Sprache und Illustrationen
– Wird die Welt beschrieben als aufgeteilt in „Weiss" und „Farbig"?
– Werden Schwarze immer als die besten Sportler abgebildet?
– Werden Wertunterschiede gemacht in bezug auf Besitz und Unterkunft, wie z.B. zwischen „Heim" und „Hütte"?
– „Entwickelt" Europa die „Dritte Welt"?
– Werden Europäer als die Problemlöser betrachtet?
– „Empfangen" die „Dritt-Welt"-Länder unsere Touristen?

5. Religion
– Wird Europa als die Region charakterisiert, wo die Reformation ihren Anfang nahm, und ist Europa deshalb überall für die reine Lehre verantwortlich?

— Hat sich unser christlicher Glaube überall in einer einzigen universellen Form zu äussern?

— Wird das Christentum auf eine Art beschrieben, die den Dialog mit Völkern anderen Glaubens als fragwürdig oder verwerflich erscheinen lässt?

— Werden die europäischen Kirchen als „verantwortlich für die jüngeren Kirchen" beschrieben — als die „gebenden Kirchen", während „Dritt-Welt-Kirchen" abhängig und „empfangende Kirchen" sind, womit eine einseitige paternalistische Beziehung angedeutet wird?

— Werden ungeschriebene und gefühlsmässige Ausdrucksformen von Christlichkeit als minderwertig gegenüber dem „biblischen Glauben" betrachtet?

— Wird angenommen, Gott lasse zu, dass es eine unveränderliche Ordnung gibt, dass es arme und kranke Menschen gibt?

— Wird das Leiden der Armen und Unterdrückten als ein gottgewolltes Privileg angesehen?

— Wird unterschieden zwischen „heidnischem Gebet", „jüdischem Gebet" und „richtigem Gebet"?

— Wird in gefühlsbeladenen Bildern (in Kirchenliedern und Gebeten z.B.) der herkömmliche Gegensatz von „schwarz" und „weiss" — „sündig" und „rein" auf leichtfertige Art verwendet?

B. Richtlinien für die Herstellung von nicht- und antirassistischen Büchern

I. Was macht ein gutes Buch aus?

1. Es kommen darin starke Charaktere vor, mit denen sich Dritt-Welt-Kinder im positiven Sinn identifizieren können.

2. Menschen der Dritten Welt werden als fähig geschildert, Entscheidungen über die wichtigsten Fragen zu fällen, die ihr Leben beeinflussen.

3. Die Sitten, Gebräuche, Traditionen und Lebensformen von Menschen in der Dritten Welt werden so geschildert, dass ihr Wert, ihre Bedeutung und ihre Rolle im Leben dieser Menschen verständlich werden.

4. Als Helden betrachtete Menschen in der Dritten Welt werden auch so dargestellt, und ihr Einfluss auf das Leben der Völker wird genau erklärt.

5. Familiäre Beziehungen werden in einer warmen, positiven Art geschildert.

6. Befreiungsanstrengungen von Menschen in der Dritten Welt werden als gültig anerkannt und nicht als illegale Tätigkeit beschrieben, die es zu unterdrücken gilt.

7. Das Selbstwertgefühl des Kindes in der Dritten Welt wird durch die Präsentation des Materials gefördert.

8. Das Material wird so präsentiert, dass die schädlichen Gefühle der Überlegenheit — basierend auf der Rasse — im europäischen Kind eliminiert werden.

9. Die Illustrationen sind nicht stereotyp, sondern zeigen Menschen der Dritten Welt in aktiven und führenden Rollen.

10. Die Illustrationen spiegeln die unterschiedlichen Merkmale der verschiedenen Gruppen in der Dritten Welt und zeigen sie nicht einfach als „farbige Kaukasier".

11. Die Rolle der Frauen bei der Entwicklung der Völker der Dritten Welt und ihr Einfluss auf die Geschichte werden angemessen geschildert.

12. Die Geschichte der Bevölkerung in der Dritten Welt und ihre Rolle bei der Entwicklung ihrer eigenen Gemeinschaften und Institutionen werden genau und aus ihrer eigenen Perspektive heraus dargestellt.

13. Die Rolle von Menschen in der Dritten Welt bei historischen Ereignissen in ihrem eigenen Land und in der Welt wird angemessen wiedergegeben.

14. Der Inhalt ist frei von Ausdrücken, welche die Menschen in der Dritten Welt beleidigen und herabsetzen.

15. Die Sprache der Menschen wird mit Respekt behandelt und in dem ihr eigenen Rhythmus vermittelt.

16. Das Material wird verarbeitet von einem Autor, der über anerkannte Ausbildung, genügend Erfahrung, Geschick und Feinfühligkeit verfügt.

II. Spezielle Fragen über Verleger ...

1. Welches ist der Absatzmarkt des Verlegers, und wie stimmt er sein Angebot auf mögliche Käufer ab?
2. Sind die bisherigen Publikationen des Verlegers verhältnismässig frei von offenen Verfälschungen, von Auslassungen und Vorurteilen?
3. Wird Befangenheit auf subtile Art ausgedrückt?
4. Welches ist die ideologische und politische Ausrichtung oder das Bekenntnis des Verlegers?
5. Wie hat sich der Verleger seinen gegenwärtigen Absatzmarkt geschaffen?
6. Nach welchen Kriterien ziehen Regierungsstellen und Erziehungsgremien bestimmte Verleger vor?
7. Fördert der Verleger Autoren von Dritt-Welt-Ländern, von Minderheiten und unterdrückten Gruppen? Sind Vertreter dieser Gruppen in entscheidenden Positionen und als Lektoren von Manuskripten tätig?

... Autoren ...

1. Ist der Autor mit der Gruppe, über die er schreibt, dank intensiver Zusammenarbeit vertraut?
2. Verfügt der Autor über Einfühlungsvermögen in die Gruppe?
3. Hat der Autor genügend Kenntnisse über sein Thema?
4. Hat der Autor eine kritische Haltung gegenüber herkömmlichem Wissen, auch wenn es von den angesehensten Institutionen stammt?
5. Sind die früheren Publikationen des Autors verhältnismässig frei von offenen Verfälschungen, Unterlassungen und Vorurteilen?
6. Kommt die Befangenheit des Autors auf subtilere Weise zum Ausdruck?
7. Wie hat sich die Leserschaft des Autors bisher zusammengesetzt?
8. Wie und wo hat der Autor seine Ausbildung erworben?
9. Welches ist die soziale Herkunft des Autors?
10. Ist das Manuskript von anerkannten Vertretern der Gruppe, über die er schreibt, lektoriert worden?

1. Räume ich ein, dass es Verfälschungen gibt, wie sie in den Richtlinien aufgezeigt werden?

2. Habe ich genügend Feingefühl, um Verfälschungen und Vorurteile so zu erläutern, dass sich der Bewusstseinsgrad meiner Schüler erhöht?

3. Verfüge ich über Methoden, um die ehrliche Erforschung und das Verständnis für ein Thema sowie den Respekt gegenüber der Identität anderer zu fördern?

4. Kann ich konkrete Situationen in der Klasse und Beziehungen unter den Schülern als Ausgangspunkt nehmen, um zu zeigen, wie Verfälschungen und Vorurteile — so wie sie möglicherweise in Texten vorkommen — entstehen?

5. Da es keinen gänzlich vorurteilsfreien Text gibt — kann ich einen rassistischen Text verwenden, um zu zeigen, wie Verfälschungen usw. verbreitet werden?

6. Habe ich genügend Unterscheidungsvermögen, um nicht nur offenkundig rassistische Bemerkungen über andere zu brandmarken, sondern um auch die subtileren Formen von rassistischer Darstellung zu entdecken?

7. Kann ich mit rassistischem Material gut genug umgehen, um wirkliche Lebenssituationen ausserhalb des Schulzimmers zu beeinflussen und auf diese Weise den Auswirkungen dessen, was die Kinder lesen und am Bildschirm sehen, entgegenzuwirken?

8. Bin ich gewillt, Informationen zusammenzutragen, welche den Auswirkungen dessen, was die Kinder lesen und am Bildschirm sehen, entgegenwirken?

9. Bin ich willig, meine Fähigkeiten, rassistischem Material zu begegnen, mit anderen zusammen zu verbessern?

Zehn schnelle Fragen für Buchkäufer*

1. Versuche, etwas über den Autor zu erfahren.
— Lies die Daten auf dem Klappentext.
— Welche Qualifikationen hat der Autor, sich mit dem Thema zu befassen?

– Gehört der Autor selbst zur beschriebenen Gruppe? Wenn nicht, hat er besondere Qualifikationen, Erfahrung, Ausbildung und Interesse für die Dritte Welt?

2. Prüfe die Illustrationen.

– Halte nach Stereotypen Ausschau: halbnackte Wilde; der einheimische Diener und der weisse Herr: der passive, faule Einheimische und die aktiven Europäer, etc.

3. Überlege, was die Aussage des Buches ist.

– Werden die Menschen in der Dritten Welt so gezeigt, dass sie ihre eigene Kultur zugunsten der europäischen aufgeben? Ist die Übernahme europäischer Werte eine Bedingung für den Erfolg des Einzelnen?

– Werden Stereotypen auf subtile Art wiederholt? Opfert beispielsweise eine Dritt-Welt-Person ihr Leben für einen Europäer, zu dem sie eine unterwürfige Beziehung hat? Werden Frauen als unabhängig, aktiv und entscheidungsfähig geschildert? Oder sind sie passiv und abhängig?

– Wird die Dritt-Welt-Person als Mensch geschildert, der Ungerechtigkeiten stets hinnimmt und vergibt? Muss die Dritt-Welt-Person ein Superheld mit aussergewöhnlichen Gaben sein, damit sie vom europäischen Leser die Anerkennung als gewöhnliches menschliches Wesen erhält? Wird die Dritt-Welt-Person in ihren eigenen, realen Lebenssituationen gezeigt mit all ihren Konflikten und Versuchungen, und ist sie fähig, mit diesen Situationen fertig zu werden?

4. Prüfe die Schilderung von Lebensformen, Bräuchen, Traditionen.

– Werden die Sitten und Gebräuche der Menschen in der Dritten Welt so geschildert, dass der Eindruck entsteht, sie seien den europäischen unterlegen?

– Werden wichtige Zeremonien und Rituale trivialisiert und als exotisch hingestellt?

– Wird der Versuch unternommen, Informationen über Werte und Glaubensinhalte zu geben, die der Ursprung dieser Sitten und Gebräuche sind?

5. Analysiere die Darstellung menschlicher Beziehungen.

– Werden Dritt-Welt-Menschen stets in dienenden Positionen gegenüber Weissen geschildert?

— Wird die Stärke der familiären Bande angemessen geschildert?

— Nehmen Frauen aktiv teil an wichtigen Entscheidungen?

6. Identifiziere die Helden.

— Sind Helden und Heldinnen nur solche, die den Interessen der Weissen gedient haben?

— Sind die Helden klar als Menschen der Dritten Welt gekennzeichnet?

7. Untersuche konkrete Auswirkungen auf das Selbstverständnis des Kindes.

— Verstärkt der Inhalt ein negatives Image des Dritt-Welt-Kindes?

— Verstärkt er ein Gefühl der Überlegenheit, das auf Rassenzugehörigkeit beruht?

— Trägt der Inhalt dazu bei, ein positives Selbstwertgefühl in allen Kindern zu entwickeln, oder bestärkt er vielmehr Gefühle der Unterlegenheit und der Schwäche?

8. Untersuche Terminologie und Sprachschilderung?

— Gibt es Ausdrücke, welche irgendeine Gruppe von Menschen beleidigen?

— Wie wird die Sprache der Leute vermittelt: als Karikatur der wirklichen Sprache oder in dem ihr eigenen Rhythmus und Tonfall und den ihr eigenen Bildern?

— Wird eine Terminologie verwendet, welche den Eindruck der Unterlegenheit der Dritt-Welt-Völker bestätigt?

— Wird Europa als der Kontinent geschildert, der die Dritte Welt „entwickelt"?

9. Achte auf christliche Überzeugungen und Praktiken, die möglicherweise rassistische Haltungen bestätigen.

— Wird das Leiden der Armen als ein gottgewolltes Privileg dargestellt, und ist es deshalb eine Erfahrung, für die man dankbar zu sein hat?

— Wird die Existenz von Armen und Reichen als eine Situation dargestellt, die Gott in seiner Weisheit eingerichtet hat?

— Werden ungeschriebene und emotionale Ausdrucksformen christlichen Glaubens als minderwertig und unerwünscht geschildert?

— Werden Kirchenlieder mit Bildern gebraucht, welche Schwarz mit schlecht, Weiss mit rein assoziieren? (z.B. „er wird mich waschen weiss wie Schnee")

— Wird das Christentum so beschrieben, dass es andere Völker von ihrem Glauben entfremdet und den Dialog verunmöglicht?

— Wird der christliche Glaube als der alleinseligmachende verstanden, der weltweit angenommen werden muss?

10. Prüfe den Verleger

— Hat das Verlagshaus den Ruf, nichtrassistische und antirassistische Literatur zu publizieren?

— Pflegt es regelmässig Autoren und Illustratoren aus der Dritten Welt zu beschäftigen?

— Unterstützt es die Entwicklung von Autoren in der Dritten Welt?

— Hat es früher rassistische Publikationen veröffentlicht?

Anmerkung

* Übernommen vom Council on Interracial Books for Children Inc., New York, der *Ten Quick Ways to Analyse Children's Books for Racism and Sexism* veröffentlicht hat.

Autoren und Herausgeber

Beryle Banfield, New York, Präsidentin des Council on Interracial Books for Children.

Jörg Becker, Frankfurt, Politwissenschafter und Publizist, spezialisiert auf das Studium der Massenmedien, mit besonderer Berücksichtigung ihrer Auswirkungen auf Kinder.

Dorothy Kuya, London, Mitglied des National Committee on Racism in Children's Books in Grossbritannien, früher Sozialarbeiterin auf dem Gebiet des Erziehungswesens der Inner London Education Authority, jetzt Beraterin für Rassenfragen im Bezirk Haringey.

Lorna Lippmann, Melbourne, Direktorin des Melbourne Office of the Commissioner for Community Relations, Australien.

Rolf Lübke, Berlin, evangelischer Theologe und Pfarrer in Berlin, engagiert in entwicklungspolitischer Bildungsarbeit an Schulen und in der kirchlichen Erwachsenenbildung.

Hartmut Lutz, Osnabrück, Dozent für englische und amerikanische Literatur und Sozialgeschichte an der Universität Osnabrück, BRD.

Luis Nieves-Falcón, Puerto Rico, Soziologe, engagiert in Sozial- und Forschungsarbeit in Zusammenarbeit mit dem Council on Interracial Books for Children, New York.

Bankole Omotoso, Ife, Nigeria, Dozent für afrikanische Sprachen und Literaturen an der Universität von Ife.

Roy Preiswerk, Genf, Professor und vormaliger Direktor am Institut universitaire d'études du développement.

Regula Renschler, Basel, Mitglied des Teams der Erklärung von Bern für Solidarische Entwicklung.

Bibliographie

Jörg Becker, *Alltäglicher Rassismus*. Die afro-amerikanischen Rassenkonflikte im Kinder- und Jugendbuch der Bundesrepublik, Campus-Verlag, Frankfurt a.M., 1977.

Jörg Becker und Charlotte Oberfeld (Hrsg.), *Die Menschen sind arm, weil sie arm sind*. Die Dritte Welt im Spiegel von Kinder- und Jugendbüchern, Haag + Herchen Verlag, Frankfurt a.M., 1977.

Jörg Becker und Rosmarie Rauter (Hrsg.), *Die Dritte Welt im deutschen Kinderbuch 1967–1977*. Analysen und Katalog zu der Ausstellung während der 30. Frankfurter Buchmesse 1978, Akademische Verlagsgesellschaft Wiesbaden, 1978.

Lucia Binder (Hrsg.), *Neue Formen der Kinder- und Jugendliteratur und ihre Aufnahme durch die Jugend*, Internationales Institut für Jugendliteratur und Leseforschung, Wien, 1976.

Susanne Diestel, *Das Afrikabild in europäischen Schulbüchern*. Die Darstellung Afrikas von den Entdeckungsreisen bis zur Gegenwart in englischen, französischen, italienischen, portugiesischen und spanischen Geschichtsbüchern, Beltz Verlag, Weinheim und Basel, 1978.

Karl Fohrbeck, Andreas J. Wiesand und Renate Zahar, *Heile Welt und Dritte Welt. Schulbuchanalyse*, Leske Verlag, Opladen, 1971.

Erhard Meueler und Friedrich Schade (Hrsg.), *Dritte Welt in den Medien der Schule*, Kohlhammer, Stuttgart, 1977.

Charlotte Oberfeld, Heiko Kaufmann, Jörg Becker, *Zwischen Utopie und Heiler Welt*, Zur Realismusdebatte in Kinder- und Jugendmedien, Haag + Herchen, Frankfurt a.M., 1978.

Roy Preiswerk/Dominique Perrot, *Ethnocentrisme et Histoire*. L'Afrique, l'Amérique indienne et l'Asie dans les manuels occidentaux, éditions anthropos, Paris, 1975.

Regula Renschler und Käthi Zbinden-Bärtschi (Hrsg.), *Dritte Welt: Empfehlenswerte Kinder- und Jugendbücher* (annotierte Broschüre, die ca. alle zwei Jahre neu erscheint), hrsg. von der „Erklärung von Bern", Gartenhofstrasse 27, CH−8004 Zürich. 5. Auflage 1980.

Horst Schallenberg/Gerd Stein (Hrsg.), *Das Schulbuch zwischen staatlichem Zugriff und gesellschaftlichen Forderungen*, Aloys Henn, Kastellaun, 1978.

LENOS Gesamtverzeichnis der lieferbaren Titel